重庆工商大学学术专著出版基金资助
校级项目：基于新技术的创新企业成长模式与绩效关系研究

基于科学的
新创企业成长期战略适应研究

夏　婧 ◎ 著

中国财经出版传媒集团
经济科学出版社
Economic Science Press

图书在版编目（CIP）数据

基于科学的新创企业成长期战略适应研究/夏婧著.—北京：经济科学出版社，2021.7

（资本市场会计研究丛书）

ISBN 978 - 7 - 5218 - 2700 - 2

Ⅰ.①基… Ⅱ.①夏… Ⅲ.①企业成长 - 企业发展战略 - 研究 Ⅳ.①F271

中国版本图书馆 CIP 数据核字（2021）第 135897 号

责任编辑：孙丽丽 纪小小
责任校对：徐 昕
版式设计：陈宇琰
责任印制：范 艳

基于科学的新创企业成长期战略适应研究

夏 婧 著

经济科学出版社出版、发行 新华书店经销

社址：北京市海淀区阜成路甲 28 号 邮编：100142

总编部电话：010 - 88191217 发行部电话：010 - 88191522

网址：www.esp.com.cn

电子邮箱：esp@esp.com.cn

天猫网店：经济科学出版社旗舰店

网址：http://jjkxcbs.tmall.com

北京季蜂印刷有限公司印装

710 × 1000 16 开 16.25 印张 245000 字

2021 年 12 月第 1 版 2021 年 12 月第 1 次印刷

ISBN 978 - 7 - 5218 - 2700 - 2 定价：65.00 元

摘　要

　　有组织的创业活动在大学技术商业化从实验室到商业市场过程中成为重要的催化中介，这种趋势导致了基于科学的新创企业（New Science-based Firms，NSBFs）的兴起。基于科学的新创企业是致力于实现大学科学技术商业化的企业。这种大学技术商业化模式是学术研究者创业行为的延续，即整合学术和创业资源，形成产品（或服务）并创造价值的过程。这种模式有利于学术研究者对日后技术、市场的发展掌握控制权，不仅能够实现技术商业价值和学术研究者个人价值，从更长远的角度看还会创造经济价值和促进区域经济发展。

　　基于科学的新创企业在发展过程中，需要完成任务、众多挑战和克服困难，以面对不断持续变化的环境，以及技术开发的不确定性。战略适应是新创企业应对不确定环境做出的反应，把不断变化的环境信号释义为企业多样和频繁的战略行动，能更好地应对环境变化，获得战略优势。具有较高战略适应能力的企业在不确定的环境中更能获得竞争优势和更高的企业绩效。基于资源基础理论，影响基于科学的新创企业战略适应的主要资源是什么？对于具有技术优势的基于科学的新创企业而言，企业核心或独特的技术资源对企业战略适应的作用不可忽视。因此，本书围绕研究影响基于科学的新创企业战略适应的主要因素，提出主要研究问题：（1）影响基于科学的新创企业生存和发展的主要因素是什么？（2）如何测量主要因素和分析它对基于科学的新创企业成长期战略决策的影响？（3）基于科学的新创企业技术资源如何影响成长期战略适应？

　　基于科学的新创企业依赖于科学研究和技术研发。大学学术研究者主导从创意产生开始到实现产品和服务商业化的一系列过程。在成长过程中，学术研究者扮演着学术研究者、企业创建者和企业管理者等多重角色，并且他们的决策是在学术环境与产业环境交互影响的情形下做出的。然而，基于科学的新创企业成长过程，以及技术如何推动企业成长有待进一步探讨。基于科学的新创企业成长是一个动态演化的过程，需面对不断持续变化的环境和技术开发的不确定性。在不同阶段的发展目标不同，战略决策也不尽相同，技术资源在各阶段的作用就会存在差异。因此，基于科学的新创企业创业活动中，能够有目的和有针对性的满足技术资源对企业不同发展阶段的战略决策至关重要。本书分析了基于科学的新创企业在初创期和成长期不同的成长特征，鉴于技术资源在基于科学的新创企业成长期的作用，认识到企业核心或独特的技术资源对企业战略决策的作用不可忽视，引发了对基于科学的新创企业发展成长动态过程，以及技术资源重要作用的分析和讨论。

通过对基于科学的新创企业成长过程及影响因素的探索和讨论，研究发现科学研究为基于科学的新创企业提供知识基础，企业可以迅速把握技术的更新脉搏离不开充足的科学知识和丰富的基础性研究，开发新产品和服务，开拓新的产品市场，实现持续发展和快速成长。基于科学的新创企业在初创期的主要任务是发展核心技术，这一阶段的战略行动集中于核心技术研发，进行技术资源的积累。基于科学的新创企业的成长期是企业的战略选择阶段，需要应对环境变化，做出正确的战略选择，识别机会和实现企业盈利。企业将依据已有的关键资源，采取一系列战略行动。因此，基于科学的新创企业在初创期形成的技术资源对成长期战略行动的作用效果和作用机理是企业成长期战略适应表现的重要问题，有待进一步揭示。

本书从问题导向出发，通过认识—发现—分析的递进式研究逻辑，开展了三部分工作，形成本书主要的三个章节：（1）认识技术资源在基于科学的新创企业动态成长过程中的重要性；（2）发现技术资源是影响战略决策的主要因素；（3）分析基于科学的新创企业技术资源对战略适应的影响。具体研究内容的安排如下：

　　首先，对基于科学的新创企业的概念、特点和动态性，以及基于科学的新创企业成长理论进行了阐述；对资源基础理论进行了阐述，总结整理了学者们对技术资源如何影响基于科学的新创企业的研究；阐述了战略适应的概念，从战略管理的角度总结整理了学者们对基于科学的新创企业成长期战略适应性理论研究。

　　其次，阐述了基于科学的新创企业成长过程的关键节点，从而提出基于科学的新创企业成长过程模型，运用案例研究方法，演绎过程模型，探讨学术研究者的行为活动和角色，以及技术资源在企业成长过程中的重要作用，丰富了对基于科学的新创企业的相关研究。基于成长过程的动态性，通过总结整理基于科学的新创企业成长过程和影响因素的相关文献，构建了基于科学的新创企业系统动力学分析模型。通过分解系统动力学模型命题，运用案例研究对命题进行演绎，阐述了系统动力学模型的合理性和有效性。同时，总结了基于科学的新创企业成长过程的动态性，认识和理解了技术资源在基于科学的新创企业动态成长过程中的重要性，分析了基于科学的新创企业在初创期和成长期不同的成长特征，鉴于技术资源在基于科学的新创企业成长期中的作用，引发了技术资源对成长期战略适应影响的关注和思考。

　　再次，阐述了技术资源对企业成长的影响，以及技术资源与成长过程的动态匹配关系，然后在总结和整理学者们对技术资源的划分基础上，把技术资源分为技术深度和技术宽度两个维度，在学者们对技术深度和宽度的测量研究基础上，测量和分析了基于科学的新创企业技术资源的深度和宽度，为实证研究技术资源对基于科学的新创企业成长期战略适应的影响提供了理论基础。

　　最后，实证研究采用新三板挂牌的医药制造产业中，处于成长期的基于科学的新创企业，探讨技术深度与宽度对基于科学的新创企业成长期战略适应的影响。专利是企业技术知识的表现形式，通过国际专利分类和专利 IPC 代码识别计算企业挂牌时的技术深度和宽度。战略适应表现为一系列的战略行动，从而对企业在新三板挂牌时点之后的各类战略行动数量进行汇总，并计算企业的战略行动多样性和频次。用回归分析实证研究方法，分析基于科学的新创企业技术深度和宽度对战略适应的影响，探讨企业技术知识结构如何影响基于科学的新创企业成长期战略适应，丰富了战略管理理论。

Abstract

Organized entrepreneurial activity has become an important catalytic agent in the process of the commercialization of university technology from the laboratory to the commercial market, which has led to the rise of New Science-Based Firms (NSBFs). The NSBFs is founded by the academic researchers of the university and is committed to the achievement of the commercialization of the university technology. The mode of university commercialization is the continuation of the entrepreneurship of the academic researchers, that is, the process of integrating academic and entrepreneurial resources, forming products (or services) and creating value. This model is beneficial to the academic researchers to control the future development of the technology and the market, not only to realize the technical commercial value and the personal value of the academic researchers, but also to create the economic value and to promote the regional economic development from a long-term perspective.

In the development process of NSBFs, they need to complete tasks, overcome many challenges and difficulties, face the constantly changing environment, as well as the uncertainty of technology development. Strategic adaptation is the response of new enterprises to uncertain environment. Interpreting the changing environmental signals as diverse and frequent strategic actions of enterprises can better cope with environmental changes and obtain strategic advantages. Enterprises with higher environmental adaptation can gain more competitive advantage and higher enterprise performance in uncertain environment. Based on the theory of resource base, what is the main resource that causes thinking to influence the strategic adaptation of NSBFs? For the NSBFs possess technological advantages, so the role of core or unique technological resources in strategic adaptation cannot be ignored. Therefore, the paper focuses on the main factors that influence the strategic adaptation of the new enterprise based on science, and puts forward the main research questions of the paper: (1) what are the main factors that influence the survival and development of NSBFs; (2) how to measure the main factors and analyze its influence on the strategic decision of NSBFs in growth stage; (3) how the technological resources of NSBFs affect the strategic adaptation in growth stage.

NSBFs rely on scientific research and technological development. The creation of a new science-based firm is a series of processes from the beginning of creation to the commercialization of technology to products and services. As the main conductor of all-stage behavior in the process of growth and leading the development of the enterprise, the university academic researchers are the key to success. During the process of growth, the academic researchers of the university act as academic researchers, entrepreneur and enterprise managers, and their decision-making is made in the context of the influence of the academic environment and the industrial environment. The growth process and influencing factors of the NSBFs need to be further studied. The growth of NSBFs is a dynamic evolution process, facing the uncertainty of constantly changing environment and technology development. The development goals and strategic decisions are different in different stages, and the role of technological resources in each stage will be different. Therefore, it is very important for the strategic decision of different development stages to meet the technical resources purposefully and pertinently, during the entrepreneurial activities of NSBFs. This paper analyzes the different growth characteristics of NSBFs in the start-up stage and the growing-up stage. Because of the important role of technology resources in the growth period of NSBFs, it is recognized that the role of core or unique technology resources which affect the strategic adaptation can't be ig-

nored. Therefor the paper analysis and discuss the dynamic process of the development and growth of NSBFs and the important role of technology resources.

Through the exploration and discussion of the growth process and influencing factors of NSBFs, it is found that scientific research provides a knowledge basis for NSBFs. Enterprises can quickly grasp the pulse of technological renewal, which can't be separated from sufficient scientific knowledge and rich basic research, thus leading the new technological change and opening up the new product market, achieving sustainable development and rapid growth. The main task of NSBFs in the startup stage is the development of core technology, and the strategic action in this stage is focused on the R&D of the core technology and the accumulation of the technical resources. The growing-up stage of NSBFs is the strategic choice stage of the enterprise, needs to deal with the change of the environment, make the correct choice of strategy, identify the opportunity and realize the enterprise profit. The enterprise will take a series of strategic actions based on existing key resources. Therefore, the effect and mechanism of NSBFs strategic action, which effect by technology resource, is an important issue for the NSBFs strategic adaptation in the growing-up stage, and it is to be further revealed.

Starting from the problem orientation, which is through the progressive research logic of cognition, discovery and analysis. The paper carries out three parts of work, and forms three main chapters: (1) to understand the importance of technology resources in the dynamic growth process of NSBFs; (2) to find that technology resources are the main factors affecting strategic decision-making; (3) to analyze the influence of technological resources on strategic adaptation. The specific contents of the paper are arranged as follows:

First, describe the concept, characteristics and dynamics of the NSBFs, as well as the growth theory of the NSBFs; then, the basic theory of resources is set forth, The paper sums up the research on how to influence the NSBFs by the scholars, and finally, describe the concept of strategic adaptation, and the theoretical research on the strategic adaptation, which is summarized from the perspective of the strategic management.

Second, the paper expounds the key node of the growth process of the NS-BFs, so as to propose the growth process of the NSBFs, and to use the case study method, to deduce the effectiveness of the process model and to explore the behavior and role of the academic researchers, as well as the important role of the technology resources in the process of the growth of NSBFs, so the research on the NSBFs is enriched. Based on the dynamic of the growth process, the paper summarizes the development process and the influential factors of the NSBFs and constructs a new model of system dynamic analysis of the NSBFs. By decomposing the proposition of the system dynamics model, the proposition is proved by the case study, so the rationality and the effectiveness of the system dynamics model are described. Finally, summarize the growth process dynamic of the new science-based firms, and analyze the growth characteristics of the start-up stage and growing-up stage, because of the important role of the technology resources during the growing-up stage, which raises the attention and thinking on the influence of the technology resources on the strategic adaptation.

Third, the paper expounds the effect of the technology resources on the enterprise, and the dynamic matching relationship between technology resources and growth process. Then based on the summing up and sorting out the division of technical resources by scholars divides the technical resources into two dimensions of technology depth and technology width. And based on the measurement and research of the technology depth and width by the scholars, designed the method for measuring the depth and width of the NSBFs, which provides a theoretical basis for empirical research on the influence of the technology resources on the growing-up stage strategic adaptation of the NSBFs, and also provides a measurement method for the measurement of the technology depth and width.

Fourth, using the new three-board listed pharmaceutical manufacturing enter-

prises, and in the growing-up stage of the NSBFs as an empirical research sample, the effect of the technology depth and width as antecedent on the growing-up strategic adaptation of the NSBFs is discussed. The patent is the expression of the NSBFs technical knowledge, which use the international patent classification and the patent IPC code to measure the technology depth and width. The strategic adaptation is a series of strategic actions, so as to summarize the strategic actions of the enterprise after the new three-board listing time point, and then calculate the strategic action diversity and frequency of the enterprise. The paper analyzes the influence of the technology depth and width of the NSBFs on the strategic adaptation by using the regression analysis, and probes into how the knowledge structure of the enterprise influences the NSBFs strategic adaptation, which enriches the theory of strategic management.

第 1 章

绪 论

1.1　研究背景

1.1.1　基于科学产业的兴起

从 16 世纪开始，在西欧社会产生了真正严格意义上的自然科学，伽利略和牛顿构建了经典物理学体系，"日心学说"由哥白尼开创，科学研究成为一种有组织的社会活动。伽利略和牛顿虽然一直从事科学研究，但是此时并没有严格地区分科学与技术，因此他们还同时参与设计和制造了望远镜。科学与技术开始建立关系与联系，在"解决技术问题"上开始合作。科学与技术在"职业"上进一步分化是从 18 世纪工业革命开始的，亚当·斯密提出了分工理论。19 世纪中叶第二次产业革命以来，技术发展也成为科学研究的重要源泉，技术越来越多地建立在科学的基础上，从基础科学转化到技术应用的周期越来越短。标志着基础研究与技术研究已经进入相互融合时期的是生物科学与技术、信息科学与技术等新兴科技产业的兴起，特别是 20 世纪 80 年代以后（眭纪刚，2009）。当前，知识流动在学术界与产业界之间越来越直接和频繁。科学和技术的联系日益紧密，在新兴技术领域，科学家不仅发表学术论文，而且将科研成果申请专利，专利直接引用科学论文从而产生技术发明，基于技术的产品越来越多。

可以直接应用大学实验室中的科学知识的行业，如生物技术、医药、半导体和有机精细化学等行业都属于基于科学的新兴产业（Cohen WM et al.，2002）。这些行业中的企业相对更愿意对科学研究投入资源，虽然科学研究具有不确定性和知识外溢效应，但是企业可以从科学研究中获取最前沿的科学知识。此外，为了提高基础研究效率，降低基础研究的成本，企业积极地让大学和科研机构如科学研究所参与企业的基础研究，与他们保持合作关系。技术竞争优势领先于竞争对手的决定因素一部分源于企业与大学科学家之间的科学合作（Zucker et al.，2002）。在美国生物技术行业中，美国最好的 112 所大学与 90% 的企业合作聘用大学里的权威科学家，开展深入的科学研究，有的企业研发团队还直接聘用诺贝尔奖获得者作为其核心成员。

世界各国也将基于科学的行业，如生物技术、医药、半导体和有机精细化学等，作为战略制高点和优先发展的领域。基于科学的企业发展速度日新月异，这些企业可以快速将科学知识转化为技术创新成果。我国将生物技术和信息技术作为优先发展的前沿技术领域，纳入《国家中长期科学和技术发展规划纲要（2006—2020 年)》，以促使企业与科研机构之间的知识转移和研发合作。同时，还积极建立高新技术开发区和大学科技产业园。

基于科学的新创企业的知识基础是科学研究，新的应用领域由科学研究帮助企业开拓，中长期技术演变的方向由科学研究引领。科学技术能够帮助企业迅速把握领先技术的更新动态，基于丰富的、充足的科学知识和基础性研究，进而引领新的技术变革，不断开拓新的产品市场。因此，科学知识积累是高新技术企业长远领先的基石，技术是高新技术企业中短期胜出的关键（郑育艺，2007）。曼斯菲尔德（Mansfield，1991；1998）探讨了在企业层面，科学研究（即基础研究）如何影响产业发展，结论如下：（1）基础研究对产业界的贡献是，约有 11% 的新工艺和 15% 的新产品是基于基础知识的支持；（2）企业销售额的 5% 左右是基于基础研究产生的创新产品或服务；（3）基础研究对于产业的发展越来越重要。科学—技术—经济逐渐趋于一体化，"小科学"时代向"大科学"时代的转移使得科学研究也日趋社会化（王习胜，2002）。

基础研究和科学知识直接推动基于科学的新创企业发展，企业对技术的依赖性很强。企业必须重视获取和积累科学知识，才能获得竞争优势。大学与科学研究所在企业研发活动中保持密切联系，并提供大量的基础科学研究支持。我国正大力发展基于科学的新兴产业，因此对基于科学的新创企业生存与发展的研究具有重要的理论价值和现实意义。

1.1.2　新创企业生存和发展

随着创业活动的广泛开展，企业的成长问题受到大量学者们的关注。美国学者爱迪斯（2004）认为，企业从孕育期开始经过十个阶段到死亡，企业的成长与发展如同有机体的成长和发展。他认为新创企业的成长阶段包括孕育期、婴儿期、学步期和青春期四个阶段。新创企业开始创立的阶段就是孕育期，维持自身生存是企业的首要目标，随后才开始实施商业概念，努力获取稀缺资源，积极应对环境不确定性，以实现初步增长。与成熟企业相比，新创企业往往存在与外部主体关系不稳定、信息不对称、契约不完全、"合法性缺乏"（lack of legitimacy）等新创企业进入缺陷（liability of newness），导致其经营和发展的不确定性。因为存在不确定性较高、合法性约束、资源短缺等问题，新创企业不容忽视生命周期短、发展不足的问题。

成长对于新创企业而言具有特别的重要性，新创企业是为获得生存能力而追求成长的组织（王迎军、韩炜，2011）。利希滕斯坦和布鲁斯（Lichtenstein and Brush，2001）研究发现，新创企业成长是一个动态演化的过程，新创企业通过识别、获取、开发并转化资源，匹配企业不同阶段的发展目标和战略决策，提高企业生存和成长的可能性。新创企业在发展过程中，企业要想能够真正存活并实现成长，需要学习和提升，克服众多困难和挑战，在成长和发展过程中需要持续面对不断变化的环境和不断增加的任务、适应不确定的环境（朱秀梅等，2013）。新创企业战略适应的形成在某种程度上是对感知的战略因素中环境的不确定性做出反应（John et al.，2000），表现为一系列的战略行动（Choi and Shepherd，2004；Foss，Lyngsie，and Zahra，2013；March，1991；McMullen and Shepherd，2006）。新创企业把不断变化的环境信号释义为企业多样和频繁的战略行动，企业从事多样化、频繁的行动，能更好地应对环境变化，获得竞争优势（Andreea and Pamela，2015）。开展广泛多样化的战略行动能够帮助新创企业实现盈利，在各层面开展频繁的战略行动能够降低组织失败的风险（Singh et al.，1986）。安德烈和帕梅拉（Andreea and Pamela，2015）研究发现，具有较高战略适应能力的企业在不确定的环境中更能获得竞争优势和更高的企业绩效。具备较强资源整合能力的企业，能够更敏锐地捕捉新的市场机遇，战略适应能力更强，有利于保持竞争优势（Teece，1997）。

资本市场会计研究丛书
ZIBEN SHICHANG KUAIJI YANJIU CONGSHU

基于科学的新创企业在发展过程中，不仅需要完成任务、众多挑战和克服困难，面对不断持续变化的环境，还需要应对技术开发的不确定性。基于科学的新创企业关键的异质资源是技术，企业的战略活动都依赖于技术资源（Cardinal et al.，2001），技术的增加是基于内部资源的企业成长的主要动力。对于具有技术优势的 NSBFs 而言，企业核心或独特的技术资源对企业战略适应的作用不可忽视（Barney，1991）。企业的技术战略应该与企业的职能层、事业层、公司层战略相匹配（Reitzig，2010）。因此，探讨基于科学的新创企业成长过程动态性和技术资源对企业战略适应的影响，对企业生存和发展具有重要意义，对战略制定和战略行动选择提供了理论指导。本书从研究基于科学的新创企业的成长过程、影响因素和动态性出发，分析技术深度与宽度对基于科学的新创企业成长期的战略适应的影响。重点对文献理论和基于科学的新创企业成长过程、影响因素和动态性，技术资源维度技术深度与技术宽度测量方法，以及技术资源对基于科学的新创企业成长期战略适应的影响进行了研究。

本章将介绍研究的选题背景、研究目的、研究方法与技术路线，以及研究创新与主要贡献。

1.2　研究目的与意义

1.2.1　研究目的

基于科学的新创企业成长是一个动态演化的过程，面对不断持续变化的环境和技术开发的不确定性，依据技术资源优势采取一系列的战略行动，能更好地应对环境变化，获得竞争优势，降低组织失败的风险。因此，为了探讨基于科学的新创企业面临的生存和发展问题，本书将从微观层面研究基于科学的新创企业成长过程、影响因素和动态性，从资源依赖的角度研究技术资源对企业成长期战略适应的影响，形成企业战略制定和行动选择的理论指导，帮助企业实现持续成长和发展。具体开展如下研究工作：

（1）构建基于科学的新创企业成长过程的动态性研究。

从整体系统的视角对基于科学的新创企业成长过程以及影响因素进行研究，理清了基于科学的新创企业成长过程中主要的活动，探讨了技术对企业成长和发展的影响。用案例研究方法，阐述创建基于科学的新创企业的行为过程，并构建成长过程模型。然后，从系统动力学的视角研究基于科学的新创企业成长的影响因素和动态性，并通过文献整理和归纳组织行为的影响因素，演绎它们之间的关系。对系统动力学模型进行命题分解，运用案例研究方法，对命题进行演绎。最后，探讨了基于科学的新创企业成长过程动态性，分析了基于科学的新创企业在初创期和成长期不同的成长特征，以及技术资源在成长期的作用，为研究技术资源对战略适应的影响提供了理论基础。

（2）测量和分析基于科学的新创企业技术深度和技术宽度。

阐述了技术资源对基于科学的新创企业成长的影响，以及基于资源与成长过程的动态匹配关系，把技术资源分为技术深度和技术宽度两个维度，在学者们对技术深度和宽度测量研究的基础上，测量和分析了基于科学的新创企业技术资源深度和宽度，为实证研究技术资源对基于科学的新创企业成长期战略适应的影响奠定了理论基础。运用测量方法，对基于科学的新创企业技术深度和技术宽度进行了计算和分析。

（3）探讨技术资源对基于科学的新创企业成长期战略适应的影响。

用实证研究方法，采用在"新三板"挂牌的医药制造企业，并处于成长期的基于科学的新创企业作为实证研究样本，探讨技术深度与宽度对基于科学的新创企业成长期战略适应的影响，探讨企业技术资源结构如何影响基于科学的新创企业战略行动的多样性和频次。

1.2.2　研究意义

（1）理论意义。

①构建了基于科学的新创企业成长过程模型。

目前对基于科学的新创企业成长阶段的研究大多是碎片化的（Owen –

Smith and Powell, 2001; Markman et al., 2005; Bercovitz and Feldman, 2008), 缺乏整体系统的视角研究基于科学的新创企业成长阶段和成长过程, 对基于科学的新创企业成长过程中主要的活动、关键成功的因素等没有清晰的研究, 缺乏对基于科学的新创企业模式的价值实现过程的阐述。本书从整体系统的视角, 通过案例研究, 对基于科学的新创企业成长阶段和成长过程进行研究, 演绎基于科学的新创企业成长的过程模型, 阐述了行为过程和价值创造过程, 探讨了学术研究者的行为活动和角色, 提出了在基于科学的新创企业成长过程中实现技术资产化证券化和企业价值增值, 并阐述了实现的过程, 探讨了技术在企业成长过程中的重要作用。丰富了基于科学的新创企业创建和成长理论, 以及对核心价值的认识, 为学术研究者进行基于科学的创业提供了探索性的研究。

②构建了基于科学的新创企业系统动力学分析模型。

基于科学的新创企业成长不是单个事件, 而是覆盖一系列"里程碑"事件的连续过程 (Friedman, 2003), 是一个非线性的迭代过程, 是由一系列事件组成的动态的过程。然而, 现有的对基于科学的新创企业的研究缺乏整体系统的框架以解释其非线性动态复杂性。本书运用系统动力学构建了基于科学的新创企业成长框架, 刻画了影响企业成长的因素, 检验和分析了基于科学的新创企业成长过程在各个阶段的关键作用, 以及影响基于科学的新创企业成长过程的关键因素, 从系统动力学角度, 运用反馈回路, 揭示基于科学的新创企业成长过程的动态性和复杂性, 以及企业成长过程中战略决策受到技术资源的制约。然后, 把系统动力学模型进行命题分解, 运用案例研究方法, 对命题进行演绎。为基于科学的新创企业成长研究提供了完整的动力学分析视图, 补充了基于科学的新创企业成长理论研究。分析了基于科学的新创企业在初创期和成长期不同的成长特征, 介于技术资源在基于科学的新创企业成长期中的作用, 认识到企业核心或独特的技术资源对企业战略决策的作用不可忽视, 为研究技术资源对成长期战略适应的影响提供了理论基础。

③测量和分析了影响基于科学的新创企业成长的技术资源。

技术资源是形成基于科学的新创企业核心竞争力的重要基础（张钢等，1997）。而基于科学的新创企业的发展是一个动态过程，在不同阶段的发展目标不同，战略决策也不尽相同，技术资源在各阶段的作用就会存在差异。基于科学的新创企业在初创期形成的技术资源对成长期的战略选择有着重要的影响。然而，对基于科学的新创企业技术资源的测量没有统一标准。在学者们对技术深度和宽度的测量方法基础上，本书针对基于科学的新创企业的特点，以及研究样本的数据特征，测量和分析了基于科学的新创企业技术资源深度和宽度，为实证研究技术资源对基于科学的新创企业成长期战略适应的影响提供了理论基础，对基于科学的新创企业技术深度和技术宽度进行了测量和分析。

④探讨了"新三板"市场中基于科学的新创企业成长期的战略适应。

战略适应影响着新创企业的绩效，是市场竞争中生存和发展的关键。对于具有技术优势的基于科学的新创企业而言，企业核心或独特的技术资源对企业成长期战略适应的影响不可忽视（Barney et al.，1991）。然而，现有文献鲜有从技术资源的维度——技术深度与技术宽度，探讨对基于科学的新创企业成长期战略适应的影响。本书从资源约束的角度，把技术资源分为技术深度和技术宽度两个维度，探讨了其对基于科学的新创企业成长期的战略行动的影响，并通过对企业技术宽度与技术深度的差异进行分类，明确了技术资源与战略适应的匹配关系，为企业的战略制定和调整提供了理论依据。本书研究内容拓展和丰富了基于科学的新创企业战略研究，从战略适应的角度探讨基于科学的新创企业生存和发展，为未来的研究提供了新的思路，丰富了战略管理理论。

（2）实践意义。

①对学术研究者开展创业活动以及新创企业创建提供理论指导。

新创企业面临的新进入者缺陷是制约成长的重要因素，理论界缺少应用实证研究的方法对基于科学的新创企业进行分析。本研究对创建基于科学的新创企业以及新创企业成长、学术研究者开展创业活动有一定程度上的理论

指导。

②为实现基于科学的新创企业生存和发展提供相关建议。

借鉴以往的研究成果，具体研究成长过程和影响因素，以及不同的技术资源对于基于科学的新创企业的生存和发展的影响，为创业者的创业活动提供相关建议，从而指导学术研究者基于科学研究开展创业活动，识别创业机会，通过创建基于科学的新创企业实现大学技术商业化，立足企业已有技术资源，进一步促进创业活动的开展和新创企业成长，提高基于科学的新创企业的存活率。

③为基于科学的新创企业提供战略选择和行动指导。

同时，为企业基于技术优势选择战略和战略行动提供理论依据，帮助处于成长期的基于科学的新创企业在市场竞争中做出正确的战略选择，提升竞争优势，实现生存和发展。

1.3　研究思路与方法

1.3.1　研究思路

基于科学的新创企业的发展是一个动态过程，在不同阶段的发展目标不同，战略决策也不尽相同，技术资源在各阶段的作用就会存在差异。通过研究基于科学的新创企业的成长过程动态性，以及技术深度和技术宽度对成长期战略适应的影响，促进基于科学的新创企业生存与发展。具体研究内容与思路如下：文献理论综述—成长过程动态性分析—技术资源测量与分析—成长期战略适应影响因素研究—研究结论。

第一，本书从微观层面对基于科学的新创企业成长过程展开讨论。基于科学的新创企业由科学研究直接推动，依赖于科学研究和技术研发（Mustar et al.，2006；Knock rt et al.，2011；Rasmussen et al.，2011）。因此，本书梳理与大学技术商业化和基于科学的新创企业的相关文献，从行为视角构建了基于科学的新创企业成长过程模型，探讨成长过程中的活动和角色。通过案例研究，提炼成长模型中的过程，探讨创业者的行为活动和角色，梳理基于科学的新创企业成长过程的特点。由于成长过程的动态特征，通过对基于科学的新创企业的文献分析和整理，运用系统动力学研究方法梳理基于科学的新创企业成长的影响因素，运用系统动力学方法，构建基于科学的新创企业成长过程模型，探讨影响基于科学的新创企业成长每一个阶段的因素。其次，对系统动力学模型进行命题分解，运用案例研究方法，对命题进行了演绎。最后，探讨了基于科学的新创企业成长过程的动态性，分析了基于科学的新创企业在初创期和成长期不同的成长特征、技术资源在企业成长期的作用，认识到技术资源对战略适应的影响不可忽视。

第二，本书探讨了基于科学的新创企业的关键技术资源对成长的影响，阐述了技术资源与成长过程的动态匹配关系，并对基于科学的新创企业技术资源进行了测量和分析。由于基于科学的新创企业在发展过程中，要使企业能够生存并实现成长和发展，就需要不断学习，完成众多挑战和克服困难，成长过程中会面临技术开发的不确定性，面对持续变化的环境和任务，因此企业还需要适应不确定的环境并完成不断新增的任务。研究发现，在基于科学的企业中，企业可以迅速把握技术的更新脉搏，因为基础科学研究为企业提供知识基础，丰富的基础性研究和充足的科学知识确保企业能够引领新的技术变革，开发产品和服务，开拓新的产品市场。本书阐述了基于科学的新创企业技术资源对企业成长期的影响，把技术资源分为技术深度和技术宽度两个维度，在学者们对技术深度和宽度的测量研究基础上，对基于科学的新创企业技术资源深度和技术宽度进行了测量和分析。

第三，本书探讨了基于科学的新创企业技术资源与成长期战略适应的关系。作为一种动态能力，战略适应表现为基于科学的新创企业的战略行动。基于科学的新创企业在初创期的主要任务是发展核心技术，在此阶段的战略行动集中于核心技术研发，进行技术资源的积累（Cooper et al.,

1994）。基于科学的新创企业的成长期是企业的战略选择阶段，需要应对环境变化，做出正确的战略选择，识别机会和实现企业盈利（Box et al.，1993）。企业将依据已有的关键资源，采取一系列战略行动（Cooper et al.，1994）。本书用回归分析实证研究方法，分析基于科学的新创企业技术深度和宽度对战略适应的影响，探讨企业技术知识结构如何影响基于科学的新创企业成长期战略适应。同时，本书还对每一章节的研究结果进行了讨论。

1.3.2　研究方法

本书属于应用型研究，主要对基于科学的新创企业成长过程动态性与技术资源对成长期战略适应的影响问题进行了探讨，所以广泛应用了理论与实践相结合的研究方法。理论研究部分以规范研究为主，通过对文献以及相关理论的梳理，为实证研究、案例分析和理论建模的展开提供理论支持，采用了案例研究与系统动力学方法、定量测量方法与管理理论、实证研究与规范研究结合等多种研究方法，具体研究方法如下：

①案例分析理论研究方法。

本书的一个主要目的是探讨基于科学的新创企业成长过程。案例研究方法适用于回答"怎么样"的问题，复制逻辑是其核心思想。因此本书第 3 章在总结文献理论基础上，采用归纳逻辑的探索性案例分析理论研究方法，分析企业案例实践情况，构建和演绎了基于科学的新创企业成长过程模型和系统动力学模型。

②系统动力学分析方法。

基于科学的创业过程不是单一事件，而是由一系列事件组成的动态的过程。因此本书第 3 章，通过对基于科学的新创企业成长特点、过程和影响因素的文献分析和整理，通过文献归纳对基于科学的新创企业成长过程中的影响因素进行梳理，运用系统动力学分析方法，探讨基于科学的新创企业成长每一个过程的影响因素，构建基于科学的新创企业成长过程模型。然后，把系统动力学模型进行命题分解，运用案例研究方法，对命题进行演绎。

③定量分析方法。

基于科学的新创企业依赖于科学研究和技术研发，科学研究为企业奠定知识基础，企业有着丰富的基础性研究和充足的科学知识，基于科学知识，发展新技术，开发新的产品，实现生存和发展。因此本书第 4 章，通过对基于科学的新创企业文献分析和整理，阐述基于科学的新创企业成长期的特点，以及技术资源对企业成长期的影响，把技术资源分为技术深度和技术宽度两个维度，通过定量分析，在学者们对技术深度和宽度的测量研究基础上，对基于科学的新创企业技术资源深度和宽度进行了测量和分析。

④实证研究分析方法。

在研究成长过程中，本书用案例演绎了基于科学的新创企业成长过程模型和系统动力学模型，并测量和分析了技术资源维度技术深度与宽度。从而，在第 5 章进一步对基于科学的新创企业成长期技术深度与宽度对战略适应的影响进行了实证研究，在此基础上得到科学研究结论，并对企业成长期战略决策、战略行动选择提供理论参考。

1.4　研究内容与技术路线

1.4.1　研究内容

本书研究的主要内容是基于科学的新创企业的成长过程、影响因素和动态性，分析技术深度与宽度对基于科学的新创企业成长期的战略适应的影响。重点对文献理论和基于科学的新创企业成长过程、影响因素和动态性，技术资源维度技术深度与技术宽度测量方法，以及技术资源对基于科学的新创企业成长期战略适应的影响进行了研究。研究内容分为六个章节：

第 1 章为绪论。首先对本书的研究背景进行了介绍，阐述了研究目的与

意义，理清了研究思路与方法，对研究内容进行具体介绍，并设计了技术路线的基本框架图，最后对本书的研究创新点进行总结归纳。

第 2 章是文献综述与理论基础的概述。首先，对基于科学的新创企业的特点、成长过程、影响成长的因素进行了阐述；其次，阐述了资源基础理论，提炼整理了技术资源对基于科学的新创企业成长影响的研究；再次，总结整理了学者们对基于科学的新创企业成长期战略适应理论研究；最后，对文献进行了简要的评述。

第 3 章是对基于科学的新创企业成长过程的研究和系统动力学分析。主要回顾与分析整理了学者们对基于科学的新创企业的研究理论，构建了基于科学的新创企业成长过程模型，运用案例研究方法，演绎过程模型，探讨学术研究者的行为活动和角色，以及技术资源在企业成长过程中的重要作用，丰富了对基于科学的新创企业相关研究。由于成长过程的动态特征，通过总结整理与基于科学的新创企业过程和影响因素相关的文献，构建了基于科学的新创企业系统动力学过程模型。然后探讨了影响过程模型四个阶段的因素以及活动的反馈，描述了创业更新和战略评估作为基于科学的新创企业过程的关键组成部分的作用。通过分解系统动力学模型命题，运用案例研究对命题进行演绎，阐述了系统动力学模型的合理性和有效性。最后，探讨了基于科学的新创企业成长过程的动态性，分析了基于科学的新创企业在初创期和成长期不同的成长特征，介于技术资源在基于科学的新创企业成长期的作用，引发了技术资源对战略适应影响的关注和探讨。

第 4 章测量和分析了基于科学的新创企业成长的技术资源。首先，阐述了技术资源对基于科学的新创企业成长的影响，以及技术资源对成长过程的动态匹配关系，分析了初创期形成的技术资源对企业成长期的影响，从资源结构的角度把技术资源分为技术深度和技术宽度两个维度。然后，在学者们对技术深度和宽度的测量研究基础上，测量和分析了基于科学的新创企业技术资源深度和宽度。

第 5 章研究了技术资源对基于科学的新创企业成长期战略适应的影

响。采用"新三板"挂牌的医药制造产业，处于成长期的基于科学的新创企业作为实证研究样本，探讨技术深度与宽度对基于科学的新创企业成长期战略适应的影响。专利是企业技术知识的表现形式，可通过国际专利分类和专利 IPC 代码识别计算企业挂牌时的技术深度和宽度。然后，战略适应表现为一系列的战略行动，从而对企业在"新三板"挂牌时点之后的各类战略行动数量进行汇总，通过研究设计的测量方法，计算企业的战略行动多样性和频次。最后，用回归分析实证研究方法，分析基于科学的新创企业技术深度和宽度对战略适应的影响，根据企业技术宽度与技术深度的差异，运用四象限图对企业进行分类，探讨企业技术知识结构如何影响基于科学的新创企业成长期战略适应，提出战略管理建议，丰富了战略管理理论。

第 6 章是结论与展望。总结和归纳了研究结论，提出了本书研究的不足之处，并指出了后续研究的思路与方向。

1.4.2　技术路线

本书的研究采用文献理论研究和案例研究的方法，把管理理论与实践相结合，构建了基于科学的新创企业成长过程模型，由于成长过程的动态性，运用系统动力学方法构建了成长动态模型；研究发现基于科学的新创企业对技术资源具有依赖性，通过对基于科学的新创企业文献分析和整理，阐述技术资源对基于科学的新创企业成长的影响，以及技术资源与成长过程的动态匹配关系，把技术资源分为技术深度和技术宽度两个维度，在学者们对技术深度和宽度的测量研究基础上，测量和分析了基于科学的新创企业技术资源深度和宽度；由于基于科学的新创企业成长过程的动态性，基于动态资源理论，采用实证研究方法，研究了技术深度与宽度对基于科学的新创企业成长期战略适应的影响。本书的逻辑结构如图 1 - 1 所示。

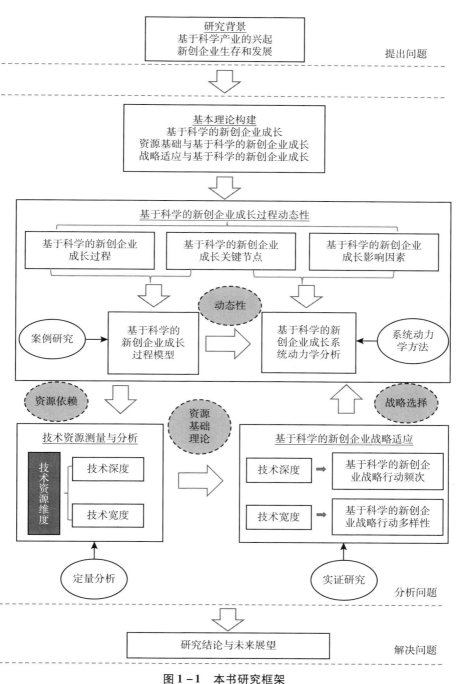

图 1 - 1　本书研究框架

1.5　研究创新与主要贡献

①构建了基于科学的新创企业成长过程模型和系统动力学分析模型。

本书从整体系统的视角，通过案例研究方法，对基于科学的新创企业成长过程进行研究，演绎基于科学的新创企业成长的过程模型，阐述了行为过程和价值创造过程，探讨了学术研究者的行为活动和角色，以及技术资源在企业成长过程中的重要作用。基于成长过程的动态特征，运用系统动力学构建了基于科学的新创企业成长过程影响因素框架，通过文献分析提供了对这些关键活动和影响因素如何集成的阐述，描述了这些过程的连接性。通过分解系统动力学模型命题，运用案例研究对命题进行演绎，阐述了系统动力学模型的合理性和有效性。最后，探讨了基于科学的新创企业成长过程的动态性，认识到技术资源在基于科学的新创企业动态成长过程中的重要性。分析了基于科学的新创企业在初创期和成长期不同的成长特征，介于技术资源在基于科学的新创企业成长期的作用，引发了技术资源对战略适应影响的关注和探讨。

②测量和分析了影响基于科学的新创企业成长的技术资源。

本书基于资源基础理论，阐述了技术资源对基于科学的新创企业成长的影响，以及技术资源与成长过程的动态匹配关系。用定量分析的方法，在学者们对技术深度和宽度的测量方法基础上，针对基于科学的新创企业的特点，测量和分析了基于科学的新创企业技术资源深度和宽度，为实证研究技术资源对基于科学的新创企业成长期战略适应的影响提供了理论基础。

③研究了技术资源对基于科学的新创企业成长期的战略适应的影响。

本书基于资源约束和动态资源理论，阐述了技术资源对基于科学的新创企业成长期的战略行动的影响。通过实证研究，探讨技术深度与技术宽度对战略适应的影响，运用象限图对企业技术宽度与技术深度的差异进行分类，明确了技术资源与战略适应的匹配关系。

第2章

文献综述与理论基础

2.1 基于科学的新创企业成长

2.1.1 基于科学的新创企业特点

科学在产业发展中始终起着关键作用，是每一次产业根本性进步的开端，基于科学的产业有一系列独特的发展规律。经历长期的基础科学研究的积淀，基于科学的产业形成科研平台，对科学的应用研究有着根本性的突破，形成从科学到技术再到产业的发展，引发持续的科研浪潮；当产业的核心技术商业化形成定性的产品化结构，基于科学的技术会与其他产业技术融合或扩散到多个产业。

通过对六代创新模型的总结发现，前三代模型更多地关注创新的原始动力，后三代创新模型侧重于关注创新的组织模式。然而学者们开始关注科学对技术创新的独特影响，在 20 世纪 80 年代之后开始把科学作为一种重要的创新原始动力。基于科学的产业中的技术进步现象用现有的六代创新模型都难以解释。学者们没有洞察这种新发展范式的特点，因为这六代模型形成时的商业环境和产业环境与现代有很大差异。

自 20 世纪 70 年代"基于科学的产业"这个概念产生后，学者们开始关注基于科学的产业。吉本斯和约翰斯顿（Gibbons and Johnston，1974）认为基于科学的产业依赖于科学进步，对技术的依赖性强。纳尔逊和温特（Nelson and Winter，1982）认为如同大学科学基础研究的突破，技术创新的原始动力在基于科学的产业中，是产业发展的外生变量。科学研究很大程度上支撑了基于科学的产业发展，产业的核心技术进步强烈地依赖于科学新发现，有机化学、制药业、化妆品业和生物化学等都是典型的基于科学的行业。

基于科学的产业具有以下特点：（1）产学研是最典型的创新模式，大学和研究所参与创新的程度很高，大学、研究所是创新的来源，这些机构大多属于公共研究部门。研发产品和工艺等技术创新的目的是将科学新发现进行商业化。（2）科学研究成果形成基础创新（雷家骕等，2014）。（3）成功的关键要素源于获得的外部知识创新，因为企业与公共研究部门保持密切联系。（4）R&D 投入强度很高。（5）科学上的进步创造了产业的技术创新机会和一系列的潜在产品。（6）发展成熟度不高，如生物医药业，所基于的科学领域是生命科学、生物医学，该产业一般处于发展期，这些领域的科学研究也不成熟，处于快速发展时期，不断有新的研究发现（林苞等，2014）。

新创企业（new venture）是指创业者把握商业机会，通过资源整合，通过提供产品与服务获得利益，从而构建的一个具有法人资格的全新实体。新创企业通常包括企业的初创期及成长期，指的就是那些处于发展初期阶段的企业。艾迪斯（2004）认为企业经过孕育期、婴儿期、学步期和青春期，这几个生命周期理论中的阶段属于新创企业的范畴。克里斯曼等（Chrisman et al.，1998）对达到成熟期的具体时间却没有精确地界定，提出"新创企业"广义上指没有进入成熟期的企业。全球创业观察（Global Entrepreneurship Monitor，GEM）的研究认为新创企业是成长期在 42 个月之内的企业。新创企业平均经过 7 年时间才能够开始获得利润（Weiss，1981）。卡赞健和德拉津（Kazanjian and Drazin，1990）指出，所处的行业、企业资源和战略等因素均会影响新创期的时限，新创企业平均需要经过 8 年才能从生存期和成长期，过渡到成熟阶段。布什和范德韦夫（Brush and Vanderwerf，1992）采用实证研究方法，选择的实证研究样本表明新创企业成立时间在 4 ~ 6 年。鲍姆等（Baum et al.，2011）探讨了新创企业的成长过程，他们认为成立 4 年以内的企业属于新创企业，其采用实证研究方法，用成立 4 年以内的新创企业作为实证研究样本。巴贾加尔等（Batjargal et al.，2013）认为新创企业成立时间在 8 年以及 8 年以内，并且这些新创企业具有管理体系和独立财务。另外我国的企业创建方式有很多，如多个企业联合创建、子公司和事业拆分、特许经营等，以及存在国有企业改制、事业单位转制等产生的新创企业，有着经济发展的特殊性（孙中博，2014）。本书的研究内容和重点是基于科学的新创企业的成长问题，以及关注基于科学的新创企业在成长期战略适应的表现。"新三板"自 2013 年 12 月被国务院批准，为成长型中小微企业公开转让股份服务。因此，本书用挂牌标准（"新三板"挂牌企业）筛选出处于持续成长中的新创企业作为样本（Gilbert et al.，2008）。

在经济增长和创造就业方面，新创企业有着愈加突出的贡献，然而新创企业比较低的存活率不利于区域和国家经济发展，因此新创企业的生存和发展是学者们关注的焦点。斯汀康比（Stinchcombe，1965）指出新创企业在应对市场竞争中面临较高的不确定性，由于成立时间不长，新创企业存在不完善的组织规范、缺乏必需的资源等新进入缺陷（liability of newness）。新创企业主要的战略目标是求得生存，并规划后续成长路径，他们面临着不确定性更高、风险更大的经营环境。因此新创企业成长问题是创业学研究领域的热点之一。战略适应解释了企业适应环境变化的能力，影响着企业的绩效，较高适应能力的企业更有可能在竞争中获得优势，从而获得更高的企业绩效（Andreea and Pamela，2015）。企业成长和发展的成败可以通过企业在成长期的战略适应的表现来预测（Covin and Slevin，1997；Shane and Venkataraman，2000）。为了深入理解基于科学的新创企业成长过程和影响因素，探讨战略适应的影响因素，本书将梳理关于基于科学的新创企业成长和战略适应的现有文献，总结和归纳基于科学的新创企业成长和战略适应的研究成果。

杰恩等（Jain et al.，2009）研究发现，有组织的创业活动在大学技术商业化从实验室到商业市场过程中成为重要的催化中介，这种趋势导致了基于科学的新创企业的兴起。学术研究者在基于科学的新创企业的成长和发展中担任重要的角色（Shane，2004）。麦奎尼和瓦尔马克（Mc Queen and Wallmark，1982）认为满足以下三项标准，一家企业就可以被定义为基于科学的新创企业：①大学里面的教师、工作人员或者学生是企业创始人；②企业直接进行大学到企业的大学科研成果的商业化，而不是间接的通过中介组织进行；③企业的行为活动基础是大学的科学研究，技术商业化的实现需依靠在大学里产生的技术创意。斯蒂芬森（Steffensen，2000）等学者指出，基于科学的新创企业有两个特点：一是大学或科研机构是企业的创始人；二是大学或科研机构的研究成果是维系企业发展的关键科学技术。由此，基于科学的新创企业是创造工作机会和新财富的企业，不断运用大学成果从事产品生产与服务，是大学技术从母体机构向外转移的一种形式。谢恩（Shane，2001）强调新企业所依托的知识产权是否产生于大学，这个标准是判断一个企业是否是基于科学的新创企业的标准，如果大学老师或科研机构人员虽然创建了企业，但企业没有运用大学产生的技术成果，这家企业就不属于基于科学的新创企业的范畴。因此，基于科学的新创企业是指以科学技术知识为基础而建立的新创企业，并且科学知识是大学研发产生的。

研究学术研究者如何基于学术研究成果创建和发展基于科学的新创企业，涉及机理、过程、影响因素等一系列重要议题，本书即是基于这一角度进行的分析。

2.1.2　基于科学的新创企业成长影响因素

新创企业的成长具有复杂性，大量学者研究了推动新创企业成长与发展的主要因素（Rodríguez，2003）。张玉利（2003）认为推动企业成长的关键要素是产业环境、组织机制和创业者精神，其中企业实现快速成长的源泉是创业者。加特纳（Gartner）提出了创业的概念模型，分析影响新创企业成长的关键要素，包括创建的企业类型、创业者特质、影响新创企业的外部条件，该模型包含了个人、组织、环境及运作过程。克里斯曼等（Chrisman et al.，1998）通过结构方程对新创企业成长因素进行实证分析，并基于战略管理视角，比较全面地分析了影响新创企业成长的主要因素，指出决定新创企业绩效的因素包括创业者、企业战略、战略执行系统、运作过程、资源、组织结构、行业结构等，完整地构建了新创企业的成长模型。

新创企业成长是一个动态成长过程，为了适应动态变化的环境，创业者通过寻求机会、获取资源以及资源整合的战略行为来应对。创业者原始的资源是新创企业成长所依赖的，包括组织学习能力、创业者战略能力。

影响新创企业成长的因素包括创业者、资源、战略和产业环境四个方面，具体阐述和梳理如下。

①创业者。

相对于成熟企业，新创企业在创业者层面会更加依赖于创业者。戴维松（Davidsson，1991）认为年龄与企业成长呈负相关关系，较为年轻的创业者更愿意承担风险，具有更强的企业成长期望；但是唐和墨菲（Tang and Murphy，2012）通过实证研究认为年龄的增长、经验和能力不断增加，以及个人积累的社会关系，有利于新创企业发展，创业者年龄与人际关系和新创企业发展呈正相关；斯多里（Storey，1994）认为新创企业的成长受到企业的年龄及规模、企业的市场定位、企业战略以及创业者的行业背景、管理经验、创业动机等因素的共同影响；卡帕雷拉等（Ciavarella et al.，2004）采用实证研究和检验的方法发现创业者外向性、情绪稳定性和随和性等因素相关性并不显著，而创业者责任影响显著；同时，新创企业的成长受到创业者机会选择、资源获取与管理能力的影响（Thakur，1999）；贺小刚和沈瑜（2007）认为创业者的决策能力、异质性等因素是新创企业成长的动力，新创企业成本以及资源的整合效率、资源获取的数量受到外部环境变量的影响，包括产权结构、区域条件、行业结构、政府管制等，从而对新创企业成长产生影响，他们基于这些成长影响因素构建了新创企业成长模型；亚马逊等（Amason et al.，2006）采用实证研究方法，发现新创企业的成长受到创业团队的年龄组成、专业经验、教育程度等方面差异性的影响。

在众多创业者个人因素中，创业者决策能力受到先前经验（prior experience）的影响，先前经验有利于提高新创企业的生存与成长绩效（田莉和龙丹，2009）。因此，先前经验是一个重要变量，创业者从先前经验中积累与创业相关的知识，创业者从而知道如何有效利用创业资源，获得创业信息以及创业资源的方式，先前经验得到了研究的高度关注。

创业者个体的社会网络是创业者资源获取较为有效的途径之一，对企业成长影响明显，社会网络为企业成长提供了外部资源渠道，新创企业需要获得强有力的外部支持，从而实现生存和发展（付宏，2013）。在中国政治背景下，创业者的政治网络影响新创企业的绩效（Li and Zhang，2007）。

钱德勒和詹森（Chandler and Jansen，1992）认为创业者能力间接对企

业成长产生重要影响，会直接影响企业的战略和管理活动。杨俊（2005）研究发现，新创企业成长受到创业者能力的影响，而创业机会和资源相互作用影响创业者能力，进而对企业成长产生重要的影响。根据钱德勒和汉克斯（Chandler and Hanks，1994）的研究发现，创业者的能力有利于企业的成长，创业者的角色是审视环境、选择战略机会、制定周密的战略计划，并实施利用这些机会，实现企业成长。

创业者个人素质影响着企业发展的方向，在新创企业成长过程中，有较强领导能力的创业者有利于企业成长，创业者对企业长远成长具有重要的凝聚力。新创企业成长的外部资源能力受到创业者社会关系的影响；创业者先前经验推动着新创企业创建，通过获取重要的信息，抓住创业机会，创建企业；创业者的领导方式对于企业的长期发展具有引领作用，决定了创业团队和其他成员的工作效率与凝聚力。因此创业者影响着新创企业成长，发挥着至关重要的作用。

②资源。

新创企业的发展潜力受到有效资源的数量和质量的直接影响，因此，资源观认为企业是各种资源的集合。创业者需要对资源进行整合与分配，执行各项决策。因为新创企业在资源方面存在一定限制，因此布什等（Brush et al.，2001）认为在创建新创企业时必须投入一些资源，包括资金、知识、人员等，然而对新创企业投资是存在一定风险的。

企业的资源存在于企业内部和外部网络中，一般分为人力资源、财务资源和组织资源（Gimeno et al.，1997；Gulati，1999；Bamford et al.，2000）。吉伯等（Gilbert et al.，2006）归纳出财务资源和人力资源对新创企业成长最具显著作用，虽然多种不同类型的资源均能够转化为企业成长的推动力。戈登（Cordon，2003）提出，随着内部分工的细化和明确，与成熟企业相比，新创企业人力资源需求存在差异，人力资源需求是制约新创企业成长的一个关键因素，因为新创企业更加需要的是具备专门技能和能够熟练操作的人员。扎哈拉和博格纳（Zahra and Bogner，2000）认为相对宽裕的财务资源使创业者面临的可选择的计划比决策更多，他们认为财务资源是新创企业成长的重要挑战性因素，创业企业的初始资金大多源于个人及家庭积累，创业者可以采取一系列有利于企业成长的行动。米希纳等（Mishina et al.，2004）分析了资源与企业成长的关系，对财务资源和人力资源的作用进行实证检验，使用市场和产品扩张来代表新创企业成长。其研究结果显示，企业市场扩张需要充裕的财务资源推动，充足的人力资源有利于增加新创企业短期盈利。

外部资源对新创企业成长具有重要的作用。克里斯曼等（Chrisman et al.，2005）通过研究发现，虽然过量的咨询不利于企业维持高水平的成长，但新创企业的销售和雇员增长受到咨询顾问的影响。资金有利于新创企业的成长，特别是可以获得政府、银行的支持或创业投资机构的支持。

③战略。

大量学者研究了影响新创企业成长绩效的战略因素。企业采用聚焦战略，有利于增加产品的销售额，只提供单一的产品或服务给特定的专业市场（Siegel et al.，1993）。克里斯曼等（1998）通过实证研究分析了新创企业的资源获取和资源利用对企业成长的直接影响。鲍姆等（2001）通过实证研究方法探讨企业战略与新创企业成长的关系，采用低成本战略或聚焦战略不利于企业成长，而采用差异化战略则有利于新创企业销售额、利润和雇员数量的增长。由于对新创企业测量方法的不同，造成研究结论不同。李（Li，2001）研究发现，新创企业战略与新创企业创新战略在较高动态水平的制度和环境下，与企业绩效呈正相关关系，外部环境因素正向调节两者之间的关系。吉伯等（2006）认为企业成长受到战略影响，而战略通过资源来执行。鲍比等（2005）指出企业成功的两个关键要素是市场导向和创业导向，通过研究企业战略导向和绩效的关系，他们认为适中的创业导向和较高的市场导向是促进企业成长的最优组合。郑勤朴（2001）认为技术战略有利于企业成长，包括开发新产品、研发投资等都属于创新活动，而企业财务能力、生产能力、投入能力、营销能力、产出能力、环境适应能力和创新潜力等属于技术战略，是企业的综合能力体系，有利于企业获得竞争优势（Yasuda，2005；官建成和史晓敏，2007）。

④产业环境。

除了创业者个人、创业资源等是影响企业成败的因素，企业需要考虑外部环境的影响外，产业环境也是影响企业成长的重要因素，采取相应的战略行动需要依据产业环境（Sandberg and Hofer，1987）。新创企业在相对宽松的产业环境下，能够获得更多的创业机会，在成长过程中获得更多的创业资源（Gartner，1985）。

在一些产业内企业的成长过程中，随着产业规模的变化，产业不断成熟，产业内企业的规模不断扩大。然而在产业成长初期，企业规模大小和数量分布是不规则的（Lotti and Santarelli，2001）。凯利和罗雷（Keeley and Roure，1990）验证了新创企业绩效受到创业特质、战略和产业环境的影响。奥兹坎和艾森哈特（Ozcan and Eisenhardt，2009）认为企业应对环境不确定通过合作联盟或产业架构进行调整，从而获得高绩效。汤亚玲（2010）认为产业的投资环境是影响企业发展的重要环境要素，其构建了新创企业投资发展环境的支撑体系，以温州高新技术产业发展为实证研究对象。在产业层面上，产业中企业规模、资本集约度、债务结构等因素影响企业的成长。研究发现，新创企业成长和绩效发挥受创业者社会资本的影响很大，影响新创企业的创立与发展。

在知识经济时代下，基于科学的创业活动得到越来越多学者们的关注，科学成为驱动创业活动的重要力量（Wright et al.，2007；Lin et al.，2010；Lundqvist，2014）。迪格雷戈里奥和谢恩（Digregorio and Shane，2003）、斯图亚特和索伦森（Stuart and Sorenson，2003）等研究了环境因素在基于科学的新创企业创建过程中的影响。创业者通过社会网络利用资源进而促进新创企业的创建，研究发现地理接近性有助于生物产业中基于科学的新创企业发展，但其对企业绩效会产生负向影响。迪格雷戈里奥和谢恩（2003）发现股权投资政策的制定、技术优势以及对技术发明者的低版税，能够促进基于科学的企业创建。研究表明专利、产业层面的公共基础设施、先前的合作、研发强度是影响生物产业基于科学的新创业企业决定合作时机的因素。

学者们从绩效影响因素和企业竞争优势方面对基于科学的新创企业展开

了大量研究（Zahra，1996；Kakati，2003；Wright et al.，2007）。扎哈拉（1996）研究了影响基于科学的新创企业绩效的技术战略的影响。考考蒂奇（Kakati，2003）指出技术技能与商业技能如营销、一般性管理等多样化能力是影响基于科学的新创企业成功的决定因素。赖特等（Wright et al.，2007）指出，创业团队的构成和内部动态性对于基于科学的创业尤其重要，其基于已有研究提出未来研究可以探索人力资本和公司治理与基于科学的创业之间的潜在联系，并指出个体和团队的人力资本特点在复杂过程中的作用。吴等（2008）指出，企业的资源和支持企业的合作意愿决定了处于成长阶段的基于科学的新创企业的竞争性。林等（2010）研究了基于科学的新创企业如何积累资源以存活和维持竞争优势，通过资源基础观和动态能力理论展开了深入分析。

此外，学者们还对知识获取和利用、机会识别活动、联盟、团队成立等活动对基于科学的新创企业的影响进行了研究（Yli - Renko et al.，2001；Colombo et al.，2006；Park，2005；Lundqvist，2014）。如伊利润口等（Yli - Renko et al.，2001）分析了社会资本对基于科学的新创企业知识获取和利用的作用，指出知识对于基于科学的新创企业尤其重要。科伦坡等（Colombo et al.，2006）认为新创企业形成联盟的重要驱动因素是互补型专业化资产的整合，并构建模型分析基于科学的新创企业形成联盟的阻碍和促进因素。帕克（Park，2005）认为基于科学的企业市场成功取决于创业者、组织和技术间的复杂互动，并构建了基于科学的新创企业情境构建机会识别过程模型。近年来，孵化器或大学科研机构在基于科学的创业中的推动作用成为学者们关注的焦点，研究日趋深入，如伦德奎斯特（Lundqvist，2014）通过实证研究分析孵化器内的基于科学的新创企业绩效和创业团队成立的代理创业者（surrogate entrepreneurs）的积极作用。

从现有的研究来看，学者们从人力资本、资源、环境、战略、社会资本、团队构成和能力等视角探讨了基于科学的新创企业绩效、知识获取和利用、联盟以及机会识别等活动的影响因素。本书将通过文献梳理和分析，整理影响基于科学的新创企业成长的因素，构建成长系统动力学模型。

2.1.3　基于科学的新创企业成长过程

学者们采取了多种方法并通过多种视角解读新创企业成长的过程，因为新创企业的成长过程具有高度的动态性和复杂性。学者们把新创企业成长过程研究分为两类：第一类将基于科学的新创企业成长过程描述为不同阶段的顺序发展过程，遵循生命周期理论的思路；第二类从资源开发与整合的角度观察基于科学的新创企业成长过程，以彭罗斯（Penrose，1959）或资源基础论（RBV）为出发点。

①阶段模型/生命周期理论。

倾向于采取生命周期的思路研究新创企业成长的研究者，描述新创企业成长过程与一般的生命周期理论类似，可划分为几个阶段（Kazanjian，1988；Kazanjian and Drazin，1990；Bhave，1994；Vohora et al.，2004）。大多数阶段模型根据主要问题来划分阶段，与一般的生命周期理论相似，解决不同时期所面临的主要问题的过程就是新创企业的成长过程。例如，卡赞健和德拉津（Kazanjian and Drazin，1990）把每一成长阶段看作对成长过程中所面临的主导问题的反映，提出了新创企业成长包括概念与发展阶段、商业化阶段、成长阶段和稳定阶段四个阶段。沃赫拉等（Vohora et al.，2004）认为，在过程的相邻阶段存在四个关键节点（critical junctures），把新创企业成长划分为五个发展阶段，新创企业要成长和发展并实现盈利，只有克服了这些关键节点，才能逐渐实现持续成长，否则将会停滞在某一阶段。

新创企业通过识别并确定不同阶段转换时驱动转换的关键事件或问题，跨越若干阶段的关键节点，这些阶段模型将通常是非常杂乱无章的新企业演化过程梳理出某种结构。阶段模型帮助新企业经营团队预计未来即将面临的挑战阶段模型，这可以是一个规范框架，也可以作为一种描述性工具，用来描述新企业是如何演化的（Ambos and Birkinshaw，2010），此外，也可以促进新企业在不同阶段的发展和成长，帮助孵化器管理者采取更有效的措施（Dettwiler et al.，2006）。

②基于资源论（RBV）的成长过程研究。

部分学者基于彭罗斯（1959）或资源基础论（RBV）的视角，剖析了新企业成长过程中的资源开发和整合过程，李奇登斯坦和布拉什（Lichtenstein and Brush，2001）发现，可以通过新创企业识别、获取、开发并转化资源来提高企业生存和成长的可能性，研究采取多案例纵向研究方法，构建了新企业资源演化的动态模型，发现新创企业的无形更重要，进而识别了三种新创企业资源束转化的模式，分别是渐进、演化、不连续。米勒（Miller，2003）发现新创企业资源具有不对称性或独特性特征（asymmetries），有利于企业成长，可通过与市场机会相匹配的组织能力及试验、洞察和积极培育获得成长。贝克和尼尔森（Baker and Nelson，2005）提出，研究新创企业的成长可应用列维－斯特劳斯（Lévi－Strauss，1967）提出的"拼凑"（bricolage）思想，强调了创业者对资源价值进行主观建构的重要意义。分析识别了平行拼凑和选择性拼凑两种拼凑方式和创业拼凑的五种资源领域，采取扎根理论探讨了新创企业获得成长的过程，以及采用案例研究方法分析资源匮乏情况下的成长模式，并构建了成长过程模型，阐述了"资源限制—选择性拼凑—改变资源限制—企业成长"的过程。这些观点在企业技术资源和战略行动研究中，探究如何培育出路径依赖的能力，以及观察新创企业如何获得能力优势，以及如何获得生存和成长具有重要启发意义。

学者们研究基于科学的新创企业成长过程的焦点是大学技术商业化过程。罗埃罗（Roessner，1994）认为大学技术商业化是技术知识、技术理论或技术原理从一个组织向另外一个组织的运动过程。赵黎明（1992）定义大学技术商业化是技术提供者从技术创新开始，把技术知识、理论或原理通过各种技术转移路径，传播或转让到技术受让方，再经过技术受让方采纳，从而获得新技术并加以消化、吸收、使用和再创新的过程。章琰（2004）对大学技术转移的界定基于技术转移概念，她认为大学技术转移的对象是产生于大学中的技术，通过产品化形成市场需要的产品或服务，将大学中的技术进行商业化，进而产业化，最终实现其市场价值的过程就是大学技术商业化。弗里德曼（Friedman，2002）基于行为视角把大学技术商业化分为了6

个阶段——基础研究、原型生成、知识产权保护、商业化决策、参与商业化或建立企业、获取收益。该过程包含了技术到产品的过程，以及从实验室到市场的过程，包括知识产权保护阶段。

基于科学的创业过程不是单一事件，而是由一系列事件组成的动态过程（Friedman，2003）。基于科学创业的成功与"里程碑事件"的完成有显著关系（Vohora et al.，2004）。目前，从微观层面对过程的研究成为基于科学的创业研究的热点。马修·伍德（Matthew S. Wood，2011）认为基于科学的创业是技术转让办公室（Technology Transfer Office，TTO）作为中介基于知识产权转移的大学技术商业化活动，他认为基于科学的创业可分为四个阶段：技术创新披露和知识产权保护阶段、获取产业合伙阶段、商业化机制选择阶段、商业化阶段，并阐述了各阶段学术研究者、TTO 和外部合作组织角色的作用以及影响因素。沃霍尔等（Vohora et al.，2004）认为基于科学的创业是非线性的迭代过程，会经过一系列的关键性节点，包括机会识别、创业承诺、创业确立和持续发展。莫慧科（Wai Fong Boh，2015）建立了基于科学的创业前期的过程模型，即创意产生、商业化决策、原型生成与建立、团队组建、商业化战略的确定和筹款活动，探讨了学术研究者参与和主导的前期学术研究和早期创业活动的具体行为。

综上所述，过程研究试图描述展示成长过程的复杂性和动态性，通过对新创企业与基于科学的新创企业成长过程的理论研究，从时间的角度剖析企业成长和持续发展的原因。构建阶段模型是观察和描述新创企业成长动态性的一种重要方式（Garnsey et al.，2006）。学术研究者提高能力和通过网络重组资源完成各阶段任务，使企业获得持续发展，从而实现基于科学的创业的成功。然而，学者们缺乏从微观层面讨论大学学术研究者作为创始人，创建致力于实现自主研发技术商业化的企业，并主导基于科学的新创企业成长和发展的全过程以及学术研究者的具体行为。本书将整合学术研究过程和创业过程，采用阶段模型构建基于科学的新创企业成长过程模型。

2.2　资源基础与基于科学的新创企业成长

2.2.1　资源基础理论

资源一般被定义为"企业所有能力、资产、属性、组织过程，由公司控制的知识、信息等"（Barney，1991）。与传统产业组织经济学强调外部分析（Bain，1959）不同，RBV 理论把企业资源看作企业的竞争优势（Barney，1991），强调对企业之间（同一行业）资源禀赋差异的内部分析，并解释这些差异性资源如何成为企业的可持续竞争优势（Barney，1986，1991；Wernerfelt，1984）。据说，当一家企业能够更经济地生产顾客需求的产品或更好地满足客户需求，从而比其竞争对手享有更优越的产品性能时，该企业就具有竞争优势（Barney，1991；Peteraf，1993）。

资源基础理论的着眼点和主导性力量是企业发展战略中的资源，沃纳菲尔德（Wernerfelt，1984）认为资产具有优势或劣势的半永久性特点。从宽泛的意义上把资源分为有形和无形资产，进一步分为计划、文化、固定资产三类。巴尼（Barney，1991）指出企业的发展战略和经营绩效与资源的核心作用分不开，从战略管理的角度，认为战略性资源是企业持续的具有竞争优势的资产，而物质资产、组织程序、企业文化、信息、知识、人力等为一般性资源。格兰特（Grant，1997）认为资源包括两类——有形资源和无形资产，实物、资金属于有形资产，声誉、关系、技术、人力资源等属于无形资产。资源是投入生产过程中的所有要素，影响着企业利润，从而影响企业成长和发展。异质性资源被企业隔离，因此不同企业的战略发展方向不同。

资源具有有价值的、稀有的、成本高昂的、不可替代的特点，有助于企业竞争优势的实现。当资源有助于提高公司的效率和效益时，它们是有价值的（Barney，1991；2001；Conner，1991；Priem and Butler，2001a）。特定资源的价值是根据组织战略和外部环境等条件确定的（Priem and Butler，2001a）。资源必须是稀缺的才能提供竞争优势；有价值的资源只能提供竞争

对等（Barney，1991）。在资源难以模仿的情况下，宝贵和稀有的资源有助于维持公司的竞争优势（Barney，1991）。不可替代性的来源包括：（1）在独特历史条件下创建的资源；（2）资源与产生的竞争优势之间的因果关系不明确；（3）资源的社会复杂性（Dierickx and Cool，1989；Lippman and Rumelt，1982）。最后，在没有战略同等资源的情况下，持续竞争优势源于有价值、稀有和难以模仿的资源（Barney，1991）。当存在可替代资源时，拥有宝贵的、稀有的和不可模仿的资源的企业可能无法享受可持续的竞争优势（Barney，2001）。

学者们对 RBV 理论进行了扩展，主要有三种观点。第一，企业的"动态资源观"（Helfat，2000；Helfat and Peteraf，2003）。这种基于资源的动态视图融合了动态能力的核心概念，即资源和能力不断被调整、集成和重新配置为其他资源和能力的动态资源（Eisenhardt and Martin，2000；Teece、Pisano and Shuen，1997）。第二，根据上述动态观点，人们更加关注资源与战略实施之间的关系（Hitt，Bierman，Shimizu and Kochhar，2001；Newbert，2007）。资源潜在价值的实现取决于公司的战略以及如何实施战略和如何利用资源（Barney and Arikan，2001；Hitt et al.，2001；Newbert，2007）。第三，一些学者（Wiggins and Ruefli，2002；2005）采纳了熊彼特（Schumpeterian，1939；1942）和超级竞争（D'Aveni，1994）的观点来解释企业间持续（或缺乏）的竞争优势。这些观点强调，企业越来越难以维持其战略优势，而持续的竞争优势更是一种随着时间推移创造一系列竞争优势的功能（Wiggins and Ruefli，2005）。熊彼特和超级竞争观点补充了动态资源观点，即企业只有通过不断调整和重新配置资源，才能创造一系列瞬时优势（Brown and Eisenhardt，1998；D'Aveni，1994），才能实现持续的竞争优势。

企业的竞争优势资源是具有稀缺性等特征的资源，资源转变为实在的竞争优势需要一系列的催化条件，它是企业未来的潜在优势（Barney，1991）。资源会随着外部环境的变化而丧失竞争优势，这是由于资源的动态特性。例如，当新创企业在外部是高度不确定的市场和动荡的环境下，使需要积累和不断获取异质性资源，促使新创企业开发新的机会，未来新创企业的价值由这些异构资源直接转化而来（Barney and Arikan，2001），同时还需要整理异质性资源，以及管理形成企业的创业资源（Sirmon et al.，2007）。然而，拥有稀缺的资源只是转化为竞争力的第一步，进一步的研究表明，企业可以利用并提高资源的使用价值更重要。

动态资源能力是指组织为了使资源成为有机整体，对不同结构、不同来源的资源进行识别、选择、激活、配置和有机整合，从而突出自己的价值。动态能力是一个动态而复杂的过程。资源被整合后将成为自身竞争力的一部分，与企业产生依赖关系。

总的来说，动态资源主要有以下几个属性：一是激活属性，只有激活后的资源才能发挥其最大性能，在睡眠状态的资源难以被企业使用；二是动态属性，资源整合会随机应变，环境变化影响着资源整合，资源由于受到内部和外部环境的影响，自身的属性会不断变化；三是价值增值属性，资源在整合之后将实现资源价值，提升企业竞争优势；四是系统属性，不存在孤立的资源，主要资源和相关资源在企业获得资源时会被同时获取。新创企业的最大考验是资源整合能力，在没有融合前，要发挥创业资源的重要作用，就需要通过资源整合实现。

从现有研究可以看出，知识管理、网络、战略和生命周期等都属于资源整合研究的视角。创业者在资源整合的活动中投入大量的精力，因为战略选择影响创业者的资源整合行为，所以企业经营战略为差异化战略，这是战略视角的观点。知识管理视角认为外部知识资源也是必需的，关注企业与外部环境之间的关系，要使知识资源价值最大化，新创企业实现知识资源的价值需要不断采用不同的方法（Tolstoy，2009；Vainio，2005）。网络视角认为，新创企业需要建立合理的网络关系体系，因为分散式网络中存在资源或不同的网络关系存在不同的资源，通过资源整合，能够为企业创造价值（Tsai and Ghoshal，1998；Baraldi and Stromsten，2009；Tolstoy and Agndal，2010）。从资源生命周期视角来看，变化速度快的企业更容易存活和发展，新创科技型的资源整合行为需要与内外部环境的变化相协调。

动态资源影响着新创企业的战略选择，本书将基于动态资源理论，对新创企业的生存和发展展开讨论。

2.2.2　新创企业资源基础

资源是各类生产要素的集合，这些生产要素具有知识和信息密集型特点。在管理学分析中，新创企业为实现创业目标，在发展过程中所利用的资源总和，就是一般意义上的创业资源，包括有形资产和无形资产，人力、物力、财力等属于有形资产，品牌、声誉、专利等属于无形资产（郭霜飞，2014）。资源在经济学分析中，是企业生存和发展的基础，在生产经营过程中，为了创造新价值获取利润而投入的一切要素都是资源，新创企业需要资源的支撑（谷宏，2011）。

在创业过程中，多方面的资源能够维持和促进新创企业的发展。创业资源起着重要的作用，是新创企业最重要的资源。巴尼（1991）把创业资源分为人力资本资源、物力资本资源和组织资本资源三种，人力资本资源包括管理者、员工等，物力资本资源包括厂房、技术设备等，协调控制组织内外部的系统属于组织资源。多林（Dolling，1995）认为人力资源包括社会资源，从而把创业资源分为六类，包括技术资源、声誉资源、组织资源、人力资源、物质资源和财务资源。布什（2001）同样把创业资源分为六类，不同的是对社会资源单独进行研究。

林嵩等（2005）认为创业资源包括要素资源和环境资源，基于企业成长的作用，直接参与企业生产管理活动的资源是要素资源，信息资源、品牌资源、政策资源、文化资源属于环境资源。创业之初，创业所需要的资源需要依赖创业者通过自身努力获取。蔡莉、柳青（2007）认为，市场、资金、物质、人力、管理和科技资源这六类属于创业资源。余绍忠（2012）把创业根据创业资源的可获得性进行分类，人才、资金和管理资源属于直接资源，信息、政策、科技资源属于间接资源。赵文红、李秀梅（2014）把创业资源分为战略性资源和运营性资源两大类，其中对企业的生存和发展具有关键作用的是战略性资源，这样的分类是基于资源的作用对创业资源进行的。

　　许多学者都探讨了创业资源与新创企业成长的关系，强调了创业绩效受到创业资源的重要影响（Chandler and Hanks，1994；余绍忠，2012；李硕，2014）。创业资源的增加有利于创业绩效的增强。文琼（2008）通过文献梳理、访谈研究发现，相较于有形资源，无形资源对新创企业成长绩效的作用相对较大，并通过实证分析证实了创业资源的两种类型，正向影响创业绩效的是有形资源和无形资源。创业资源是创业活动中不可缺少的关键要素，余绍忠（2012）通过对企业样本数据的分析统计发现，创业资源对于提升创业绩效具有重要作用，同时受到资源的正向影响。李辰霄（2014）强调了信息资源与网络资源对企业成长的重要作用，其采用实证研究方法，分析证明了新创企业成长与创业资源之间的显著正相关关系。李硕（2014）通过对样本数据的统计分析，证实了有形资源和无形资源都对创业绩效有着积极的正向影响，创业资源是开展创业活动和实现创业绩效的必要因素，丰富的创业资源有助于创业绩效的提升，因此创业活动的开展需要创业资源的支持。

　　相比成熟企业，新创企业面临更加严峻的情况（涂辉文、李彩娥，2011），创业者需要更好地做好前期的资源积累，从而实现新创企业的生存和持续发展。

2.2.3　基于科学的新创企业的技术资源特点

　　基于科学的新创企业依赖于科学研究和技术研发（Mustar et al.，2006；Knockaert et al.，2011；Rasmussen et al.，2011）。基于科学的新创企业关键的异质资源是技术，企业的战略活动都依赖于技术资源（Cardinal et al.，2001）。哈勒（Hall，1992）、米沙林等（Michalisin et al.，1997）、蒂斯（Teece，1998）、巴尼（Barney，2001）等学者提出无形资源是战略性资源的重要组成部分，包括专利、产权、垄断技术、关系等。科加和赞德（Kogut and Zander，1992）、斯彭德和格兰特（Spender and Grant，1996）、康纳和普拉哈拉德（Conner and Prahalad，1996）认为企业的知识创造、储存和应用水平是竞争优势的来源。格兰特（1996）认为资源是企业的竞争

优势来源，专业知识的整合为企业带来竞争优势。格兰特（1996）明确提出了知识基础是竞争优势的来源，他的研究突出了企业知识的重要性。

技术知识就是技术原理，是规则和技能的综合概念，也就是说，人们在创造价值中所获得的，在应对环境变化时处理和使用的就是技术知识（李兆友和宋保林，2010）。恩赛固（Ensign，1999）认为，技术知识是被编码的关于解释人们行为的知识，蕴含在操作程序和知识惯例中。张斌（1991）认为，技术知识综合应用科学和自然科学知识，是基于科学、技术与工程的三元知识的分类。在一个因果网络中技术知识运用自然科学知识，利用客观事物的能动反应，使其相互作用最终产生特定的功能。穆蒂（Moorthy，2012）则将技术知识特指为科学和工程知识。郁培丽（2007）认为，技术知识是未来技术的趋势，有可能影响特定行业的产业或企业类型，以及影响服务于特定计划或项目的技术类型，并影响宏观经济发展。

对知识基础定义范式的延伸是指技术知识可以被理解为一种关于投入变量与其所带来结果的关系，即通过"投入—产出"视角考虑，有助于企业优化投入产出关系，从而定义过程基础的技术知识概念。系统模式认为，技术知识是用于提升产品质量或简化产品，改变特定过程的系统化知识（Mcevily，2010）。

很多学者比较关注知识资源这一特殊的企业异质性资源，他们认为进行知识创造、集成、应用的特定组织就是企业。知识基础理论（Knowledge - Based Theory，KBT）是随着研究成果的不断产生形成的。科加（1992）等认为，企业合理科学地运用学习、生产和应用新知识的能力及知识资源整合过程，使企业能够获取与维系竞争优势。企业知识资源分为两类——显性知识和隐性知识，以程序、文章、书籍、技术等形式存在的是显性知识，显性知识已实现编码化，比较易于进行转移；在某种程度上，隐性知识比显性知识对企业的价值更大，是附着于人的经验或意识之中的，难以编码化，表现为一种经验性的存在的是隐性知识，在组织间进行转移的难度较大。格兰特（1997）认为，具备专属性、可转移、可获取、可整合及增值性等主要特征的知识资源才是企业成长发展所需的关键性知识资源。胡普斯和皮克雷尔

（Hoopes and Postrel，1999）认为，企业竞争优势由利用知识资源的能力直接决定。

科加（1992）等人认为知识包括诀窍和信息，诀窍解决怎么样（know how）的问题，是人们在工作中积累、总结的经验、专长或技巧，难以用语言或文字明确描述，存在于个人的价值和意识中；信息解决是什么（know what）的问题，能够用文字准确地描述在企业计划、程序、手册中，通过编码后可以较为完整地进行转移。诀窍也可称为内隐知识，信息也可称为外显知识。企业的优势存在于它们卓越的、持续的创造新知识的过程中，学习、建立和应用知识，提供产品和服务。格兰特（1997）认为，帮助组织透过知识产生价值的知识具有专用性、可转移性、知识获得的专门化、生产所需、聚合的能力五种特征。

基于研究理论（Research-based Theory，RBT）和 KBT 理论强调企业生成及发展过程中，异质性资源的核心作用。独特性、稀缺性、增值性和集成性是企业异质性资源的特征（Barney，2001）。格兰特（1991）理论视角广泛应用于基于科学的创业研究领域，企业异质性资源的独特性特征能够帮助企业形成竞争优势。资源基础理论是一个重要的分析视角，在基于科学的新创企业研究方面，能够帮助本书探究大学与企业之间的资源支持与传导机制，深入认识基于科学的新创企业竞争优势产生的异质性资源基础，对企业战略管理形成理论支撑，丰富战略管理理论。

学者们对企业所拥有的知识进行整体研究，对企业技术资源的研究大多是对概念的梳理，在更微观的层面上研究企业技术资源的缺乏问题。格兰斯特兰和索兰德（Granstrand and Sjolander，1990）提出企业是多技术系统（multi-technological system），不仅仅要关注少数领域的技术，产品系统依赖的所有技术领域企业都要重视。帕特尔和帕维特（Patel and Pavitt，1994）认为从技术剖面（technology profile）的角度研究技术资源更适合，因为企业技术领域的活动非常广泛。多种专利技术相互组合形成企业技术能力。企业的竞争优势受到技术资源的影响，但企业的技术资源不能用竞争优势来衡量。很难对企业技术资源进行定义，尤其是从竞争优势的角度来认识和识别

企业的技术资源。

从基于资源的观点来看，一个企业拥有特定领域的技术知识是获得外部新技术知识的必要条件（Cohen and Levinthal，1990）。企业的知识维度影响其获取、整合和利用新知识的效率（Cohen and Levinthal，1990；Grant，1996；Lane，2006；Todorova and Durisin，2007；Van Den Bosch et al.，1999）。杰西卡和卡尔（Jessica and Kalle，2019）把技术划分为三个维度：（1）知识多样性（（Dewar and Dutton，1986）；（2）知识深度（Ettlie et al.，1984）；（3）知识联系（Damanpour，1991）。前两个因素构成了公司技术知识库的"内向"要素，因为它们由组织的边界定义，并由共享规范和公司特定经验管理（Grant，1996）。相比之下，知识链接是"向外看的"，是连接组织及其环境的关系元素（Cohen and Levinthal，1990）。

对于具有技术优势的基于科学的新创企业而言，企业核心或独特的技术资源对企业战略选择以及竞争优势的影响是不容忽视的（Barney，1991）。本书将探讨技术资源结构对基于科学的新创企业的战略行动的影响，以更好地帮助企业实现生存和发展。

2.3　战略适应与基于科学的新创企业成长

2.3.1　战略适应概念演进

在 19 世纪的自然选择中，最早是由达尔文提出适应这个概念，直到 20 世纪 50 年代，战略适应这个概念得以应用到研究组织的情景中。塞茨尼克（Selznick，1957）将组织中的行为分为两种——动态和静态，动态包括了影响组织的外部因素和简单的行为或变化，而常规的以解决日常的工作问题的组织学习是静态行动。尽管早期对组织适应的认识包括了组织内部因素与外部因素，组织中内部因素与外部因素共同作用引起基础的变革，但后来对外部因素的探讨只是单独关注于研究环境因素对组织适应的影响。其中，组织生态学与权变理论是环境因素研究中最重要的理论，资源观是从组织内部探讨组织战略适应的重要理论。

权变理论是学者们研究组织适应理论的开始。研究企业实践管理模式涉及的领域包括环境因素对绩效的影响等，环境因素主要包括市场变化的频次与科学技术进步的速率。在环境稳定的时候，组织适应采用机械结构，而在环境不稳定的时候，组织适应采用有机结构（Burns and Stalker，1967）。企业整合策略要做的细致才能应对环境动态性与多样性，因此对组织的特殊性要求很高，成功的组织具有特殊性与综合性，需要与多样的环境相匹配（Lawrence and Lorsh，1967）。

企业战略适应是指企业通过技术匹配，组织结构设计，环境任务决策，对抗不确定的环境（Thompson，1967）。企业成功应对环境变化的先决条件是矩阵式的组织结构与价值体系的制度化（Emery and Tryst，1965）。特瑞艾瑞（Terreberry，1968）在默生和屈石（Emery and Tryst，1965）的观点基础上，提出在变革的环境中，执行能力与学习能力是组织适用性的一部分。而法伊弗和萨兰西克（Pfeiffer and Salancik，1978）认为战略适应就是努力降低组织对资源的依赖性，资源的获得与保留是研究的焦点，组织实力的主要表现是组织控制与交换关键资源。而学者们广泛应用权变的观点，采用实证研究方法研究组织与情景的影响因素，以及如何影响组织战略反应与适应环境的能力。早期的研究实证显示，对组织适应性起到重要影响的因素包括财务压力、组织历史、组织规模、高管团队（Boeker，1989；Miller，1991；Boeker and Goodstein，1991；Haveman，1993；Boeker，1997）。学术界在研究相关技术与组织架构时采用实证研究的方法（Hickson，Pugh and Pheysey，1969；Child and Mansfield，1972；Aldrich，1972；Khandwala，1974），学者们对组织创新与环境变化的关系所得的结论并不一致（Downs and Mohr，1976）。

组织关键战略适应过程的影响因素，以及组织与环境关系的研究，都是在权变观点的基础上对组织适应性进行的研究，研究指出了在这些关系中重要缓冲变量的作用，具有很高的学术价值。然而，从权变的视角对组织适应性进行研究存在一些不足。第一，没有进行纵向比较研究，没有关注时间维度，因为这些研究缺乏从动态的角度研究组织适应性。第二，过分估计关键中

介变量的中介作用，因为这些研究只是聚集于有限的组织变量与环境中（Child，1997）。第三，这些研究控制变量没有考虑组织类型（Miller and Friesen，1998）。

组织生态学认为企业内部的所有因素都不会对企业绩效产生影响，该观点是权变理论的一个分支。其中新制度观（Meyer and Rowan 1977；Powell and Demaggio，1991）和族群生态观（Hannan and Freeman，1977；Aldrich，1979；1983）是最重要的两个观点。新制度观对组织决策的研究关注文化制度环境的限制作用（Meyer and Rowan 1977；Powell and Demaggio，1991）；族群生态观在研究战略决策的影响因素时，以达尔文的自然选择论为基础，否定了所有影响战略决策的组织内部因素。环境决定论认为，在应付环境变革时，企业能动作用不应被忽视，然而组织生态学认为在企业做决策时，环境有着重要的影响作用。蔡尔德（Child，1997）认为环境多样性与复杂性决定了组织适应性，他利用系统理论提出假定，组织变革的重要决定因素是战略决策，这样使人们能够更容易理解组织适应的过程。

巴尼（1991）提出资源观模式，企业在不完全竞争的要素市场可以通过对企业特有的资源与能力的累积、培养与开发，从而形成长期的持续竞争优势，这种强调企业内部分析的战略理论就是资源观。非常有价值并且无法交易与模拟的这些资源（Penrose，1959）就是企业的核心竞争力（Selznick，1957；Barney，1991；Peteraf，1993）。异质性资源是公司战略适应的核心内容，理论研究的聚集问题在于如何辨识、澄清、培养、发展与保护核心或独特的资源，将资源融入企业的竞争优势与决策之中，使组织更好地适应环境变革。获得或发展了异质资源或整合了资源或能力，是企业竞争优势的来源。

关于由内部因素还是由外部因素决定企业战略适应的问题，研究者之间一直存在着不一致的意见。直到迈尔斯和丝露（Miles and Snow，1978）提出组织适应是一个动态过程，随着环境的变化而不断调整，企业必须互相协调企业内部管理与外部环境两个因素，他将权变理论与资源观整合在了一起。依照迈尔斯和丝露（1978）的观点，战略适应过程不仅由管理决策所决定，如何达成产品与市场的匹配，还由市场环境所决定，应研究如何降低企业的不确定性，通过选择合理、可靠的方法解决上述两方面问题。策划问题包括三个方面——创业策划、管理策划和生产与销售策划，这三个方面紧密相连，是企业环境适应过程中必须考虑的内容。

波斯特（Post，1978）考虑到企业目标与外部环境的不断变化，提出了改变组织与环境关系的三种方式。他指出交互式战略应对环境变化更有效，主动式与反应式应对短期的环境变化可能更有效。企业适应环境变革并达成高绩效的必要条件是企业间的组织资源与能力有效结合（Schendel and Hofer，1979；Andrews，1980；Bourgeois，1984）。企业与企业之间的联盟形式能够成功地帮助企业适应环境变革，这一观点越来越受到战略研究者的赞同。由于环境影响，企业间的战略结盟过程是使企业之间关键战略决策与重要权变匹配的过程（Venkatraman，1990）。

两个动态循环——内部行为和外部环境组成企业的适应过程，企业整合架构与制度的行为是内部行为，外部整合试图影响或适应的行为是外部环境的行为（Child，1997）。同时，乔得（Child，1997）还提出导致企业竞争策略与组织适应策略改变的因素包括员工规模、组织结构、技术范式等，以及新产品与服务、供应商等的内部调整。

2.3.2　战略适应对新创企业成长的影响

新创企业的成长离不开绩效的提升，许多战略管理者研究"为什么企业能够获得更高的业绩"（Mehra，1996），因此，企业战略管理的核心是绩效的提升（Ramanujam and Venkatraman，1986；Dyer，1996）。有两种战略管理理论，分别是行业结构论和企业资源论，差别在于对于企业之间业绩差异的解释不同。企业业绩差异源于产业结构和企业市场定位以及企业之间的能力差异与内部资源差异（Schendel，1997）。

行业结构学者们通过对产业竞争环境进行分析，解释不同企业之间的业绩差异。行业结构学派提出分析框架来对产业间利润差异进行解释，如五种竞争力量等工具，但是却没有很好的方法分析产业内部不同企业之间业绩差异的原因。

从资源观的观点来看，可获取的资源不同形成的企业绩效也不同，企业

是资源的集合（Penrose，1959；Wernerfelt，1984；Barney，1991）。学者们认为，资源禀赋存在复制壁垒，竞争对手不能模仿异质性资源以形成竞争优势，因此企业间的业绩存在差异。

查克洛娃迪（Chakravarthy，1982）提出用组织惯性的思路解释企业在绩效上存在的差异，因为适应能力的不同，企业的绩效受到组织架构与企业战略相匹配关系的影响。影响组织战略适应能力的因素包括资源配置、沉没成本、历史惯例等（Aldrich，1979），同时，还会受到外部环境的影响（Stinchcombe，1965；Hannan and Freeman，1984）。组织管理层失职，从而降低组织绩效，是因为冗余资源的减少或者缺乏必要的资源（Bozeman and Slusher，1979；Smart and Vertinsky，1977）。变革需要投入大量的技术、结构规模和人力资源（McKelvey and Aldrich，1983）。组织相对于竞争者的核心竞争力是组织文化、员工信念等软环境（Barney，1986）。

组织外部的影响因素指收集加工外部环境信息的手段，缺乏足够资源的组织在外部信息收集上将受到限制（Daft and Macintosh，1981；Katz and Kahn，1978；Morgan，1986）。外部信息也会受到组织结构本身的影响（Miller，1998）。例如，收集支持变革的外部环境的信息的成本很高。

詹宁斯和西曼（Jennings and Seaman，1994）对查克洛娃迪（1982）的观点提出了异议，他们认为采用有机组织架构和"探索型"战略的企业与采用机械组织架构和"防御型"战略的企业之间的绩效没有差异，虽然前者组织能力和要素能力都高，后者要素能力和组织能力得分都低，即战略适应能力水平对企业绩效并没有显著的影响，这就是所谓的"殊途同归"（equifinality）原则。战略—组织结构的高匹配就是这两种企业的状态。进一步地，他们采用实证研究方法，证实了战略—组织结构高匹配企业的绩效与战略—组织结构不匹配企业的绩效之间存在显著差异，在采用"防御型"战略的企业中，组织能力越低（采用机械组织结构），则公司绩效越高。相应地，采用"探索型"战略的企业中，组织能力越高（采用有机组织结构），则公司绩效也越高。查克拉瓦苏（Chakravarthy，1982）认为，具有较高适应能力的企业，更有可能在竞争中获得优势，企业战略适应能力将影响企业的绩效，从而获得更高的企业绩效，实现企业成长和发展。

2.3.3   基于科学的新创企业战略适应的影响因素

①创业者。

高管团队的作用一直是战略管理与绩效管理的大量理论与实证研究的热点（Barnard，1967；Thompson，1967；Mintzberg，1973；Cohen and March，1974；Hambrick and Mason，1984；Powell，1992）。新创企业内部的组织建设与政策制定是制度领导的责任，观察环境与适应环境是领导角色的任务。组织能够提升应对环境变化的能力是关键目标，而一个新创企业的创业者影响着企业应对外部环境挑战的能力（Selznick，1957）。新创企业的领导能力影响组织的灵活性与创新能力，其能够确定组织价值体系，决定绩效管理策略，明晰中长期发展方向（Collins and Porras，1994；Donaldson and Lorsch，1983）。新创企业领导能力的构思，可分为以下几个方面。

发展方向：战略目标被认为是企业保持持续发展的条件之一，一般与市场、主要客户、产品服务或技术机会相关。战略目标指的是对环境变化与竞争时的反应以及组织的明确目的，战略目标、行动计划与组织的发展方向密切相关。战略目标决定新创企业采购与分配资源的过程，影响组织的战略发展。而行动计划包括资源与时间的分配，是新创企业的长期战略目标。

组织价值观：支持并引导新创企业员工的决策行为，良好的价值观能够反映与增强组织文化，同时帮助组织达成目标，体现组织与员工期望如何影响新创企业的原则导向与行为。

灵活性：在快速变化的环境中，新创企业适应环境的能力就是灵活性。能为组织产生新的价值属于有效的变革组织的产品服务过程，采纳一个新的想法、技术、产品或过程都属于创新过程。创新应整合到组织文化中，因为对于新创企业，创新不仅影响研究或开发部门，还对各个部门与生产过程产生重要影响，引导新创企业的创新能力，同时得到组织的认同。

②战略计划。

为考虑到所有可能的选择，严格的计划能够为新创企业带来额外的信

息，使新创企业有机会评估环境，增强新创企业内部的交流与沟通，激励员工产生新想法，提高员工的成就动机与组织承诺。然而，学者们的研究结论并没有达成一致，战略计划对新创企业绩效的影响存在不同的研究结论。产品经济价值的增加离不开企业制定并实施周密的战略计划（Steiner，1979；Thompson and Strickland，1987）。

20 世纪 70 年代初，学者们开始对战略计划与绩效的关系展开研究（Thune and House，1970；Ansoff et al.，1970；Herold，1972），研究大多采用实证研究的方法，也有很多综述类型的研究，此类研究报告多达 50 份，正相关的研究结论相比负相关的研究结论要多一些（Kudla，1980；Shrader，Tayor，and Dalton，1984；Armstrong，1982，1986；Rhyne，1986；Pearce，Freeman，and Robinson，1987；Pearce，Robbins，and Robinson，1987；Boyd，1991）。

阿姆斯特朗（Armstrong，1982）回顾了相关的研究，发现正相关的研究结论相比负相关的研究结论要多一些，另外一些研究结果表示没有显著相关关系。他在之后的研究中，得出 11 个正相关结论，2 个负相关结论，以及 3 个无显著关系的结论。施雷德等（Shrader et al.，1984）通过对整个研究的回顾，列举了 11 个统计不显著关系和 0 个负相关关系，以及 20 个正相关关系。因此，有足够的实证依据来显示战略计划对绩效的正相关关系。

战略计划是为了应对技术变革与适应竞争环境，以及满足关键客户需求。总的来说，战略计划指的是评估企业未来目标与绩效，通过预测未来的市场环境变化来实施战略。

③人力资源策略。

学者们通过大量的理论与实证研究发现，增强员工满意度能够增加新创企业的财务收益（Delery and Doty，1996；Youndt，Snell，Dean and Lepak，1996）。新创企业内部和谐一致的反应是应激励与维持员工的成就动机与组织承诺，因此，人力资源一直被认为是组织中最重要的财富。事实上，一些研究认为新创企业获得竞争优势的基本条件是人力资源能力（Huselid，1995；Pfeffer，1994）。这个优势就是通过收益增长和提高工作效率来获得财务回报（Becker and Gerhart，1996）。某些行为、策略、特征能为新创企业带来优势，如组织承诺、对员工授权、开放性的文化等（Powell，1992）。

杨德等（Youndt et al.，1996）研究指出，可以通过进行合理的设计与整合人力资源战略提升企业绩效，因为这相比单一员工的主动努力更有优势。绩效与人力资源匹配影响新创企业的财务绩效。有证据显示，各种不同的人力资源实践都能为组织带来收益（Becker and Gerhart，1996；Delaney and Huselid，1996；Youndt et al.，1996）。

新创企业内部整合策略的一个重要维度是新创企业人力资源策略。人力资源包括提供给员工的培训项目，以及对员工满意度进行评价的系统，相关的指标分为员工动机与幸福感两个方面。对员工满意度的调查指标包括员工共享组织授权与信息的意见，员工对组织发展方向的了解程度。如果新创企业重视人力资源，则往往会有完整的员工继任计划。

④战略同盟。

新创企业战略同盟受到众多战略研究者的密切关注。新创企业为了适应快速的技术变革而产生了战略同盟，新创企业间的战略同盟是一种创新行为（Friedlander and Gurney，1981；Porter and Fuller，1986；Perlmutter and Heenan，1986）。龚斯凯斯（Gomes‐Casseres，1996）研究发现随着市场与技术变革速度越来越快，新创企业所承受的风险与不确定性也越来越大，其面对不熟悉的市场与技术时，战略同盟受到许多企业的青睐，是一种新的新创企业间的合作形式。战略同盟虽然与传统的合作形式相比，有一些相似之处，但却拥有更高的风险以及成果的不确定性，如以企业战略为中心，合伙人有着有别于传统的合作模式的复杂目标和战略多样性的特征（Doz and Hamel，1998）。

实质上，许多战略同盟都是同一行业中相互竞争的新创企业为了寻求共同的战略目标而组成的。相对于以合作为基础的合资形式而言，战略同盟并没有将竞争排除在合伙新创企业之外。合作与竞争共存是战略同盟的独特与新颖之处，战略同盟也可以由同行业的新创企业组成（Yoshino and Rangan，1995）。

⑤技术资源。

在全球化竞争的压力下，技术资源在企业获得成功中扮演着中心作用（Zahra and Convin，1993；Council on Competitiveness，1991；Franko，1989；Mitchell，1990）。在实现公司战略制定的长期目标过程中，技术发挥着重要的作用，新创企业的技术能力和技术资源必须形成与技术战略相匹配的公司战略。要使新创企业建立持续竞争优势，基于科学的新创企业需要不断研发推出满足市场需求的产品。这就要求新创企业选择与技术战略相匹配的公司战略，从而提高新创企业的财务绩效（Porter，1985）。

技术战略的选择与公司战略的选择彼此符合就是所谓技术战略和公司战略的匹配，能够有序并有效地与其他要素综合操作，从而促进彼此（Poter，1983）。技术战略是企业实现其公司战略目标的过程中在获取、开发和应用技术方面做出的选择（Adler，1989）。企业战略是为实现企业目标而制定的一系列长期行动计划。随后学者们探讨分析了如何基于技术战略选择相匹配的公司战略，以及技术战略和公司战略的选择如何进行匹配。

学者们通过实证性研究和文献分析方法，从不同的角度探讨了公司战略与技术战略的匹配关系，但对技术战略的概念并没有得出一致的答案。

正如米勒（1984）所指出的，对于技术、战略和绩效之间关系的研究需求很大，然而进展相对缓慢。现有研究很少关注于将技术、战略和绩效进行整合研究，研究流派都是将技术的某一部分与战略或绩效的某些部分相联系。学者们对技术和企业战略匹配关系进行了大量的研究（Reitzig，2010；Milesi et al.，2013；Choudhury and Haas，2018）。瑞兹（Reitzig，2010）指出，企业高层应该统筹各层级、各部门间的战略，企业的技术战略应该与企业的职能层、事业层、公司层战略相匹配。米姆等（Mihm et al.，2015）研究发现当两个企业都采用领先战略时，主动布局技术战略的一方更具竞争优势。乔德利和汉斯（Choudhury and Haas，2018）研究发现，特定技术战略的实施必须有相应的人力资源战略支撑。相对而言，对技术和企业战略之间关系的实证研究较少，并且对技术的概念和衡量方式并没有得出一致的答案。

基于科学的新创企业的关键的异质资源是技术，成长期的下游活动（如生产、市场、销售等）都依赖于初创期积累的技术资源（Cardinal et al.，2001）。本书把技术资源划分为技术深度和技术宽度两个维度，探讨它们对基于科学的新创企业成长期战略行动的作用效果和作用机理。

2.4　本章小结

目前对基于科学的新创企业成长阶段的研究大多是碎片化的（Owen – Smith and Powell，2001；Markman et al.，2005；Bercovitz and Feldman，2008），对基于科学的新创企业成长阶段和成长过程，对基于科学的新创企业成长过程中主要的活动、关键成功的因素等没有清晰的研究，缺乏对基于科学的新创企业模式的价值实现过程的阐述。

基于科学的新创企业成长不是单个事件，而是覆盖一系列"里程碑"事件的连续过程（Friedman，2003），是一个非线性的迭代过程，是由一系列事件组成的动态的过程。然而，现有的对基于科学的新创企业的研究缺乏整体系统的框架以解释它的非线性动态复杂性。

技术资源是形成基于科学的新创企业核心竞争力的重要基础（张钢等，1997）。而基于科学的新创企业的发展是一个动态过程，在不同阶段的发展目标不同，战略决策也不尽相同，技术资源在各阶段的作用就会存在差异。基于科学的新创企业在初创期形成的技术资源对成长期的战略选择有着重要的影响。然而，对基于科学的新创企业技术资源的测量没有统一标准。

战略适应影响着新创企业的绩效，是市场竞争中生存和发展的关键。对于具有技术优势的基于科学的新创企业而言，企业核心或独特的技术资源对企业成长期战略适应的影响不可忽视（Barney et al.，1991）。然而，现有文献鲜有从技术资源的维度——技术深度与技术宽度，探讨技术资源对基于科学的新创企业成长期战略适应的影响。

本章在介绍文献理论时，分别从基于科学的新创企业成长、资源基础和战略适应三个方面展开。按照研究思路的形成，首先从新创企业的界定、成长理论、成长影响因素和成长过程梳理了新创企业与基于科学的新创企业相关文献理论的脉络；其次，从资源基础理论出发，整理了新创企业的资源基础研究，详细阐述了技术资源对基于科学的新创企业成长的影响；最后，整理了与战略适应理论相关的研究，从理论起源与演进、影响因素等视角对战略适应理论进行了系统的介绍。

第 3 章

基于科学的新创企业成长过程动态性研究

为了探讨基于科学的新创企业成长过程的动态性，本章首先分析和阐述了基于科学的新创企业的含义、特点和类型，以及学者们对成长过程的划分和"里程碑"事件的阐述，从而构建基于科学的新创企业成长过程模型。运用案例研究方法，演绎过程模型，探讨学术研究者的行为活动和角色，丰富了对基于科学的新创企业相关研究。由于成长过程的动态特征，通过总结整理与基于科学的新创企业成长过程和影响因素相关的文献，构建了基于科学的新创企业系统动力学过程模型。然后探讨了影响过程模型四个阶段的因素以及活动的反馈，描述了创业更新和战略评估作为基于科学的新创企业成长过程的关键组成部分的作用。通过分解系统动力学模型命题，运用案例研究对命题进行演绎，阐述了系统动力学模型的合理性和有效性。最后，探讨了基于科学的新创企业成长过程的动态性。

3.1   基于科学的新创企业成长关键节点

基于科学的新创企业是围绕着最初在大学开发的核心科学技术创新而创立的企业。该类企业是为了克服感知到的商业机会中固有的技术和市场的不确定性，将大学最初产生的技术进行商业化而创建的。随着基于科学的新创企业的兴起及数量不断增多，基于科学的新创企业越来越受到学者们的关注（Agrawal，2006；Shane，2004；Wood，2009）。

谢恩（2004）认为基于科学的新创企业成长不是单个事件，而是覆盖一系列"里程碑"事件的连续过程，是一个非线性的迭代过程，涵盖几个关键节点，包括机会识别（recognition）、创业承诺（commitment）、创业确立（credibility）和持续发展（sustainability）（Vohora et al.，2004）。基于科学的新创企业必须通过一个又一个的关键节点，以便从一个发展阶段过渡到下一个发展阶段。识别这些关键环节很重要，能够降低基于科学的新创企业发展的风险。基于科学的新创企业的产生不是呈现离散增长，而是经过由关键节点分开的非线性"发展阶段"的过程。因此，基于科学的新创企业管理的当务之急是需要预见并跨越每个"关键节点"，以便向下一个发展阶段前进。

①第一阶段：机会识别。

机会识别是衔接于研究阶段与机会形成阶段的关键环节。机会识别是寻求匹配未满足的市场需求与满足大多数人需求的解决方案（Bhave，1994；Ucbasaran et al.，2001）。因此，机会识别包括突破性想法，是进行技术商业化的前提（O'Connor and Rice，2001）。然而，对于从机会识别到创业承诺的过程知之甚少（Delmar and Davidsson，2000）。即使不积极地寻找这样的机会，拥有特殊信息的人们也能够看到别人看不到的特定机会，这些拥有特殊信息的人们拥有在专业知识和商业机会之间建立联系的能力，这种能力需要一套既不统一也不广泛的技能、才能、见解和环境（Venkataraman，1997）。具备机会识别能力的关键是综合科学知识，并理解市场，通过伙伴关系、合作联系和其他社会网络互动等形式获得更高水平的社会资本。

学术研究者和大学学术工作者拥有科学技术知识，但对如何服务于市场却缺乏必要的知识，因为学术科学家不具备将科学知识与满足稀缺市场需求的商业可行性产品相结合的能力，无法继续将其技术商业化。

②第二阶段：创业承诺。

创业承诺会影响投资者对学术研究者的看法，决定了能吸引多少投资，从而影响最终建立的风险投资模型。在基于科学的新创企业中，以下因素影响着创业承诺：

学术研究者缺乏向成功创业者角色转型的机会。学术研究者不愿致力于推进并积极探索将他们的科学技术商业化。他们认为这样做超出了他们的专业知识范畴。最初，由于学术研究者感觉无法清晰地构筑机会，造成决策的不确定性和决策的复杂性，使他们无法全心全意地追求商业化的探索，并阻碍了他们进一步探索如何将他们的科学技术商业化。

部分学者在技术商业化过程中，不愿接受委托和分担责任，使得没有成功利用其技术所必需的商业专门知识的问题更加复杂。代理创业者的服务是极具挑战性的。部分学术研究者无法放弃对别人的控制。一个具有必要创业能力的学术研究者，能够将基于科学的新创企业发展成既定企业。部分学术研究者在基于科学的新创企业工作时，未能在团队中建立足够的可信度，会导致这些基于科学的新创企业存在缺陷、弱点和不足，限制了创业活动和在随后的发展阶段中创造价值。

③第三阶段：创业确立。

在基于科学的新创企业发展的这个阶段，将想法技术商业化，并承诺将一个团队发展成一个基于科学的新创企业。此时，面临的关键问题是创业者如何获得初始资源，这些资源是企业开始运作所必需的。在组织阶段，一个关键的工作是筹集足够的资金（种子）来获得其他必要的资源。资金是创业者从风险企业向能够从事生产活动的完全经营企业过渡的关键资源。学术研究者发现，有必要确定所需的资源，以便当有足够的资金时，能够获得这些资源。这些资源是企业创建的基石，能够为企业的形成做好准备。然而，如果没有一些最初的财政投资，或者通过现有关系和外部网络（Aldrich and Zimmer，1986）来调配资源（Starr and MacMillan，1990），就无法获得这些必要的资源。这个关键节点称为创业确立节点，因为缺乏可信度限制了创业者获得和获取关键资源的能力，以及获得人力资本以形成创业团队。资源薄弱、缺乏足够的社会资本和创业能力不足，如果这些在机会形成和组织阶段都未能得到解决，可能造成企业在这个关键节点失败。学术研究者如果未能转变现有资源、社会资本和能力，以跨越这一关键节点，就不能吸引招募有能力的创业团队成员，并且不能证明有任何客户存在来购买企业的技术并应用。

学术研究者在开发可投资建议时遇到的问题，包括以专门知识和知识产权形式出现的无形技术资产专利权问题，以及他们自己发表的科学研究归属权问题，自己的技术回报也很难证明。对于投资者决定投入资金来说，最重要的是能够看到一个团队展示技术能够创造和提供的价值，并且在情感上致力于实现价值。创业确立与为基于科学的新创企业收购关键客户有关。只要基于科学的新创企业仍然嵌入大学部门，并且未能表现出独特的企业身份，即使基础技术能力保持领先，客户、供应商和某些投资者也不会重视他们提供的产品和服务。顾客了解新企业，并逐渐认识到其建立的过程，以及其组

织动力、合法性和组织信任（Singh et al.，1986；Aldrich and Fiol，1994）。如果没有这种最初的可信度，基于科学的新创企业将无法消除客户的怀疑，获得进入市场的机会，并成功地实现从从事市场交易的"概念"到"合法业务"的转变。直到这个关键节点，资源储备、能力和社会资本水平的演变，提供了获得正确资源、信息和知识的能力，以确保新客户顺利签署合同。这些创业能力要么植根于各自的创业团队中，要么通过他们自己的网络和 TTO 提供的联系人获得。最初，基于科学的新创企业无法获得外部股权、主要客户以及与现有团队的合作协议。这些基于科学的新创企业具有资源弱点和能力不足以及缺乏科学的社会资本的特点。

大学环境中出现的基于科学的新创企业的路径依赖可能给基于科学的新创企业带来特殊的挑战。投资者和客户可能怀疑大学非商业文化对基于科学的新创企业的影响程度。此外，学术研究者（以及许多新成立的 TTO 的员工）可能缺乏学术环境之外的社会资本。

④第四阶段：持续发展。

一旦企业获得了种子投资，并开始技术商业化，企业便会进入一个关键时刻——持续发展的关键节点。持续发展获得的回报有以下几种形式：来自客户的销售服务或产品的收入、来自合作协议的"里程碑"付款或来自现有或新投资者的投资。这表明创业团队有能力通过资源、能力和社会资本来创造价值。在创业确立的关键节点，要求创业者获得、获取和汇集资源，以便开始商业运作。相比之下，在持续发展节点，需要创业者拥有用新的信息、知识和资源不断重新整合现有资源、能力和社会资本的能力。利用现有的技术资源和能力以及新机会创造价值，以持续方式产生回报的能力和社会资本。

在先前的发展阶段，所获得的一些资源、所开发的能力和形成的关系现在已不再对这些基于科学的新创企业产生持续回报的能力有价值。在这个关键节点，创业团队必须获得持续地将现有资源弱点、缺乏的能力和社会责任重新整合为资源优势、独特能力和社会资本的能力，从而使得基于科学的新创企业能够产生价值回报。在大型组织中，精心制定的政策、程序和例行程序（Nelson and Winter，1982）会减少管理人员面临的不确定性和复杂性（Busenitz and Barney，1997）。在持续发展节点，企业具有并继续增强帮助管理人员在不断变化的市场背景下将资源转变成新的生产组合的内部能力（Galunic and Eisenhardt，2001；Eisenhardt and Martin，2000；Teece et al.，1997）。然而，在基于科学的新创企业中，创业者（和团队）必须建立一个组织结构，制定政策和例行程序，以便能够协调稀缺资源库存的分配，并控制它们的消耗率，以便获得更多的回报。创业者还需要不断适应这些惯例和内部能力。基于科学的新创企业需向投资者证明，他们有创业能力，通过将基于科学的新创企业发展成产生持续回报的既定企业，创造价值，否则他们在筹集第一阶段资金时就会遇到严重的困难。采用"里程碑"付款形式的共同开发协议对于新投资者和现有投资者来说，是一个重要信号，表明基于科学的新创企业能够在管理团队的领导下实现持续增长。因此，企业更有可能得到额外财政资源的支持，从而进一步提高自身价值。如果在实现持续发展之前，资源已经耗尽（Brüderl and Schüssler，1990），在早期发展阶段做出的决定和承诺遗留下来的资源薄弱、能力不足和社会责任等问题现在可能难以解决。这可能会进一步限制企业的发展，在这种情况下，基于科学的新创企业将难以超越这个关键节点。

3.2　基于科学的新创企业成长过程模型构建

①大学技术商业化。

路易斯（Louis K. S.，1989）认为学术创业是大学技术的商业化活动，是学者通过对研究创意或研究导向的产品进行开发并推向市场从而增加个体或机构利润、影响力或者声誉的活动。大学技术商业化是从技术创新开始，致力于使大学的技术诀窍、技术知识或技术实现其市场价值的过程。

玛丽和万迪（Maria Abreu and Vadim Grinevich，2013）从微观概念层面把大学技术商业化分为三类：正式的商业活动、非正式的商业活动和非商业活动，从而构建了大学技术商业化概念框架，如图 3 - 1 所示。正式的商业

活动是基于技术的知识产权形成后的活动，包括技术许可和大学衍生企业模式。非正式的商业活动，即参与学术创业的是不能或很难形成知识产权的技术知识，包括咨询活动和合作研究。非商业活动包括以授课和报告的方式增加个人名誉、声望、影响力和社会福利等的活动。

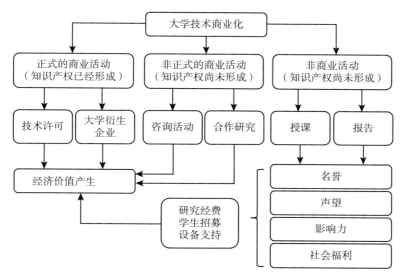

图 3-1　大学技术商业化活动分类

大学技术商业化过程也是学者们研究的焦点。罗埃罗（1994）认为，大学技术商业化是技术知识、技术理论或技术原理从一个组织向另外一个组织运动的过程。赵黎明（1992）定义大学技术商业化是技术提供者从技术创新开始，把技术知识、理论或原理通过各种技术转移路径，传播或转让到技术受让方处，再经过技术受让方的采纳，从而获得新技术并加以消化、吸收、使用和再创新的过程。章琰（2004）对大学技术转移的界定基于技术转移概念，她认为大学技术转移对象是产生于大学中的技术，将大学中的技术通过商品化、产品化和产业化，形成产品或服务，最终实现其市场价值的过程就是大学技术商业化。

弗里德曼（2002）基于行为视角把大学技术商业化分为 6 个阶段——

基础研究、原型生成、知识产权保护、商业化决策、参与商业化或建立企业、获取收益。该过程包含了技术到产品的过程，以及从实验室到市场的过程，涵盖知识产权保护阶段。然而，支持科学技术商业化的学术创业模式中，学术研究者参与了从自主研发到科学技术商业化的全过程，知识产权保护阶段不是必要过程，已有文献缺乏对支持科学技术商业化的学术创业模式流程的探讨。

②学术创业（academic entrepreneurship）。

随着学术创业活动的兴起与发展，学术创业作为能够实现大学技术商业化的模式受到创业研究者的关注。路易斯（1989）、谢恩（2004）等学者对学术创业的界定存在诸多不一致的地方。欧谢（O'Shea，2004）认为学术创业是一个宽泛的概念，指大学和产业合作伙伴致力于实现技术商业化而进行的一系列创业活动。

学术创业不是单一事件，而是由一系列事件组成的动态的过程。学术创业的成功与"里程碑"事件的完成有显著关系。学术创业者获取和重组资源、能力和网络，完成各阶段任务，使企业获得持续发展，从而实现学术创业的成功。目前，从微观层面对过程的研究成为学术创业研究的热点。马修·伍德（2011）认为学术创业是 TTO 作为中介基于知识产权转移的大学技术商业化活动，他认为学术创业分为四个阶段：技术创新披露和知识产权保护阶段、获取产业合伙阶段、商业化机制选择阶段、商业化阶段，并阐述了各阶段学术研究者、TTO 和外部合作组织角色的作用以及影响因素。

沃霍尔等（2004）认为学术创业是非线性的迭代过程，会经过一系列的关键性节点，包括机会识别、创业确立、资源获取和持续发展。莫慧科（2015）建立了学术创业前期的过程模型，包括创意产生、商业化决策、原型生成与建立、团队组建、商业化战略的确定和筹款活动，探讨了学术创业者参与和主导的前期的学术研究及早期创业活动的具体行为。然而，学者们缺乏从微观层面讨论大学教师作为创始人创建致力于实现自主研发科学技术商业化的企业，并主导企业创建和发展的全过程及学术创业者的具体行为。

③基于科学的新创企业。

基于科学的新创企业创建过程中，创业者从创意产生开始，致力于实现技术商业化，包括创意的实施、技术的研发和资源的获取过程等，即整合学术和创业资源、形成产品（或服务）并创造价值的过程。基于科学的新创企业模式，学术创业者的行为活动和角色，以及在各阶段的作用都不同于技术许可和大学衍生企业模式。在玛丽和万迪（2013）提出的大学技术商业化活动概念框架中，没有提及基于科学的新创企业模式。因此，本书在玛丽和万迪（2013）研究的基础上补充构建大学技术商业化活动概念框架，如图 3 - 2 所示。

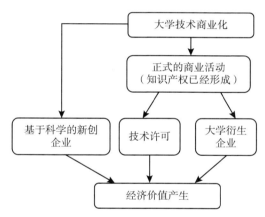

图 3 - 2　大学技术商业化活动分类图

基于科学的新创企业成长过程模型中，学术研究者作为实施主体，把学术研究和创业活动动态交叉进行，作为创业媒介连接技术到市场的转化路径。

在沃霍尔（2004）对基于科学的创业四个阶段（机会识别、创业承诺、创业确立和持续发展过程）研究的基础上，交叉合并莫慧科（2015）提出的基于科学的创业前期的学术研究六个阶段行为（创意产生、商业化决策、原型生成与建立、团队组建、建立新企业和筹款活动）以及弗里德曼（2002）提出的大学技术商业化后期的三个阶段行为（商业化决策、参与商业化、获取收益），构建基于科学的新创企业成长过程模型。

从价值增值角度来看，基于科学的新创企业成长过程是价值增值过程，学术研究者作为创始人建立了新创企业，通过技术资产化和证券化进行融资完成技术研发和技术商业化，不仅实现了技术商业价值，同时实现了个人价值增值和企业价值增值，产生了社会经济价值。

基于上述讨论，构建基于科学的新创企业成长过程模型（见图3－3），包括八个阶段：创意产生、实验原形、商业化决策、产品原型、建立新企业、开发、生产和销售。从创意产生到建立企业阶段为种子期，该阶段致力于通过技术资产化和证券化吸引孵化器、种子基金和天使基金进行融资完成企业建立；从开发到销售阶段为成长期，该阶段通过吸引风险投资致力于技术商业化和企业价值增值。

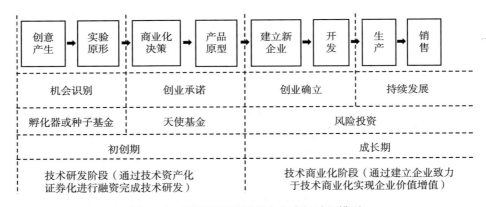

图3－3　基于科学的新创企业成长过程模型

基于科学的新创企业成长过程中，学术研究者会经历以下具体行为过程。

第一，创意产生。

创意就是具有新颖性和创造性的想法，一种进一步激活和挖掘资源组合方式进而提升资源价值的方法就是创意，通过创新思维意识实现。创意产生是创业活动的开始，学术研究者基于已有的知识和认知产生创意，激发他和学术组织通过资源配置投入到创意的实现过程中去，从而致力于通过实验室研究形成技术原形。

第二，实验原形。

学术研究者或学术组织通过科学现象探索理论依据，通过实验室试验验证理论的正确性，形成实验原形，是科学到技术的转化和形成过程，是基于科学的新创企业的基础阶段。

第三，商业化决策。

有了实验原形，学术研究者会思考技术如何商业化，采用技术许可、衍生企业还是基于科学的新创企业的大学技术商业化模式。新技术实验原形研发成功使得学术研究者和学术组织拥有未来新技术商业化的权利，采用基于科学的新创企业模式的商业化决策是学术研究者对未来新技术研发成功的自信和对技术和企业价值创造的渴望。

第四，产品原型。

原型是指模拟某种产品的原始模型，学术研究者通过实验原理设计出产品原型，产品原型生成是科学到技术的转化和实现过程。

第五，建立新企业。

学术研究者把具有共同的创业理念、价值观和创业愿景的合作组织，以及拥有不同专业背景且相互信任的同学和教师组织起来形成异质的创业团队，为了创建企业，招募管理专业人员组建工作团队共同承担创建新企业的责任。学术研究者作为创始人，与学术研究团队和合作组织共同建立新企业，致力于实现技术和企业价值的目标。

第六，开发。

该过程为生产试验阶段，是在技术开发的基础上，创业团队集中力量去解决技术成果大规模生产过程中的生产工艺、原料、设备、厂房等问题，然后进行中试，生产出小批量产品，满足市场需求。在中试阶段之后，进行试生产和生产准备，使企业具备批量生产能力。

第七，生产。

这里的生产也意味着技术的产业化。通过扩散效应，这种新产品技术或新工艺技术在社会范围内形成产业，此时技术能够普遍被市场所接受，从而形成大规模的生产。

第八，销售。

销售是指创业团队向第三方提供技术产品或服务的行为，包括为促进该行为进行的营销活动，从而获取企业技术商业化成果收益。

在初创期，基于科学的新创企业模式是从一个学术研究者的创意产生开始的，他们经过一系列的实验室研究，进行基础的物理和社会基础试验，研制出优于现有市场产品的实验原形。该实验原形是被大家所认可的、市场寻找的可商业化产品。此时，基于科学的新创企业创建动机倾向于成为创始人创立企业（Duberley and Cohen，2007；Stern，2003；Fritsch and Krabel，2012）。因此，学术研究者在商业化决策阶段的战略决策为作为创始人创建新企业致力于该技术的商业化。在这期间，学术研究者可能只是产生了一个创意或正在实验室进行一项研究，技术研发还未完全成功，此时创建企业的想法并不成熟。学术研究者需要对自己的创意进行测试或验证，需要一定数量的资金进行研究开发（Nicolaou and Birley，2003）。对于有着商业化前景的大学技术来说，可以通过技术资产化和证券化吸引孵化器或种子基金进行投资以顺利完成实验原形验证（Bradley and Hayter，2013；Link and Siegel，2007）。从实验原形到产品原型阶段，学术研究者有强烈的技术商业化意愿（Hayter，2011，2015；Lam，2011），对实验原型进行产品原型开发，并用已有的实验原形吸引天使基金。虽然天使基金能够提供的资金有限，但其有着丰富的经验和阅历，能够为企业提供技术商业化的建议和帮助学术研究者创建企业并实现成长。从创意产生到产品原型过程为初创期，没有销售收入，现金只有流出没有流入，主要成果是产品研制成功，同时形成完整的生产经营方案。

在成长期，在开发出产品原型后，学术研究者进入寻找合作伙伴建立新企业的阶段。在这个阶段，最大的阻碍是外部个人和组织对技术本身和商业化工作的不熟悉，而通过学术研究者自身学术背景（O'Gorman et al.，2015）和工作网络能够帮助他们招募到合适的合作者和获得有经验创业者的建议（Hayter，2013，2015；Rasmussen et al.，2015）。这时，学术研究者作为企业创始人是企业的决策制定者，不能只从自身利益出发，必须考虑

合作者和整个组织的利益。企业建立之后，要寻找资源，进行市场研发，开发市场，大规模生产，进行市场活动，以及开发销售网络和建立销售渠道。在后期的创业阶段，学术研究者的工作重点由学术研究转移到技术商业化活动。供应商、员工和顾客等更多的主体直接或间接参与到基于科学的新创企业创建中，对于学术研究者来说，每一个阶段的决策都是至关重要的，影响着技术商业化成功的概率（Wright，2008）。学术研究者如果与产业市场有紧密联系，能够获得产业研究经费和拥有产业化经验，就有能力和经验作为创始人创建企业且更容易获得成功（Audretsch et al.，2005；Dietz and Bozeman，2005；Gulbrandsen and Smeby，2005；O'Gorman et al.，2015；Roberts，1992）。从建立新企业到生产过程为成长期，这一阶段对资金的需求是巨大的。学术研究者为了实现产品的经济价值，需要建造厂房、购买设备和采购生产资料，以及进行后续的研究开发和初期的销售工作等，需要大量的资金。然而创业者的资金往往是不能支持这些活动的，从银行申请贷款的可能性也甚小，因为学术研究者没有过去的经营记录和信用记录。因此，这一阶段学术研究者需要向风险投资机构进行权益融资，完成技术商业化，获得销售利润，实现企业价值增值。

在基于科学的新创企业过程中，学术研究者把技术作为资产进行融资，开发新产品，实现了技术的资产化和证券化，并且作为创始人建立了新企业，实现了企业增值。因此，基于科学的新创企业是价值创造的过程，按照价值的贡献力，学术研究者和创业团队获得股权奖励和销售收益，从而实现个人财富增长，提高了基于科学的新创企业的积极性。

3.3　研究方法与设计

3.3.1　方法选择

深入研究现实中具体而又复杂的问题适合采用案例研究方法，这是一种常用的定性研究方法。通过案例研究，人们既可以建立新理论或者对现存理论进行论证和修改，也可以对某些现象、理论进行描述和探索（颜士梅和王重鸣，2006）。案例研究能够获取丰富和详细的信息，能够深入的分析、论证和演绎，更为聚焦（Berg，2007）。本书采用理论验证多案例研究方法。首先，在企业发展历程中，关键活动与角色参与是一个动态的互动过程，因此适宜采用案例研究方法（Yin，2003）。其次，为了阐述新模式，要求有丰富和翔实的案例材料和数据作为支撑进行系统与深入的探索和剖析，因而选择多案例研究方法（Yin，2003），这有助于提炼出能够解释复杂现象的理论或规律，理解这一特定事件背后动态、复杂的机制（Eisenhardt，1989；2007）。再次，多案例能够保证案例研究的深度，从这一案例中得出的结论将有助于分析和理解同类事件（Yin，2003）。最后，采用演绎逻辑方式，通过案例研究对命题加以印证，从而建立更加精确的理论（Eisenhardt，1991）。

3.3.2 案例企业选择

在兼顾案例选择的典型性和研究开展便利性、数据可获取性的基础上，最终选择武汉华中数控股份有限公司（以下简称"华中数控"）和复旦复华股份有限公司（以下简称"复旦复华"）作为案例研究样本。

案例典型性。武汉华中数控股份有限公司是高科技企业，主要从事数控系统及其装备研究、开发和生产；复旦复华股份有限公司从事药品研发、生产和营销。它们的成长和发展历程与大学开展科学技术研究紧密相连。华中数控和复旦复华的创始人是核心技术发明人，作为学术研究者建立了企业，实现了技术商业化，华中数控和复旦复华的成长过程就是成功的基于科学的新创企业成长过程，对于研究基于科学的新创企业成长过程具有典型性。

案例研究开展便利性。华中数控 2011 年在"创业板"上市，可便利地在武汉华中数控股份有限公司官方网站和深圳证券交易所"创业板"华中数控招股说明书中获取资料。另外，华中数控赶超世界先进水平，经常受到新闻媒体的关注报道，便于本研究多样化资料的获取和收集，以及相互印证比较。复旦复华 1993 年在上海证券交易所上市，可便利地从上海复旦复华科技股份有限公司官方网站和上海证券交易所复旦复华招股说明书中获取资料。

数据可获取性。本书选择的华中数控成立于 2000 年，华中科技大学教授为华中数控的创始人，他们把研发的技术成果通过华中数控实现产品开发，使之成为首批国家级"创新型企业"，多次获得国家、省部级科技进步奖，有 9 项产品被评为国家级重点新产品，2011 年成功在"创业板"上市。复旦复华成立于 1992 年，复旦大学教授为其创始人，他们把研发的技术成果通过复旦复华实现产品开发，1993 年成功在上海证券交易所上市。本研究通过该公司官网、年报、数据库、新闻媒体访谈、报刊杂志等渠道搜集到有关企业如何进行基于科学的新创企业创建及取得成功背后的独特做法的可用资料。

3.3.3　数据收集与分析

①案例数据来源及收集方式。

为了增强研究结果的准确性，收集资料采用多样化、多层次和多数据源的方法，以便形成三角验证（Jick，1979）。使用的资料来源主要包括：第一，企业官方网站收集数据；第二，招股说明书；第三，新闻媒体的关注报道。

②保证本案例研究信效度的策略。

本研究对案例进行深入探究，建立证据链，形成事件描述和过程阐述，采用尹（Yin，2003）提出的分析研究逻辑，保证本研究的有效性及可信性和内外部效度（见表 3 – 1）。

表 3 – 1　　　　　　　　　　保证本案例研究信效度的策略

信效度指标	策略发生阶段	案例研究策略
信度	研究设计	研究草案
	数据收集	案例研究资料库建立：确保重复研究的相同结论
	数据分析	对一致性指数和分析者信度检验和归类
构念效度	数据收集	多元证据来源的采用
	数据收集	证据链构建：引用语、关键词等
	数据撰写	报告真实性：深交所创业板和上交所数据

续表

信效度指标	策略发生阶段	案例研究策略
内在效度	数据分析	命题证明：概念模型与研究结论相匹配
	数据分析	分析与之相关的理论解释
外在效度	研究设计	用理论指导本案例研究
	研究设计	通过重复、复制的验证方法进行研究

③数据分析。

根据帕顿（Patton，2002）提出的方法，为了提高研究信度，对所研究主题进行更可靠、更准确的剖析，本书从不同证据源入手，由不同研究者分析和整理研究数据。首先分析企业发展历程，提取"里程碑"事件，并列出证据源和引用语证明这些结论，提出初步结论；其次，把初步结论与另外两位研究者研读和分析材料及数据的结论进行对比和讨论，形成结论；最后，对不一致的结论，再由研究者进行分析和讨论，本研究率先采纳所有研究员一致认同的观点和结论，采纳达成一致的观点和结论。

3.3.4　华中数控案例分析①

①案例企业背景信息。

武汉华中数控股份有限公司创立于 2000 年 11 月 17 日，由武汉华中数控系统有限公司整体变更设立，注册资本为 5 915 万元。华中科技大学（由原华中理工大学、同济医科大学、武汉城市建设学院于 2000 年合并成立）为华中数控的实际控制人。华中数控在前期技术积累基础上，获得国家 3 个重大专项课题的研发任务，研制了 60 多种具有自主知识产权的数控产品和系统，成功应用于汽车、能源、航空和专用机械等领域。华中数控坚持产学研结合，推动科技成果转化，推动着国家战略新兴产业的发展。

陈吉红教授作为公司创始人创立了华中数控有限公司，是公司法人代

---

①　本部分信息由笔者根据相关资料整理。

表，并担任公司董事长。陈吉红教授 1992 年获华中理工大学机械一系机械制造专业工学博士学位，毕业后在华中理工大学博士后流动站工作，研究电子学与通信，并在美国加州 Caitech 公司负责过国际合作项目；1996 年任华中理工大学机械学院数控技术研究所所长，两年后担任华中数控系统有限公司总经理一职；2000 年 11 月华中数控股份公司成立，至今一直担任公司董事长。陈吉红教授不仅任公司董事长，获国防科工委科技进步奖若干项，还组织并承担完成了国家有关项目十余项。

②关键事件描述。

第一，技术研发阶段

1993 年，华中理工大学机械学院院长周济院士提出采用以工业通用微机为基础的硬件平台构成开放体系结构的数控系统研究，带领华中理工大学数控研究学术组织进行反复的实验和攻关。1994 年，为了进一步实现技术商业化，华中理工大学组建了华中数控公司（华中理工大学衍生企业），学术组织中的研究人员在公司没有获得股权和担任职务，只是参与了公司的建立。

1996 年，陈吉红教授任华中理工大学机械学院数控技术研究所所长，他主持、承担和参加了 2 个国家"九五"攻关项目、2 个国家"十五"攻关项目和 3 个国家 863 计划项目，是数控领域知名的专家。华中理工大学数控研究所以陈吉红为首担起了制造具有自主知识产权的国产数控系统的重任，研究团队承担起了国家 863 计划重大专项，成为中国数控产业研究的主力军。陈吉红、朱志红等学术研究者参与到华中理工大学数控系统研究学术组织中，并做出基于科学的新创企业创建的商业化决策，继续致力于技术商业化，自主研发出华中 I 型高性能数控系统实验原形，具有自主知识产权。

第二，技术商业化阶段

2000 年，筹资 5 915 万元与华中理工大学科技开发总公司等 7 家企业共同发起成立华中数控股份有限公司致力于实现数控技术的商业化。陈吉红教授作为公司创始人获得 1.7% 的股权，成为公司法人代表，并担任公司董事长。朱志红、周云飞、唐小琦、李叶松、李斌均为学校投入公司的三项初始技术研发的参与者，故都获得了股权。1999 年，数控研究学术组织通过技术融资获得国家 973/863 项目、自然科学基金、国家和地方科技攻关等多项重大项目资金支持。在数控技术商业化阶段，陈吉红创建华中数控公司致力于数控技术商业化。2001～2005 年，高性价比的高、中、低端系列数控产品在短短 5 年间就被成功研发出来，具有自主知识产权，中、高档数控系统产量突破 7 000 台套，华中数控系统进入沈阳机床、大连机床集团等主机厂。

③案例分析。

本书根据华中数控发展历程对基于科学的新创企业成长过程进行了梳理。1993 年，周济院士提出了采用以工业通用微机为基础的硬件平台构成开放体系结构的数控系统研究的创意。1996 年，陈吉红、朱志红等学术研究者开发出的具有自主知识产权的华中 I 型高性能数控系统实验原形，离不开华中理工大学数控系统研究学术组织的贡献。陈吉红做出基于科学的新创企业创建的商业化决策。1999 年，陈吉红致力于开发华中 I 型数控模拟实验系统及教学培训机床产品原型。2000 年，陈吉红、朱志红等 4 名学术研究者与华中理工大学科技开发总公司等 7 个企业共同组建了华中数控股份有限公司，陈吉红作为创始人获得 1.7% 的股权，成为企业法人，并担任董事长。2001 年，成功研发出了具有自主知识产权的高、中、低端系列数控产品。2005 年，生产中、高档数控系统产量突破 7 000 台套。华中数控系统进入大连机床集团、沈阳机床等主机厂。2011 年，自主研制华中 8 型高档数控系统，赶超世界先进水平。

从以上"里程碑"事件，整理出基于科学的新创企业成长过程的 8 个阶段：创意产生、实验原形、商业化决策、产品原型、建立新企业、开发、生产和销售，然后进入新一轮的基于科学的新创企业创建，如图 3 - 4 所示。1994 年，为了进一步实现技术商业化，华中理工大学组建了华中数控公司（华中理工大学衍生企业），创始人是华中理工大学，学术组织中的研究人员在公司没有获得股权和担任职务，只是参与了公司的建立。因而，这一"里程碑"事件属于大学衍生企业模式中的企业建立阶段，不属于基于科学的新创企业模式。

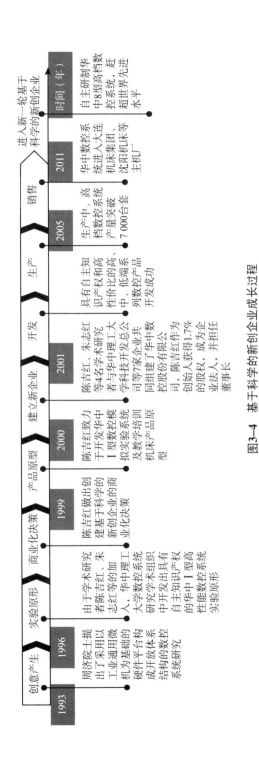

图3-4　基于科学的新创企业成长过程

　　陈吉红教授是华中理工大学学术研究者，参与到华中理工大学数控系统研究学术组织中，在企业建立阶段作为创始人与合作组织共同建立了基于科学的新创企业，获得了股份。在初创期（技术研发阶段），通过技术资产化和证券化进行融资，获得国家 973/863 项目、自然科学基金、国家和地方科技攻关等多项重大项目资金支持，以及银行贷款和社会化融资，吸引了北京第一机床厂等多家数控明星企业出资参股，共筹资 5 915 万元组建华中数控股份有限公司，完成了技术研发。陈吉红作为创始人获得 1.7% 股权。在成长期（技术商业化阶段），成功研发出了具有自主知识产权和高性价比的高、中、低端系列数控产品，创建的新企业产生了收益，2007～2009 年分别实现营业收入 32 472.07 万元、30 743.60 万元与 31 397.25 万元，销售收入不断增加。2011 年，通过发行股票募资 7.02 亿元，实现了企业的价值增值。在整个基于科学的新创企业成长过程中，实现了从技术到市场的转化、学术研究者个人财富和名誉的增加，以及企业价值增值，因此，华中数控财务发展历史同时演绎了价值创造的过程，具体如图 3 – 5 所示。

3.3.5　复旦复华案例分析①

　　①案例企业背景信息（复旦复华）。

　　中国大陆第一家高校股份制上市公司——上海复旦复华科技股份有限公司，是依托于复旦大学创建的企业。之所以选择复旦复华作为本书案例研究对象，是因为其是基于科学的新创企业，依托知名学府复旦大学。复旦大学在全国高校处于领先地位，无论在发展历史、规模以及成熟度方面都表现优秀，在教育、学术和科研上在国内具有极大的影响力和知名度。复旦复华呈现出持续、稳定、健康发展的良好态势，具有较强的代表性和典型性。在"发展高科技、实现产业化"的探索与实践中，目前对日软件出口数量增加，产业主要有软件开发、生物医药、园区房产，形成药品研发、生产、营

---

　　①　本部分信息由笔者根据相关资料整理。

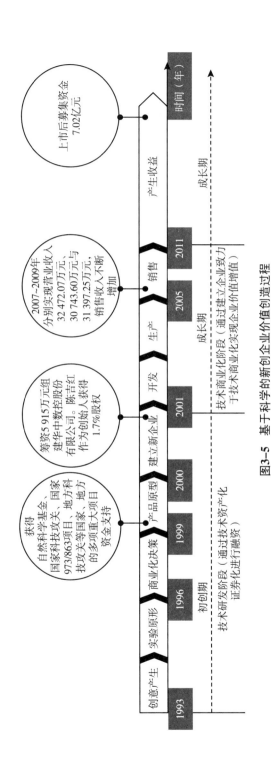

图3-5　基于科学的新创企业价值创造过程

销一体化，具有科技创新能力的国家级高新技术园区，形成广纳国内外高新技术企业的基地。

②关键事件描述。

1984年创办的复旦大学科技开发公司是上海复旦复华科技股份有限公司的前身，是复旦大学控股的上市公司。研究基于科学的新创企业选择复旦复华为研究对象，是因为复旦复华依托复旦大学雄厚的人才、科研、技术优势，致力于技术商业化，改制上市实现持续发展，是典型的基于科学的新创企业。1986年，复旦大学科技开发总公司注册成立。1992年6月，复旦大学科技开发总公司改制为上海复华实业股份有限公司。1993年1月，上海复华实业股份公司上市，在上海证券交易所正式挂牌进行公司股票交易。2001年6月，公司更名为上海复旦复华科技股份有限公司。

1984年11月，注册成立非独立核算的复旦大学科技开发公司，由复旦大学教学及学术研究人员兼职技术咨询、技术服务等工作，积累原始资本。复旦大学校长杨福家担任第一届董事长，企业其他经营管理者由行政管理干部担任，带领学校科研团队，以及校师生共同承担该技术成果市场化工作。1992年6月前，积极从事中成药物、化学药物、基因工程药物的研发，技术创新带头人及团队取得了较大突破，得到了国家政策和上海市政府的政策鼓励支持，陆续开发出了一些能够满足市场需求的生物技术产品。1992年6月，上海复旦复华实业股份有限公司成立，由复旦大学科技开发总公司改制而来，是全国高校第一家上市公司，第一次向社会公众公开募集并发行股票。公司有433.909万股总股本，募集资金7 800万元，每股面值10元，其中向社会公众发行股票150万股，每股价格52元。依托复旦大学雄厚的人才、科研、技术优势，复旦复华调整转型、全面发展。在近二十年的发展历程中，凝聚了一大批敢于创新创业的复旦复华学者。复旦复华成功的基于科学的新创企业模式，为复旦大学带来了科技成果商业化的有效模式。从以上里程碑事件，整理出基于科学的新创企业成长过程的8个阶段：创意产生、实验原形、商业化决策、产品原型、建立新企业、开发、生产和销售，具体行为活动如下：

第一，创意产生。

1984 年 11 月，由复旦大学学术研究团队共同萌生成立技术商业化企业的想法，主要通过技术咨询、技术服务等方式积累原始资本。

第二，实验原形。

复旦大学科研团队积极从事药物的研发，如化学药物、中成药物、基因工程等。

第三，商业化决策。

复旦大学科技开发总公司进入漕河泾新兴技术开发区，购置 2600 平方米的标准厂房，为公司改制上市奠定基础。

第四，产品原型。

1992 年 6 月前，中成药物、化学药物、基因工程药物的研发取得了较大突破，作为复旦大学的校办科技企业，得到了上海市政府和国家政策的政策鼓励支持，陆续开发出了一些能够满足市场需求的生物技术产品。

第五，建立新企业。

上海复旦复华实业股份有限公司成立。复旦大学校长杨福家担任第一届董事长带领学校科研团队，企业其他经营管理者由行政管理干部担任，以及校师生共同承担该技术成果市场化工作。

第六，开发。

至 1998 年，复旦复华依托复旦大学进行心脑血管病用药、抗肿瘤药物、老年病用药和现代中药等系列产品开发，复旦大学雄厚的人才、技术、科研优势，帮助复旦复华致力于国家创新新药和基因药物研发，实现成长和发展。

第七，生产。

到 2003 年，复旦复华依托复旦大学基于科学的研究学院雄厚的人才资源和学科优势，在生物医药产业取得巨大成功，主要从事民族特色药品和保健品项目的生产。

第八，销售。

复旦复华生产的"保护神"牌不间断电源系统、FDDS 高灵敏度人的性别鉴定 PCR 试剂盒被首届东亚运动会确认为指定产品。复旦复华实施 1992 年募集资金 4 411 万元，公司总股本增至 5 875.684 万股。

3.4　基于科学的新创企业成长系统动力学模型构建

3.4.1　系统动力学方法

1956 年，美国麻省工学院福雷斯特教授首创了系统动力学（Systemdy-namics），是用于分析研究信息反馈系统的科学，是认识与解决系统问题、沟通自然科学与社会科学的综合性学科，强调整体、系统的观点，以及联系、运动、发展的观点。

工业管理是最早利用系统动力学的领域，因此在国外也被称为工业动力学。然而，系统动力学的在应用范围，已远超过工业动力学范畴，因此改称为系统动力学。系统动力学研究范围逐渐扩大，随着其理论与方法日渐成熟，应用范围也深入各种领域。

系统动力学进入比较成熟的阶段在 20 世纪 80 年代初，通过与人工智能等新技术结合，系统动力学在理论研究和实践应用方面都取得了飞跃性的进展，在新型企业组织、管理思想等管理学研究领域做出了一定的贡献。

在西方经济的实践中，系统动力学近几千年来取得了丰硕的成果，提供了有效研究社会经济复杂系统难题的方法、思想和手段，社会、经济、生态等复杂系统及其复合的各类复杂大系统是主要研究对象。梅多斯（1992）修改了系统动力学世界模型，将技术进步等引入模型。在梅多斯的研究基础上，研究人员采用系统动力学进行复杂系统研究。孙希华（1996）通过系统动力学研究方法，分析了各种主要影响因素的反馈关系，构建了济南经济可持续发展模型。王艳等（1998）从系统动力学角度，采用仿真研究方法，构建了包含教育、科技、人口投入的中国可持续发展的系统动力学社会部分。

系统动力学认为，建立较高效、完善的社会经济模型，需要充分利用人们在实践中所掌握的技术与知识，发挥聪明才智，并借助计算机进行社会科学的模拟实验工作。然而，有些学者认为社会科学不能像自然科学那样进行可控的实验。在对经济系统进行分析和实验时，系统动力学是社会科学

"实验室"的一种实践手段，通常分析基于非稳定性、非平衡性的状态。

系统动力学适用于复杂问题的分析与处理，这些问题具有长期性、周期性、处理精度要求不高的特点，这是系统动力学的主要观点。系统动力学模型在经济系统领域得到了广泛应用，这些社会经济问题在分析过程中，遇到的棘手问题，如数据不足以及参数量化等问题，可通过长时期的观察，运用各要素间的因素关系及有限数据等，运用系统动力学进行一定程度的推算分析周期性规律，如分析生态系统的平衡、产业系统与经济增长的发展变化等。

目前，可以采用系统动力学方法进行研究的领域包括企业经营管理、宏观经济规划、城市经济发展、区域经济、能源规划、工程系统等（雷荣军和毕星，2004）。系统动力学基于系统论，综合控制论、计算机科学、管理科学，并利用数学工具和建模方法，以及系统分析的实验方法，为研究动态复杂的科学系统提供了一个独特的方法。其对传统管理科学的一个突破是从动态观点系统的研究管理问题。

组织的环境适应性使组织变得动态而复杂（Sterman，2000），不能简单地用社会科学传统的方法进行分析（Forrester，1971）。从本质来看，研究组织现象更适合采用系统动力学方法。在组织边界内的参与者相互作用，他们的行为在不同的时间产生非线性的相互影响作用。很多学者在研究组织现象复杂的问题时使用了系统动力学方法。温奇（Winch，1998）利用系统动力学模型研究人力资源技能和技能管理的动态性。科伊尔等（Coyle et al.，1999）利用系统动力学来管理和控制主要国防采购项目的资产和资源。盖瑞（Gary，2005）从系统动力学的角度来研究管理决策相关的市场策略及其性能的影响机制。

创业过程是一个组织的形成过程，拜格雷夫（Bygrave，1991）等认为从机会观出发，与组织创建相关的一系列活动、行为和职能形成创业过程；奥德里奇（Aldrich，2001）等指出创业过程是创建新组织的过程，这同样也是从资源观出发来探讨的，创业者利用知识和资源进行创建；创业者通过利用创业机会和创业资源执行一系列的决策，创业过程包括从最初的构思到最后形成一个新的经济组织（唐靖和姜彦福，2008）。创业过程中，在不同阶段对科技成果机会的创造和追求通过不同的方式彼此影响着（Salomo and Talke，2008），可以采用系统分析法作为主要研究工具分析并构建创业过程模型，因为企业与外界环境之间存在着动态交互作用。

　　基于科学的新创企业的成长现象值得系统动力学研究。基于科学的新创企业成长过程涵盖组织的所有方面，具有持续变化的特征。所有这些属性体现了基于科学的新创企业成长的动态性和复杂性。尽管这些概念加深了对基于科学的新创企业组织运作的理解，但研究人员还没有掌握多重和同时参与的复杂性，从而重新认识组织在追求机会方面的特点。在基于科学的新创企业成长过程的各个阶段，创造和追求机会之间发生各种相互作用（Salomo and Talke，2008）。系统动力学的观点可以用来覆盖各种基于科学的新创企业成长的变量和条件，以揭示其固有的动态复杂性，从而提供更广泛的基于科学的新创企业成长过程的视图。

　　研究人员从各种组织观点研究了动态性。例如，希维等（Heavy et al.，2009）认为，组织层面的决策与外部环境的动态性相联系。图斯曼和雷德（Tsumman and Nadle，1978）讨论了组织对信息处理的需求及其与信息处理结构之间的关系。他们发现，一个组织的信息处理能力通常足以应对内部和外部环境下的动态性造成的不确定性（Duncan，1972；Zaltman，1973）。后来，达夫特和伦格尔（Daft and Lengel，1986）发现，当更多的信息被处理时，不确定性不一定会减少，因为高程度的模棱两可会阻碍管理意识的产生（Weick，1979）。内部环境可以被分割成松散耦合的部分，增加了动态复杂性（Orton and Weick，1990）。

　　一般来说，系统动力学是指使用系统的不同部分之间的反馈关系来研究系统内相关动态和复杂行为的方法（Maier，1998）。作为系统动力学方法的中心，反馈是指在正常条件下的主要组织学习机制（Blettner et al.，2018）。依靠过去经验的反馈，学习可以产生影响组织的决策，并协助建立组织规则和过程（Cyert and March，1963；March and Simon，1958）。这个过程在动态情况下具有越来越重要的意义，因为如果情况变得越来越多变和不可预测，反馈将越来越依赖于协调（March and Simon，1958）。

关于组织学习的研究是通过阶段门理论和双环学习理论展开的。阶段门理论的重点在于识别组织的机会和评估创新的周期进展（Ardichvili，2003；Veryzer，1998）。基于阶段门模型，不通过"门"的机会将被中断或传递回先前阶段（Roseneau，1996）。本研究提出的基于科学的新创企业模型从成长阶段门开始，然后通过与战略评估和创业更新相关的其他过程来补充完成。通过这种方式，该模型可以为实现从创业到组织持续成长提供方法。双环学习是另一个相关概念。这种方法强调了一种更为积极的学习过程（Argyris，1993）。它可以通过产生有用的信息和接受纠正反馈来加强组织学习。考虑到反馈的重要性，阶段门过程和双环学习为本研究提出的基于科学的新创企业模型提供了构建方法。

3.4.2　系统动力学分析

基于科学的创业过程不是单一事件，而是由一系列事件组成的动态的过程（Friedman，2003）。构建系统动力学模型是观察和描述新创企业成长动态过程的一种重要方式。基于科学创业的成功与里程碑事件的完成有显著关系（Vohora et al.，2004）。学术研究者获取和重组资源，完成各阶段任务，使企业获得持续发展，从而实现基于科学的创业的成功。目前，从微观层面对过程的研究成为基于科学的创业研究的热点。马修·伍德（2011）认为，基于科学的创业是 TTO 作为中介基于知识产权转移的大学技术商业化活动，他认为基于科学的创业可分为四个阶段：技术创新披露和知识产权保护阶段、获取产业合伙阶段、商业化机制选择阶段、商业化阶段，并阐述了各阶段学术研究者、TTO 和外部合作组织角色的作用以及影响因素。沃霍尔等（2004）认为，基于科学的创业是非线性的迭代过程，会经过一系列的关键性节点，包括机会识别、创业承诺、创业确立和持续发展。莫慧科（2015）建立了基于科学的创业前期的过程模型，包括创意产生、商业化决策、原型生成与建立、团队组建、商业化战略的确定和筹款活动，探讨了学术研究者参与和主导的前期学术研究和早期创业活动的具体行为。

成功的基于科学的新创企业成长会经历一系列"里程碑"事件，机会识别、创业承诺、创业确立和持续发展是实现企业成长和发展的关键节点（Vohora et al.，2004）。对于基于科学的新创企业来说，从机会识别节点到创业承诺节点会经历机会形成过程。然而，从创业承诺节点到创业确立节点企业会经历组织过程。最后，从创业确立节点到持续发展节点的企业会经历重新定位过程。

　　沃霍尔（2004）认为，关键节点的目的是实现企业持续发展。对于基于科学的新创企业，机会形成度量从机会识别节点到创业承诺节点的进度。然而，衡量从创业承诺节点到创业确立节点进展的主要标准是管理和资本。最后，从创业确立到持续发展节点的进展由企业成长进度决定。每个关键节点之间的空隙旨在描述这一过程特定的活动以及工作重点，必须在进行到下一个关键节点之前完成。通过研究这些阶段之间的空隙——研究过程（research phase）、机会形成过程（opportunity framing phase）、组织过程（pre-organization phase）和重新定位过程（re-orientation phase），以识别基于科学的新创企业成长过程的每个阶段的关键参与者、活动和成功驱动因素。

　　在应用系统动力学研究模型时，会考虑存量和流量对研究动力系统的重要性。节点是可以随时间累积或耗尽的简单实体，反馈表示存量的变动。由前一个级别的变化直接或间接引起的变量的变化会导致反馈循环的出现。反馈回路可能具有增强或平衡的功能（Lyneis，1999）。基于科学的新创企业系统动力学框架，存量由四个主要活动组成：机会识别、创业承诺、创业确立和持续发展。这些存量和流量可以按照图3-6中部的主要中心路径进行观察。在模型中，流量（由四个主要活动组成）可以对存量（四个关键节点）产生影响。反馈循环主要出现在图3-6的底部，但是作为策略评估的结果，在上部区域也可以观察到一些反馈循环。每当出现某种活动时，某些活动可能被认为是不充分的、不合法的或不可实现的，因而不会进入实施阶段和产生结果。然而，这些反馈循环可以带来有价值的信息，并且可以以直接的方式影响更新组织的创业更新（entrepreneurial renewal），从而形成战略评估（strategic assessment）。在图3-6的顶部，组织变量影响主要活动和后续步骤，以更新组织战略（即战略评估）作为创业更新的结果。这些存量、流量、反馈环路和组织变量将在下面展开更详细的讨论。

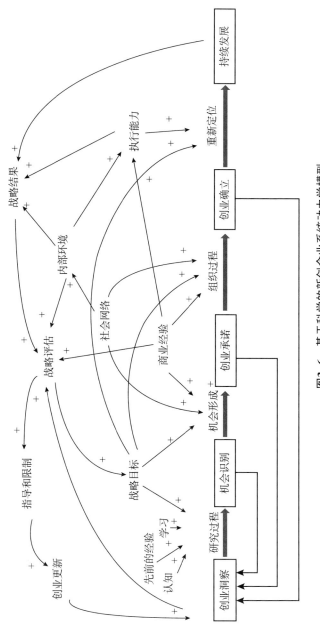

图3-6　基于科学的新创企业系统动力学模型

第 1 阶段：研究过程。

学术研究者和他们的研究团队从事广泛的社会科学研究，增进了对周围世界的了解。这些学术研究者产生的许多发现和创新发展成为其寻求商业化的机会。本书中所提出的基于科学的新创企业成长过程系统动力学框架，从组织的创业洞察力（见图 3 - 6）开始，将个人的成就转化为组织层面上的集体学习（Lanza，2014）。创业洞察力锚定在一个组织层面，它促进了观念转化，通过创新实践，最终产生新产品（Lanza，2014）。基于本研究提出的模型，创业洞察力代表组织的观点，从研究、机会形成、组织和重新定位过程的各个方面不断地反馈，不断更新。洞察力的不断更新催生了新的或修正的学术研究。因此，在基于科学的新创企业的系统动力学框架中，研究是企业成长过程中第一个重要的活动。

值得注意的是，多年来大学学术部门进行的科学研究在基于科学的新创企业成长初期就开始进行了。在研究阶段研究的有价值的知识产权，是潜在的商业化机会。学术研究者往往拥有有价值的技术资产和技术知识。基于科学的新创企业通常是学术影响力大的科学家和发明家建立的，他们的技术受到知识产权的保护（Shane，2004），这些知识产权是基于科学的新创企业创建的基础。

米切尔等（Mitchell et al.，2002）认为，创业认知是"人们用来判断、评价、决策和机会评估、创建企业和实现成长所积累的知识结构"（Corbett，2007）。这些知识结构是个人层面对先前知识的再利用，或从先前经验中获得的学习机会。有限的合理决策规则（March，1958）指导认知和行为（如研究），都是由先前的经验决定的。例如，过去的成功或失败有助于创造一个主导逻辑，为创业者提供指导（Prahalad，1986）。这些经验和结构是用来指导研究活动的，多样性和强度的不同程度决定了是否能实现更好的创新（Li et al.，2013）。

机会的识别取决于组织是否能够吸引能够识别他们的人。换句话说，机会识别取决于个人的创业意识认知（Mitchell et al.，2002；Eckhardt and Shane，2003；Ireland et al.，2009）。创业者创业认知是创业学术研究的主要推动者。正如巴伦和恩斯里（Baron and Ensley，2006）所指出的，"意识到特殊机会，源于相关的认知框架，使他们能够认识到新出现的模式，是一些新的商业机会"（Baron and Ensley，2006；Short et al.，2010）。创业者观察有意义的模式，并识别新的机会（Baron and Ensley，2006）。有经验的创业者的认知框架不同于没有经验的创业者（Baron and Ensley，2006；Short et al.，2010）的认知框架，这会影响机会识别和机会实施。

　　除了认知，先前的知识也影响着研究活动（Arentz et al.，2013；Kirzner，1973）。谢恩（2000）认为，个人对市场的认知、市场定位方式，以及营销问题，都会影响个人对机会的发现（Corbett，2007；Gielnik et al.，2012）。先前的知识也会影响创业预知和机会发现（Arentz et al.，2013），新信息和现有知识的组合影响机会确认（Corbett，2007）。通过收集和重组新的信息，随着时间推移，知识不断积累，在这个持续推进的过程中，一个想法就转变为对企业创建有价值的一个机会（Shane，2000；Timmons，1994）。

　　学习是研究的另一个关键部分。个人和组织学习都是机会发展的关键推动者（Short et al.，2010）。以前的经验能够捕获机会，做出试错的决定（Bingham et al.，2007）。郎普金和利希滕斯坦（Lumpkin and Lichtenstein，2005）指出，通过行为、认知、行动学习和组织学习，能够增强研究过程（Short et al.，2010）。学术研究者可以通过将创业者洞察力转化为战略优势来提高创业表现（Shane，2000）。科贝特（Corbett，2007）认为，学习不对称性可以解释为什么有些人能够识别和发现机会，而其他人却不能。同样，卡纳塔卡和克斯安（Dutta and CulsAn，2005）发现，"包括直觉、解释、整合和制度化在内的组织学习过程对于创业机会的发现、开发和实施是必不可少的"（Short et al.，2010）。

　　在研究阶段，创业观察力转化为机会识别。下一阶段牵涉到机会的形成。只要组织中的行动者能够识别想法和认识机会，他们就可以创建出为实现技术商业化的基于科学的新创企业。

　　创业洞察力转化为机会识别可能是失败的，正式的或非正式的情况可能导致潜在机会识别不能持续或知识流中止或回流到其他创业认知活动中。组织可以借鉴失败的经验和教训，修正研究过程。

第2阶段：机会形成。

基于科学的新创企业系统动力学模型的第二个活动是机会的形成（见图3－6）。这一活动指的是从一个被认可的机会转变为对以该学术研究为基础的基于科学的新创企业的形成。学术研究者会评估这个学术研究是否可以做进一步技术商业化的努力。这种"筛选"过程评价了该技术，并证明了该技术是否有在实验室之外的应用前景。

埃克哈特和谢恩（Eckhardt and Shane，2003）认为，机会是"新的原材料、产品、服务、市场和组织方法将形成新的方法或结果"。如果机会被评估为有价值的技术，将会对这些技术进行一些商业化尝试。考虑到技术的不同，学术研究者会尝试替代市场产品的可能性，考虑技术可能应用到替代市场，以及进入客户的最佳途径，使之成为目标市场的创新产品。

在最初阶段，机会的形成对学术研究者是有挑战性的，有时机会被认为是不精确的、模糊的或不可操作的，因为缺乏商业化经验和对未来商业化回报的不确定。创业者和大学，如果无法找到最合适的应用开发技术，无法实现技术商业化，或者他们无法探索有效的途径实现技术到市场的跨越，没有相关经验和机会的形成，将导致成果的浪费，使价值创造失败，没有价值回报，因此，他们期待着创造一个新的基于科学的新创企业实现技术商业化。

机会识别在初始阶段并不能找到最佳的方式对技术资源进行开发，实现技术商业化的最大价值，因为创业者可能无法准确地确定技术商业化过程中对互补资源的需求（例如人力资源、金融或技术资源）。他们也可能不知道资源将如何获得。一些创业者会深入探索可替代的商业场景，以寻求其技术的各种潜在应用。这些创业者会仔细检查这些机会，仔细地确定潜在客户、投资者和其他需要的细节，以弥补商业化过程中潜在的弱点、缺陷和不足所造成的潜在风险。这些创业者可能需要几个月甚至几年的时间来重塑机会。

一个学术研究人员可能会认为，对一个重塑的机会来说，商业化可能意味着不想许可或共同开发早期的技术，而希望开发更容易产生商业回报的后期技术。在这样的情况下，商业化的最佳途径是通过拥有资源和开发能力的基于科学的新创企业，来利用知识产权（IP）进行商业化，而不是通过许可或共同开发这样的途径。

伯德（BoD，1988）认为，在创业初期，创业者的想法和目的构成了一种新的组织战略模板，可以极大地促进新企业的发展。在企业创建之前，创业目的对创建起始条件有着至关重要的影响（Gersick，1991）。在实践中，创业目的需要依靠持续的坚持和承诺的行动来为具有风险的企业提升价值（Erikson，2000）。要从机会识别节点向创业承诺节点转变，就必须经过机会形成过程。一个潜在的基于科学的新创企业应该提出创业承诺，这是从一个想法（心理创造）到商业化经营企业的形成的转变。

创业意向是指一种意识状态。创业承诺是指将创业者的行动与事件的特定阶段相结合。为什么创业承诺是基于科学的新创企业成长的关键过程，可能来自三个关键的原因（Vohora，2004）。

第一个原因是，创业承诺增强了创业者的信心和动力，新创企业绩效受到创业承诺的影响。在创业研究中形成创业承诺的概念，创业承诺源于早期人们对组织承诺的研究，是创业领域新产生的概念。王晓晨（2007）提出新创企业取得创业成功必不可少的驱动力是创业者的创业承诺。张振华（2009）等学者们证实了新创企业绩效与创业者的创业承诺具有显著的正相关关系。因此，创业者的创业承诺可以使创业者充满热情和耐力坚持创业，从而提高新创企业绩效。学术研究者接触商业是学术的延伸，才能有信心和动力使他们的想法商业化或大力探索他们的科学发现具有商业化的潜力。

第二个原因是，创业者内在的自我激励与创业承诺具有显著的正相关关系，影响创业绩效，而将当前的创业活动持续进行下去的意愿倾向属于创业生存绩效，反映的是创业者决心和持续投入创业活动的承诺（龚志周，2005）。叶建国（2006）认为，创业绩效受到目标承诺单维变量的直接影响作用，创业效能感与创业绩效的中介变量是目标承诺。张振华（2009）指出，创业团队胜任力中的创业绩效受到承诺能力维度的显著的正向影响，并且不同的创业环境竞争性、环境异质性、市场动态性、技术动态性和组织因素，调节创业团队胜任力对创业绩效的影响关系。学术研究者面对陌生的商业环境如果缺乏自信，往往会受到负面影响。学术研究者对机会进行构建，勇于探索科学的商业化方法因而决策过程不能过于复杂。

第三个原因是，企业在初创阶段的发展离不开外部投资者资金方面的支持，创业承诺是企业快速发展的重要解释因素之一（Smallbone et al.，1995）。卡尔邦等（Carbon et al.，2009）研究发现，天使投资人对创业者进行投资受到创业者创业热情的影响，创业热情中的行为内容构成创业承诺。进一步地，卡尔邦等（2009）研究创业者后发现，创业者在创业资金筹集的不同阶段的创业承诺对资金筹集的影响不同。对天使投资人研究后发现，创业承诺是天使投资人用以考察创业者的指标之一。费伦和奥尔德（Phelan and Alder，2005）的研究就曾指出，持久或长期的成功创业离不开高承诺又有能力的创业者的持续努力。我国学者陶劲松和许小东（2010）的研究发现，新创企业绩效受到情感承诺、行为承诺及持续承诺显著的正向影响。西蒙等（Simon et al.，2011）通过实证研究发现，对目标的承诺越大，创业承诺与绩效之间的正向关系越明显。因为有限的社会资本，学术研究者在确定和评估适合他们的团队人才时，面临着一个巨大的挑战。另一个问题是，考虑到财政和资源短缺，为团队成员提供适当的奖励和激励措施也是企业的挑战。如果这些问题不能得到解决，就不可能有一个拥有必要的创业能力，并且能够可靠地把科学技术转化成为一个基于科学的新创企业的合适的创业者。因此，建立可靠的信誉是后期成功的关键因素。

机会识别节点转化为创业承诺节点的机会形成过程之后，进入组织过程。企业在机会形成之后，致力于商业发展，基于科学的新创企业在组织过程中实施战略计划。

第 3 阶段：组织过程。

系统动力学框架的第三个过程是组织过程（见图 3 - 6）。在这个阶段，企业做出战略决策，包括技术开发、资源获取和知识获取（当前和将来），以及确定获得这些资源和知识的时间及空间。一般来说，在早期阶段做出的决定会以不可预见的方式影响基于科学的新创企业整个未来的发展，因为它们指导着企业未来阶段的发展路径和可供选择的替代方案。有限的资源禀赋会对企业未来的成功产生负面影响。

在组织过程，学术研究者面临学习曲线的塑造。通常这些学术研究者拥有很少或没有商业经验，缺乏对目标产业的认知，所以他们几乎很少与商人、商业投资者、代理创业者或风险资本家存在关系。缺乏经验可能导致收入损失和缺乏风险投资。如果学术研究者具有技术商业化的专业知识，他们可以了解在早期阶段做出决定的重要性，以及将产品推向市场所需的金钱和时间。在有经验企业管理者的指导下进行技术商业化是获得创业经验、人力资本和改善商业网络的有效途径。如果创业者缺乏专家支持，虽然可以吸取同样的教训，但所获得的知识是预先获得的。

一些创业者在获取和协调资源的能力方面比其他人更娴熟。在基于科学的新创企业中，创业团队花费大量的时间和精力开发现有的资源和能力，并获取新的资源和知识，以便形成新的能力。这些创业者致力于确保提供初始资本和知识，以确保企业的经营。

创业承诺节点的实现，很大程度上取决于创业者可以利用的社会资本水平，通过他们的关系人、投资者或社会网络进行选择、评估和招募新的管理团队成员。相比之下，在组织过程中，一些学术研究者可能相关资源不足。建立了自己的基于科学的新创企业后，创业者在企业后续阶段实现战略目标的能力将受到企业的创业经验和能够提供技术商业化建议的顾问、导师和其他商业专家的限制，从而影响企业的发展。因此本研究得出结论：在组织过程中做出的决策会影响企业在未来发展中获取资源的能力。

在基于科学的新创企业创建的组织阶段，学术研究者首先观察到一个机会，然后致力于将机会转化为一个基于科学的新创企业。里程碑事件指的是创业者获得支持企业所需资源的初始存量，成立基于科学的新创企业。在组织过程，有必要提高财政资源量（种子资金等）以获得其他必要的资源。财政资源是关键资源，缺乏创业资金将阻止创业者实现将组织过程转化为实现全面经营，并能够专注于生产活动的企业。财政问题会导致后续一系列的问题，因为学术研究者和创业者认为只有获得足够的金融资源，才能拥有商业化所需的资源。缺乏信誉制约了基于科学的新创企业获得创业团队所需的关键资源，如种子资金和人力资本。

在机会形成和组织阶段，如果资源劣势、社会资本不足、企业能力不足等问题没有解决，就会在这个关键节点产生惰性。学术界未能从投资者那里获得反馈，因此无法改变当前的资源、能力和社会资本来应对这一关键节点。因此，创业者将无法吸引优秀人才，或证明任何现有的客户将购买企业的技术应用。

在形成知识产权的过程中，创业者在投资时经常会遇到另一个问题：在基于科学的新创企业的研究领域中，可能很少有其他学者进行研究。在这种情况下，建立可信度是很难的。投资者可投资一个能够证明其能够创造和提供价值的团队，并积极地实现商业化。关键的信誉问题是定位主要客户群体。如果客户熟悉并建立新的风险认知，风险将降低，其合法性、动力和信任将在组织层面得到提升（Singh et al.，1986；Aldrich and Fiol，1994）。没有最初的可信度，基于科学的新创企业将无法解决顾客的质疑，也无法进入市场，或者成功地将概念转变成为从事市场交易的合法企业。

在这个关键节点，资源存量和企业能力以及社会资本的水平都有助于获得关键的信息、知识和资源。上述创业能力要么来自创业团队，要么来自学术研究者的社会网络。

然而，由于时间的原因，这些创业能力可能无法获得或利用。一开始，由于其固有的资源劣势、能力不足和社会资本不足，基于科学的新创企业无法获取或获得外部股权融资、关键客户或与现有的合作伙伴关系实现合作。这些基于科学的新创企业可能会尝试通过获取和组合必要的板块，以获得与客户、投资者和其他资源提供商的可靠的信誉。每一次尝试的转变都伴随着他们对目前使用的方法的洞察，从而导致当前资源配置、整合能力的变化，以及理解哪些关系目前是或可能是有价值的。

从大学环境中诞生的基于科学的新创企业的路径依赖性很可能带来一些挑战。例如，外部的跨国公司和客户可能会对起源于大学的非商业文化对基于科学的新创企业的影响感到好奇。因此，对于基于科学的新创企业来说，与大学的特殊联系可能被认为是负面的。此外，学术研究者可能会带来学术环境之外的社会资本投入不足。

有几种非正式的机制可以用来促进商业化。更多的专门的咨询安排、学术研究者与商业创业者合作发行联合出版物，以及大学研究者和行业研究者之间的合作关系都被证明有助于促进正式的技术转移协议的形成。因为，持续的、非正式的、协作的关系往往带来商业化的想法，然后他们通过正式许可协议或分拆风险的形式进行合作。因此，研究机构和潜在的行业合作伙伴需要关注发展合作关系的问题，这些合作关系可能会导致正式协议随着时间的推移，最终走向成功的基于科学的新创企业。

第 4 阶段：重新定位。

重新定位过程为创业团队带来了一些挑战，因为他们必须不断地识别、获取和整合资源，并相应地重新设计它们（Galunic and Eisenhardt，2001；Eisenhardt and Martin，2000；Teece et al.，1997）。对于缺乏经验的管理团队和缺乏资金禀赋的新企业来说，重构是非常普遍的。重构是创业团队用适当的方法识别开发信息和知识，并整合新获得的资源。因此，基于科学的新创企业必须将这些能力和组织惯例结合起来，以从生产活动中获得回报。

在技术开发之后的过程中，许多变化都是由创业团队与客户、供应商、竞争对手和潜在投资者相互作用所获得的知识和信息所引起的。这些戏剧性的变化能够改变早期发展阶段所做出的三个关键决策：第一，创业团队依靠现有技术资源和能力创造价值的方式；第二，识别基于科学的新创企业能够获得回报的来源；第三，基于科学的新创企业可以从市场获得持续回报的方式。

越来越明显的是，学术研究者在早期发展阶段出现的弱点、不足和缺陷导致了后续发展阶段的问题，甚至产生企业生存和发展危机。如果在早期的发展阶段做出了不成熟的战略决策和承诺，那么这些基于科学的新创企业以后就无法创造和开发有价值的商业化产品。首先，在机会构建过程中，学术研究者可能不太善于运用他们的科学发现创造最大价值。在这一点上，一些人可能过于关注技术的发展，缺乏对目标客户的识别、访问和定位。第二，如果这些创业者不善于在组织阶段获得适当的信息、知识和资源，那么这种情况将意味着需要持续不断地进行资源配置和战略重新聚焦。这些战略适应是进行技术改造以满足客户先前未被认可的需求，获得市场准入的方法，以及获得更多资源的手段。创业团队需要运用知识认识到之前的错误，并对先前做出的判断进行修正，以重新整合和建立资源存量，进行内部能力改善和技术改进。

通过技术商业化的不断尝试，确定技术是否具有商业化希望，因此基于科学的新创企业被视为衡量技术市场潜力的实验（Cooper，2001）。进入这个阶段的所有基于科学的新创企业在开发过程中都面临一定程度的动荡，因为学术创业者必须学习正确的方法来促进管理业务的各个方面的发展。相比于这一阶段面临的停滞发展的基于科学的新创企业，这些基于科学的新创企业试图使其初始阶段的战略规划更容易地匹配内部资源和外部环境。对于基于科学的新创企业战略的不确定，与机会形成和组织过程中缺乏必要的资源、能力和社会资本有关。因此，基于科学的新创企业从这个发展阶段到下一阶段的成功进展很大程度上归因于创业者在早期阶段所进行的准备工作。由于路径依赖性的影响，如果企业最初是不具备丰富的资源禀赋、社会性和创业支持的基于科学的新创企业，那么在这一阶段会产生缺乏支持和发展不足的问题。

如果企业接受种子投资并开始商业化技术，它将面临持续发展的关键节点。持续收益来源包括提供给客户的产品或服务的收入、合作协议的里程碑付款以及来自当前或新投资者的投资。持续意味着创业团队可以通过开发合适的资源、社会资本和能力来创造价值。在关键的创业确立时刻，创业者被迫获取和汇集创业活动所需的资源。相比之下，创业者可以在新的知识、信息和资源的基础上，不断地获取持续的资源、社会资本和能力。这样，他们可以在目前的能力、技术资源，以及新识别的机会基础上继续创造价值。

　　能力和社会资本是指以持续的方式从商业化中获得回报的能力。在最后的持续发展阶段，企业获得的资源、开发的能力和已形成的关系不再帮助这些基于科学的新创企业获得持续的回报。这些资源弱点、潜在能力和社会责任阻碍了关键事件的进展。

　　在重新定位这个关键节点，帮助创业团队获得重新认识当前资源劣势、社会责任和独立能力的能力是极其重要的。重构可以将这些负面特征转化为资源优势、社会资本和独特的能力，从而确保基于科学的新创企业的收益。沃霍尔（2004）已经观察到，与技术开发能力相比，基于科学的新创企业更可能获得资产、人力和技术资源，并改善社会资本。在一些依靠明确的政策、惯例和程序（Nelson and Winter，1982）的大型组织中，决策是简单的，能降低管理者所面临的不确定性和复杂性（Busenitz and Barney，1997）。在多变的市场条件下，建立持续发展的内部能力，能协助管理者将这些资源重新构成新的生产组合（Galunic and Eisenhardt，2001；Eisenhardt and Martin，2000；Teece et al.，1997）。

　　为了确保稀缺资源的协调配置和控制消耗率以获得适当的回报，创业者（和团队）必须改变组织结构并设计适当的政策和程序。这些程序和内部能力也应该不断地适应外部环境。此外，企业有必要开发旨在促进组织内部沟通的非正式结构。它被用来重新审视风险企业的资源，以不断地度过重新定位这个关键节点。开发企业能力是重要的，以弥补基于科学的新创企业所面临的不足、缺陷和弱点，并提高组织能力来协调基于科学的新创企业内部的生产活动。

　　基于科学的新创企业在初创第一个阶段面临资金困境，如果他们能证明这项技术可以创造价值，通过成立企业并变成企业的一个既定业务，能够实现持续回报，通过向投资者展示他们的持续的商业模式，扩大市场资源和

"做中学"，即重新定位商业模式以满足市场的需求，从而可以获得第一轮融资。在现有资源、能力和社会资本的转换方面有更成功经验的基于科学的新创企业清楚地知道如何进入市场以获得投资。企业合法化能够使企业获得关键客户，产生至关重要的持续收入。从共同开发协议中获得里程碑式的付款可以成为一个标志性指标，既有新的投资者也可以判断基于科学的新创企业是否能够继续向前发展。因此，企业可以通过提高企业融资量来提高企业的价值。

基于科学的新创企业不能预见和解决社会资本不足问题，过渡到持续发展节点是很难的（Vohora，2004）。创业者面临着社会资本不足、内部能力不足、资源劣势等问题。如果在实现持续收益之前已将可利用的金融资源（和其他资源）消耗殆尽，基于科学的新创企业可能会进入停滞状态（Brüderl and Schüssler，1990）。解决这些问题是很难的，因为在早期发展阶段的决策和承诺，包括资源劣势、社会责任和潜在能力的不足，最终可能会挫伤创业者对技术商业化成功的信心，从而形成这一阶段的障碍。

在这个过程中，将有许多正在进行的活动，包括获取关键资源，如资本；研究和开发；市场研究和其他营销活动；关键网络和分销渠道的发展。在持续发展节点，焦点已经转移到了行业合作伙伴身上。大多数活动都发生在购买许可权的组织内，或者在为商业化创新而创造的新企业内。随着这些行动的发生，利益相关者的数量开始以指数增长。银行家、投资者、供应商、雇员、客户在商业化努力的成功中都开始有自己的既得利益。由于许多利益相关者直接或间接参与了商业化的这一阶段，在基于科学的新创企业成长过程的早期阶段所做的活动和决定是绝对关键的，因为它们提供了技术商业化的基础，影响商业化成功的概率。

重新定位将创业确立节点过渡到持续发展节点。在这个发展阶段的边缘，基于科学的新创企业将通过精确的商业模式解决许多早期阶段所产生的不确定性。企业将重新定位，实现企业目标，成为持续发展的企业。然而，尽管企业与研究实验室分离，并已经建立起了自己的自我认同和商业身份，

但该企业可能仍然与大学有着密切的联系。一些学术研究者在大学期间仍然从事科学研究，同时担任企业的技术顾问（Shane，2004）。

3.4.3　系统动力学模型构建

系统动力学框架涉及创业更新（entrepreneurial renewal）和战略评估（strategic assessment）。这些组织元素之间的关系，影响着基于科学的新创企业的发展。虽然这些关系被单独讨论，但都是系统动力学框架的组成部分。

四个阶段的存量和流量（研究过程、机会识别、组织过程、重新定位）构成系统动力学的主线，如图 3 - 6 所示。在基于科学的新创企业成长过程中，四个主要阶段的活动影响着他们的存量和流量。反馈回路出现在图 3 - 6 的底部，但是一些反馈回路也可以在图 3 - 6 上部区域中观察到，属于战略评估的结果。随着每一项活动的发生，一些阶段活动实施的结果可能被认为是不充分的、非法的或不可实施的，因此不会进入实施阶段，产生实际结果。然而，这些反馈回路可以带来有价值的信息，并且可以以直接的方式更新组织的创业者洞察力，影响战略评估。在图 3 - 6 的顶部，组织变量影响基于科学的新创企业的前期活动和后续步骤，影响组织战略更新使企业再生。

组织的创业更新和战略评估是机会实现的间接产物。在这些关系中，有几个变量：战略结果（strategic outcomes）、内部环境（internal environment）、战略评估（strategic assessment）、指导和限制（guidance and limits）（见图 3 - 6）。战略评估，也称为战略更新，是指组织中对战略的修正和重新评估。创业更新和战略评估是基于科学的新创企业的重要组成部分，其余变量解释了对它们产生直接和间接影响的因素。

①战略结果。

实施或没有实施的机会作为主要输入流量直接影响战略评估过程。实施结果可分为成功的和不成功的产品开发、制造过程、质量改进和市场创新。结果检查可使组织确定其先前行为是正向影响还是负向影响（Smith and Cao，2007）。具有积极正向影响结果的行为是指有用和值得重复的行为，而具有消极影响结果的行为则是指行为被认为是不利的和被阻止的。

此外，战略结果还会影响组织的内部环境。虽然内部环境可以以正式的方式结构化，但其是随着时间的推移，从非正式和自我行动（在某种程度上）演变到适应组织活动的正式方式（Nelson and Winter，1982）。一旦组织从实现机会的努力中汲取经验，它的能力就可以通过将学到的知识整合到组织记忆中而得到加强（Örtenblad，2004）。

②战略评估。

战略结果对战略评估的直接影响来自这些结果对未来战略的潜在影响。在战略评估过程中，组织从成功或失败的行动中学习改进策略的方法（Mintzberg，1994）。以这种方式，进步和因果关系都可以被评估。例如，如果努力推出一种新产品，这种努力可能会减缓市场发展。因此，有必要研究减缓发展的可能原因，然后实施必要的修正。

组织成员对组织结果的战略评价有很多变化。一些研究企业战略的研究者把不良表现作为策略修正的动机（Veryzer，1998；Boeker and Goodstein，1991；Levitt and March，1988）。组织关注的焦点是在快速增长的时期内或是在没有内部或外部环境变化的情况下的战略变化（Chandler et al.，1962；Rumelt，1986）。因此，在任何条件下都可以发生战略重新评估（Hambrick et al.，1993）。

创业洞察力从不成熟、没有确立或不可实施的机会的过程中获得增长。因此，洞察力会影响战略评估，通过新的概念和想法对机会的修正，使组织的战略可以被修正，产生使组织创造最大价值的计划（Burgelman and Sayles，1986）。

③内部环境。

内部环境是影响战略评估的因素。在战略评估方面，内部环境可分为组织结构、持续压力和独特能力。此外，战略和某些结构元素之间的相互作用可以对战略评估过程产生强烈影响（Miller，1988）。钱德勒等（1962）解释了战略与结构之间的相互关系。强大的联盟会对战略产生影响（Weick，

1979）。强大联盟成员的政治操纵可以在战略上改变他们自身的利益，这使得联盟更不可能达成战略的一致意见（Burgelman，1994；Eisenhardt and Bourgeois，1988）。

连续压力更容易或以更低的成本发生最大频率的变化，也可以维持与当前策略最相似的变化（Koberg，1987）。此外，一个组织的利益相关者容易从负面的角度看到巨大的变化（Benner，2007）。而组织管理者通常重视执行近期的变化，较少关注创建和开始时产生的不同类型的变化（Mezias and Glynn，1993）。由于压力是由较小的和较慢的变化所引起的，策略更新变化小于大的结果修正。

同样，独特的能力也可以改变战略进程。组织的能力帮助企业以特定的方式行动。这些能力的积累可以帮助组织更有能力获得和保持其竞争优势（Ghemawat，1986）。因此，组织不会轻易放弃这些原有的能力，而去建立未经考验的新的能力（Burgelman，1994）。此外，鉴于战略评估特征是渐进的和内部化的，战略变化很大程度上依赖于短期和没有引起较大变化的结果（Nelson and Winter，1982）。

④指导和限制。

战略的一个主要目的是对组织成员进行良好的引导（Starbuck，1965）。在默认情况下，策略也可以限制组织成员。随着时间的推移，战略决策和策略能确保组织实现最佳表现（Smith and Cao，2007）。战略评估的指导和限制是该修正过程的一部分。它们为组织提供了战略方向，影响着企业的更新。考虑到一个组织将其新的创业思维融入一个特定的战略，该战略提供指导和方向的能力可能会在不同的时间发生变化。为了获得所需的创新行为，有必要平衡组织提供的指导与组织成员的自主性（Morris，2009）。

⑤创业更新。

创业更新是指创业者的更新机制。在这种机制下，系统动力学框架很可能在未来的基于科学的新创企业成长过程中被重复使用。创业更新有三个输入量：个人知识、指导和限制，以及先前的结果。创业者的重新创业从创业者的认知开始。这些努力可能会受到额外的因素和组织决策的影响。指导和限制能够在个体的知识结构上发挥作用，用于判断和制定战略决策。例如，为了进行突破性创新，组织应该通过各种技术进行明确的实验（Ahuja and Lampert，2001）。尽管组织对探索渐进式创新的依赖性很强（Rabeh et al.，2013），高层领导成员有必要学习和确定正确方向，并为组织扩张提供必要的指导。此外，由于组织对内部资源的扩展限制，这些领导行为可能会对员工的创业认知产生很大的影响。

除了指导和限制之外，创业认知的另一个因素来自先前的组织。例如，组织先前的行动和结果对个人认知影响（Mahoney，1995；Schon，1983）。在创业更新过程中，知识也很重要（Hitt et al.，2011）。拥有丰富知识的个人能够更敏锐地捕捉关键问题并创造重要的联系，以及想象相关的机会与潜在的解决方案相结合（Shepherd and DeTienne，2005）。最后，创业者的更新将更新组织的创业者洞察力，同时更新动态和持续的机会的存量和流量。

3.4.4　系统动力学模型命题分解

企业利润和竞争机制表现为企业的增长，这不是单方面的因素的作用，而是多因素综合作用的结果。基于科学的新创企业的成长是一个动态复杂的过程，提升绩效才能实现生存和发展。为了应对环境变化，促进企业绩效和提升竞争力，企业内部要素应协同，动态匹配企业资源和能力与外部环境。系统动力学模型虽然证实了基于科学的新创企业成长过程中相关因素之间的关系，基于理论演绎提出动力学模型，然而缺乏对理论和模型整体有效性的验证。应通过对该模型的整体性实证研究，探讨模型中变量关系如何影响企业的成长过程和发展。因此，将基于科学的新创企业成长系统动力学模型进行分解，如图 3-7 所示。该模型由 23 个命题构成，如表 3-2 所示。

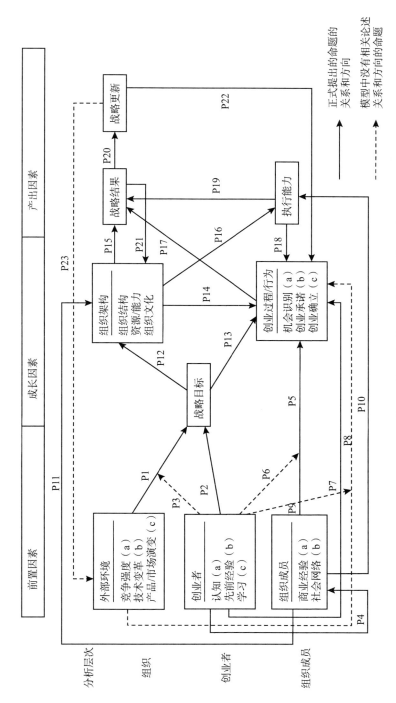

图3-7　基于科学的新创企业系统动力学模型分解

表 3 - 2   基于科学的新创企业成长系统动力学中的命题

P1	竞争强度、技术变革及产品市场演变对战略目标形成有积极影响
P2 a，b，c	创业者认知（a）、先前经验（b）、学习（c）对战略目标形成有积极影响
P3 a，b，c	创业者认知（a）、先前经验（b）、学习（c）对 P2 的关系有调节作用
P4 a，b，c	创业者认知（a）、先前经验（b）、学习（c）对社会网络形成有积极影响
P5 a，b	组织成员商业经验（a）、社会网络（b）对创业承诺有正向影响
P6 a，b	创业者认知（a）、先前经验（b）、学习（c）对 P5 的关系有调节作用
P7	创业者认知对机会识别有正向影响
P8 a，b，c	竞争强度（a）、技术变革（b）及产品市场演变（c）对创业承诺有积极影响
P9 a，b，c	创业者认知（a）、先前经验（b）、学习（c）对 P8 的关系有调节作用
P10 a，b	组织成员商业经验（a）、社会网络（b）对执行能力有正向影响
P11 a，b	组织成员商业经验（a）、社会网络（b）对组织架构的形成有积极影响
P12	战略目标对组织架构形成有正向影响
P13 a，b，c	战略目标对机会识别（a）、创业承诺（b）、创业确立（c）均有积极影响
P14 a，b，c	组织架构对机会识别（a）、创业承诺（b）、创业确立（c）均有正向影响
P15	组织架构对战略结果有积极作用
P16	组织架构对执行能力有正向影响
P17	机会识别（a）、创业承诺（b）、创业确立（c）对战略结果有正向影响
P18	执行能力对创业确立有积极影响
P19	执行能力对战略结果有积极影响
P20	战略结果对战略更新有正向影响
P21	战略结果对组织架构有正向影响
P22	战略更新对创业过程有正向影响
P23	战略更新对外部环境有正向影响

　　戴维奇和魏江（2015）采用案例研究的方法，论证了模型中的创业认知、创业行为、执行能力与外部环境之间的关系，但缺乏对战略目标与组织

架构影响创业过程的研究。实证研究验证了企业组织结构对创业行为的影响，外部环境、创业认知及组织架构对创业行为的影响，以及创业行为对战略结果的影响，对相关命题有了研究支撑；但创业战略目标的形成是否受到环境和创业者个人特质的影响（P1，P2，P3），组织成员（包括企业家和高层管理者）社会网络是否与创业者个人特质有相互影响关系（P4），创业者认知对机会识别是否有正确影响（P7），组织成员商业经验、社会网络是否推动组织架构的形成（P11），战略目标如何推动组织架构形成和创业行为（P12，P13），组织架构对创业行为和战略结果是否有积极影响（P14，P15），战略结果是否受到创业行为和执行能力的影响（P16，P17），创业结果如何帮助企业实现战略更新（P18），战略更新如何促进创业行为的重构和组织架构的重构（P19，P20）以及战略更新如何影响外部环境（P21）的实证研究不足。

研究证实了基于科学的创业中，技术、产品及市场创新以及企业绩效的提升受到企业学习、知识创新和基于知识的资本积累的影响（Dess et al.，2003；Corbett et al.，2007；Chen et al.，2014）。已有文献对基于科学的创业过程与绩效关系进行了研究，然而鲜有研究探讨企业资源的获取、拥有，以及能力的整合和更新，缺乏对企业内外部资源协同，如何响应环境变化，实现资源和能力与环境和成长过程动态匹配的探讨。事件驱动（event-driven）的过程研究（Van and Engleman，2004；Langley et al.，2013）不仅可以考察在不同时间点的要素关联差异，还能分析要素之间的关联机制，因此能更好地揭示和描述为了对环境进行有效响应，企业如何获取资源并形成动态能力。

3.5　研究方法与设计

3.5.1　研究方法及案例选择

案例研究适合于研究"为什么"和"如何"（怎么样）的问题，以下几种情景和研究目的适宜采用单案例研究（Yin，2013）：（1）验证、批判和扩展一个广为接受的（well-formulated）理论；（2）分析独一无二或极端案例，从而总结出新的启发；（3）为了形成对同类事件和事物的认识与理解，需要对具有代表性和典型的案例进行分析。本书采用单案例研究方式，分解系统动力学模型，分析案例中会不会出现与命题不一样的变量关系，探讨如何及为什么能够成功创建基于科学的企业。基于理论抽样而非统计抽样（Eisenhardt，1989）获得本书研究的案例，因此对案例的选择有特定条件和要求，本书对提出的模型进行案例研究面临着测量和抽样的挑战（Ireland et al.，2009）。成功创建基于科学的企业应有如下特征：（1）大学里面的教师、学生是企业创始人；（2）企业的行为活动基础是大学的科学研究，大学里产生的技术创意是技术商业化实现的依据；（3）新产品或新业务的增加基于学术研究者的科学技术；（4）在相当长的时期内，企业在创业方面获得较高的行业排名（Ireland et al.，2009）。

采用案例分析方法，以东大开发软件系统股份有限公司（以下简称"东软"）为案例研究样本，分析和研究东软如何创建基于科学的企业，成长过程受到哪些因素的影响，整理和提炼出促进企业生存和发展的主要影响因素，演绎基于科学的新创企业成长过程中相关因素之间的关系，验证理论和模型的整体有效性。

20世纪80年代末东软创立，其是以软件技术为核心的大型科技企业集团，在国内外设有众多子公司，现拥有18 000余名员工。主营业务包括软件开发、医疗设备、产品工程、IT教育、行业解决方案和咨询服务等，被誉为"20强最具竞争力中国公司""全球最佳表现IT服务提供商10强"。① 本书选择东软作为研究案例的依据包括：①东软属于基于科学的企业，具有较强的代表性；②东软至今已发展了二十多年，有比较清晰的成长过程，容易总结和理解发展历程，有利于经验概括和理论提升；③东软是实现"大学—产业"技术商业化价值的基于科学的企业楷模，从成立至今，持续

———————————
① 笔者根据相关资料整理。

地与东北大学（以下简称"东大"）合作、交流，并保持着密切关系，具有较高的参考和借鉴价值。

3.5.2　数据收集与分析

案例研究效度的保证是数据的完整性和真实性。本书使用多重证据来源并形成三角验证（Yin，2013；Eisenhardt，1989）。在数据收集过程中，主要从互联网媒介上收集东软的发展历史、年度报告和战略规划等有关东软的各项资料，综合运用文档资料对企业创业过程进行深入了解。所获取资料涵盖创业战略模型的九个方面，完整而连续性地呈现了企业创业过程，满足了案例分析的要求。

3.5.3　分析框架与测量

本书依据命题对资料进行编码，从企业外部创业环境、创业者特质、组织成员特质、战略目标、组织架构、创业过程与行为、执行能力、战略结果和战略更新九个方面分别对企业三个创业期进行描述和分析，概念及测量如表 3 - 3 所示。

表 3 - 3　　　　　　　　　　　模型概念和测量

概念	定义	测量	案例资料举例
竞争强度	威胁企业市场地位的程度	增加或提升竞争者的数量和竞争力的行为，潜在进入者可预见的进入	刘积仁紧跟市场，争取到了为抚顺铝厂进行网络系统开发的合约，印证和强化了刘积仁研究方向的市场潜力
技术革命	技术趋势出现，企业竞争优势被技术削弱，通常具有颠覆性创新特征的技术或产品	技术趋势已经出现，新技术或新产品已经被企业感知到	未来社会将是电子计算机的天下

续表

概念	定义	测量	案例资料举例
市场演化	市场需求在某一维度上出现分化；全新市场是指未曾出现的需求	新的细分市场或全新需求（产品市场）的出现	到美国考察后，李华天教授有发展后劲，并提出切合实际的科研方向——"局部地区网络"
创业者认知	个体信念、态度和价值观，反映创业者的积极创业倾向	观点或者积极地表达与创业有关的行为	早在20世纪50年代，曾任东大副校长的李华天教授是东软总裁刘积仁的导师，其就敏锐地觉察到未来社会，电子计算机将成为主导，于是带领教研室人员，率先大胆开始了模拟计算机的研制进程
创业者先前经验	个人对市场的认知，市场定位方式，以及营销问题，都会影响到个人对机会的发现	个体表达的对于创业方向、模式、营销相关的观点或者表达观点的行为	在20世纪50年代，李华天教授就敏锐地觉察到电子计算机未来的发展前景，于是带领教研室人员，大胆开始了模拟计算机的研制。20世纪80年代初，李华天教授到美国考察后，确立"局部地区网络"为科研发展方向
创业者学习	直觉、解释、整合和制度化在内的学习过程	与创业相关的知识整理、整合、输入和输出过程	去美国留学深造期间，年仅29岁的博士研究生刘积仁，目睹了美国知识跨组织生产的现实，以及学术与产业的紧密结合
组织成员商业经验	运行经营的先前经历	有商业管理经历	软件开发为研究室的研发目标，建立技术转移中心促进学术与产业协调发展，发展更多的来自产业界的会员，并将成果转移给产业界，从而架设软件研究与应用之间的桥梁
组织成员社会网络	社会个体成员之间因为互动而形成的相对稳定的关系体系	基于已有社会网络的社会行为活动，或为创业开展建立的社会关系	东软与东大的战略合作是全方位的，包括高层互动和人员交流、股权认购、联合办学、政策联动等，实现了一体化研发平台架构
战略目标	高层管理者或企业创立者期望企业通过创业与创新达到的长远目标或状态	高层管理者文字形式或表达出来的长远目标或公司愿景	实现大学技术商业化，进而推动创建基于科学的企业

续表

概念	定义	测量	案例资料举例
组织结构	有利于公司创业的组织文化、资源与能力、组织结构以及报偿机制（reward system），是公司培育和开展创业行为的内部组织环境	可描述的具体的上述要素	软件开发为研究室的研发目标，软件研发中心的建立，发展了更多的来自产业界的会员，并将成果转移给产业界，从而建立了一个学术与产业协调发展的技术转移中心，为技术商业化提供了重要组织保障
创业机会识别	运用知识或手段，管理者或创业者判断机会是否存在以及值得开发的过程	基于市场调研和分析的判断行为	早在 20 世纪 50 年代，李华天就开始了模拟计算机的研制进程，因为他敏锐地觉察到未来社会，电子计算机将成为主导，于是率先带领教研室人员参与研发
创业承诺	进行技术商业化的活动	外部合法性，客户对企业产品的认可；内部合法性，企业员工对企业战略和愿景的认可，组织成员凝聚努力的内在力量	东软利用参与国际交流与外事活动的机会，努力争取与商业伙伴的合作，最终实现与日本阿尔派这一高端客户的合作，从而为东软在资金、业务等方面奠定了基础
创业确立	实现创业愿景	为了开展基于科学的新创企业发展工作，获得运作所必需的初始资源	为了缓解研发经费的紧张，刘积仁紧跟市场，争取到了为抚顺铝厂进行网络系统开发的合约
执行能力	完成预定目标的能力	为实现战略目标在人力资源、组织架构、经验管理方面的战略活动	大学在基于科学的企业的管理上应具有创造性和弹性。在人事聘用、机构和资源的不拘一格方面，进行科学的战略布局
竞争能力	有力市场地位的能力帮助企业建立和维持，包括技术和核心资源获取能力、新产品创新能力等	新产品和新技术	东软进入医疗领域的关键力量是从事计算机影像工程和数字医疗设备研究的机构并入东软
战略结果	战略实施结果	可分为成功的和不成功的产品开发、制造过程，质量改进和市场创新	合作以契约的形式制度化，战略合作包括股权认购、研发平台架构一体化是全方位的，是一种典型的战略联盟合作方式。同时，企业与大学的持续合作使企业的科学研究活动处于创新前沿，能够把握最新市场需求，从而为企业提供市场条件和技术准备

续表

概念	定义	测量	案例资料举例
战略评估	评估战略实施的结果	通过总结和分析影响并反映战略管理质量的各要素，判断战略是否实现预期目标的活动	管理者努力将产业文化与学院文化整合到一起，评估组织内部的认同感。所以，通过配置组织资源统合学术价值与商业价值，拓展组织认同边界，以有利于基于科学的企业创建，实现研究和创业的和谐共存
战略更新	改进或替换对组织长远发展有重大影响的组织特性，包括内容、过程和结果	为了动态地适应外部环境或内部条件的变化，企业渐进式或革命式的变化，利用新的知识和创新行为，使组织核心能力增强以适应产品市场变革	东软按照企业的方式创建，拥有自主发展与创新的空间，顺利渡过了早期创业的艰难期

3.5.4　东软成长分析

1991 年东软注册成立，依托东北工学院（现为东北大学）的相关研究室（中心）进行技术研发和初步应用，其前身是东北工学院开放软件系统开发公司。东软创业成功的标志性事件是 1996 年东北大学软件集团有限公司正式成立。1997 年后，东软实现了企业的快速成长，采取的一系列重大举措包括业务拓展、标准化建设、数字圈地等。本书关注的是东软实现创业成功的过程和影响因素，概括和总结与研究主题相关的重大标志性事件，依据研究思路，依据关键性时间节点上的重大历史事件，将东软的成长过程分为三个阶段，包括技术研发与初步应用阶段、企业创办阶段和企业发展阶段，理论架构具有一定的普遍意义，体现了东软的成长发展特点，也符合大学基于科学的企业发展的规律性。每一阶段的标志性事件如表 3 - 4 所示，这些标志性事件包含着不同的影响要素，企业创业过程通过一组影响因素集表现，通过解读这些里程碑事件可以对不同阶段的活动和影响因素进行分析。

表 3 – 4　　　　　　　　　　　　东软成长过程的标志性事件

创业阶段	标志性事件
技术研发与 初步应用阶段 （1988～1990 年）	（1）1988 年，刘积仁留学回国由讲师破格晋升为正教授； （2）1988 年 1 月，成立东北工学院计算机系计算机软件与网络工程研究室； （3）1988 年，为抚顺铝厂进行网络系统开发获得 3 万元资金； （4）1989 年，进行计算机模拟仿真系统研究，与日本阿尔派公司共同开发； （5）1990 年 1 月，计算机软件与网络工程研究室更名，成立东北工学院计算机研究与开发中心
企业创办阶段 （1991～1996 年）	（1）1991 年 3 月，注册"东北工学院开放软件系统开发公司"； （2）1991 年 6 月，沈阳动工阿尔派音软件研究所（有限公司）成立； （3）1992 年，建设软件中心大厦，以及"软件村""高层公寓"； （4）1992 年，创办"软件加强班"； （5）1993 年，公司进行股份制改造完成，在全国各地设立营销网络，沈阳东大阿尔派软件股份有限公司成立； （6）1996 年，成立东北大学软件集团有限公司（简称"东软集团"）
企业发展阶段 （1997 年至今）	（1）1998 年，宝山钢铁股份有限公司注资 2.4 亿元，与东软合作； （2）1999 年，东软开始"数字圈地"，在全国开拓国内外市场； （3）2005 年，中荷生物医学与信息工程学院建立（由东软集团与荷兰埃因霍温科技大学和飞利浦共同组建），东软研究院成立； （4）2008 年，东软集团整体上市

注：东北工学院在 1993 年更名为东北大学。
资料来源：笔者根据相关资料整理。

①第一阶段：技术商业化能力。

第一，第一阶段分析。

基于科学的企业竞争优势来自大学的核心技术（Covin and Miles，1999）。所以，基于科学的企业创建的前提是大学的技术研发成果。大学虽然有很强的研发能力，但研发活动不是研发的总价值，只有将研发的新技术转化为新产品并迅速推向市场才能实现技术价值（Bierwerth，2015）。技术商业化能力是包括技术研发能力和商业化能力的一项体系化能力，并不是孤立的能力，它是基于科学的新创企业创建的重要内容。

应将商业意识前置，在研发过程中培养并强化商业意识，才能顺利实现技术的商业化运用。早在 20 世纪 50 年代，曾任东大副校长的李华天教授作为东软总裁刘积仁的导师，敏锐地觉察到未来社会电子计算机将成为主导，于是带领教研室人员，率先大胆开始了模拟计算机的研制进程。李华天教授确立"局部地区网络"为科研发展方向，这是 20 世纪 80 年代初其到美国考察后，确立的既切合实际又有发展后劲的研究方向。回国后，刘积仁在导师指导下就此方向申报了两个项目——"863"计划项目和国家自然科学基金项目。在资金支持下，该领域的研究工作率先在东软开展。刘积仁积极开拓市场，与抚顺铝厂达成合作协议，获得进行网络系统开发的合约，解决研发经费问题。刘积仁研究方向的市场潜力得到印证和强化。因此，大学的研发活动要建立有利于商业化的组织架构和运行规则，克服传统的科研导向。

大学的研发活动要延展科研链，与产业贯通，不能仅仅停留在发表论著、获取专利的阶段。为了实现技术商业化，东软从内外部获取和补充资源，通过相应的组织安排，实现跨部门协调。1988 年，为成立计算机软件与网络工程研究室，刘积仁争取了一个大仓库和几间教室。研究室的工作目标是软件开发，与更多的来自产业界的企业家联系，将成果转移给产业界，从而架设了软件研究与应用的桥梁，建立了一个学术与产业协调发展的技术转移中心，为技术商业化、寻求市场机会，建立软件研发中心提供了重要组织保障。东大在资金、业务等方面为东软的形成奠定了基础，与日本阿尔派这一高端客户的合作是通过国际交流与外事活动促成的，刘积仁在这些活动中积极接洽商业伙伴。刘积仁得到李华天教授的器重，通过自主探索和创新，年仅 29 岁的博士生刘积仁获得国际项目的负责权，并到美国留学深造。刘积仁在美国学术交流期间，希望学术与产业紧密结合，从而产生了创建东软的想法，让科研成果实现技术商业化，实现价值。当然，刘积仁及其团队创业成功，离不开开拓精神、战略眼光和竞争意识。

从上述案例可以看出，刘积仁能够准确把握未来社会发展趋势，积极开展与技术商业化应用相关的基础研究，将科研活动融入市场环境，使大学技术研发与市场需求紧密衔接，积极创造与市场主体的合作机会。同时，大学

汇聚优质创业资源，通过提供强有力的政策支持和物质支持，能够提升基于科学的新创企业的技术商业化能力，实现企业的创建。

第二，第一阶段总结。

早在 20 世纪 50 年代，任东大副校长的李华天教授就意识和观察到未来社会将是电子计算机的天下，随后其激发了东软总裁刘积仁的认知，使其产生了创建基于科学的企业的战略目标（P2a、P7），于是率先带领教研室人员大胆地开始了模拟计算机的研制进程。在美国考察后，刘积仁在学术交流期间，目睹了美国知识跨组织生产，学术与产业紧密结合，产生了实现技术商业化的想法，致力于创建东软。确立"局部地区网络"为科研发展方向，创业者通过学习促进战略目标的形成（P2c）。在研发过程中，刘积仁积极探索市场，为实现技术推向市场，与抚顺铝厂谈判合作，进行网络系统开发，这些经历形成了先前经验，对战略目标的形成具有积极作用（P2b）。技术的变革、市场的演变、竞争强度影响着创业者的战略目标（P1），在促进战略目标形成过程中受到创业者认知、先前经验和学习的调节作用（P3）。同样，技术的变革、市场的演变、竞争强度也会影响机会识别（P8），并受到创业者认知的调节作用（P9）。

通过相应的组织安排，实现跨部门协调，为技术的商业化创造条件，对执行能力有正向影响，并促进创业承诺的形成（P14）。软件开发是研究的目标，目的是市场推广，建立一个学术与产业协调发展的技术转移中心，发展更多来自产业界的会员，架设软件研究与应用的桥梁（P10b）。东大积极为刘积仁提供接洽商业伙伴的机会，还利用其国际交流与外事活动多的特点，最终促成了与日本阿尔派这一高端客户的合作（P5b）。东软集团第一创业期分析，如图 3－8 所示。

②第二阶段：管理创新能力。

第一，第二阶段分析。

企业的运作模式与大学不同，大学基于科学的企业管理需要用创新的管理方法，必然要突破原有的大学管理体制，才能够实现基于科学的企业成长。很多高科技企业，如大学基于科学的企业，发展失败的主要原因是无效

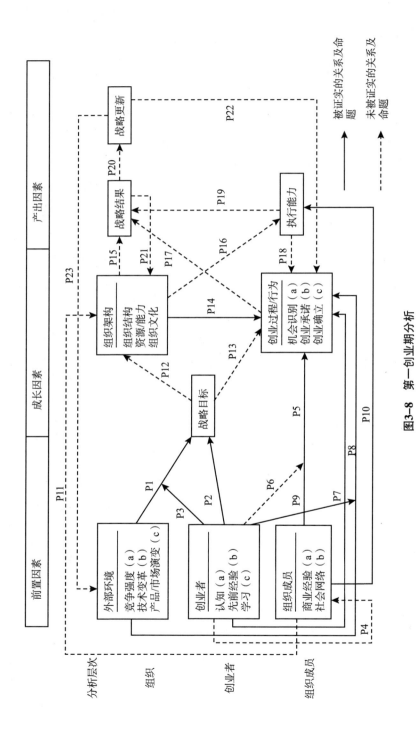

图3-8　第一创业期分析

的管理，它们并不缺乏商业机会（Ireland et al.，2001）。一系列管理创新有力推动了东软的发展，是东软创建和成长过程中必不可少的。

随着业务的迅速铺开，在东软初创时期，沈阳作为重工业基地，很难吸引外来软件人才，软件人才储备不足，成为阻碍发展的重要问题。因此，刘积仁以创建软件加强班为措施促进人才培养，在校内选拔并自己培养人才。让学生参与跨专业学习的做法在当时是不符合规定的，经过多次与校领导沟通，最终学校还是给予了大力支持，从计算机、数学、自动控制 3 个系选择了一些大学生，然后根据自愿这个原则进入软件加强班学习。后来，这些人才大多加入东软，成为东软的中坚力量（《东北大学产业史》编著者语）。顺应市场需要，东大开设软件加强班，也被誉为是中国产业界中最早出现的"人才定制培养模式"，在管理上，学校灵活变通，东软发展的人才"瓶颈"得以解决，坚实了东软发展的人才基础。

当时，卢朝霞东大管理控制中心的主攻方向是系统集成项目，承接CIMS 工程、办公自动化、信息管理系统等，在东大卢朝霞是当时除了刘积仁以外在做软件开发的教师。副校长杨佩祯也与卢朝霞沟通，希望他们加入东软。时任东大党委书记的蒋仲乐希望她能参与东软的创建，认为卢朝霞很有魄力和能力。最后，卢朝霞研发团队加入了东软，东软的市场开发离不开卢朝霞团队的努力。另外，东软进入医疗领域离不开郑全录的加入，其是东软发展的关键力量，主要负责从事的研究工作包括数字医疗设备和计算机影像工程。

学术与发展企业的氛围不同，时任校长赫冀成提出，企业要按照企业的方式创办，东软要和学校的环境分开，不能按照学校的管理模式办。这种态度保证了东软顺利渡过早期创业的艰难期，拥有一个难得的自主发展与创新的空间，从校园成功走向社会。

可以看出，基于科学的企业在人才培养上要适时加以调整，面向市场；在资源的优化组合上要进行战略布局，不拘一格；要正确认识大学与基于科学的企业的关系，使企业充分的自主管理。管理上应具备十足的弹性和创造性。只有这样，才能保证企业的顺利创建。

大学与企业的不同之处在于，学校研究的主要目的是增加人类的知识，大学的文化以科学范式为主导，实现方式就是通过教学和发表论著（Hitt et al.，2001）。学校更看重知识传承和创造新知识，而企业的目标是盈利，其间目的和文化深藏紧张的冲突关系。学术研究者要大胆创新管理方式，着力改变惯例，包容商业价值，遵循市场规律。同时，为了实现基于科学的企业创业，应努力将学院文化与产业文化融合到一起。

第二，第二阶段总结。

刘积仁提议在校内选拔人才，自己培养人才，创建"软件加强班"，可以看出战略目标形成组织架构（P12），创业的认知对组织成员的社会网络形成积极影响（P4a），内部组织架构的搭建对创业确立和创业承诺有着积极影响（P14b，c）。跨专业选择学生进入"软件加强班"学习，这些学生现在已经是东软的中坚力量，组织成员的社会网络对组织架构形成积极影响（P11b），从而对创业承诺和创业确立产生积极影响（P5），创业者的认知起到中介作用（P6）。东大进行了大胆的管理创新，在人事管理、组织机构以及资源优化组合等方面大力支持东软的发展，组织架构的形成促进了执行能力的提升和战略结果的形成（P10，P15）。

东大管理控制中心的加入对东软开拓市场起到了决定性的作用，组织架构对执行能力有着正向的影响（P16）。东软能够拥有一个难得的自主发展与创新的空间，是东软按照企业的方式创办的结果，最终保证了东软在初创期能够顺利创建和发展，创建基于科学的企业的目标促进了创业承诺的形成（P13b）。在人才培养上适时加以调整，面向市场；在人事聘用、机构和资源的优化组合上进行战略布局，不拘一格；正确认识大学与基于科学的企业的关系，让企业有主动创建和管理的空间，保证了企业的顺利创建（P18）。东软集团第二创业期分析，如图 3 - 9 所示。

③第三阶段：网络化联盟能力。

第一，第三阶段分析。

创新网络对基于科学的企业的发展有着重要的作用（Kuratko et al.，2001），而大学正是这一网络的核心主体。所以，基于科学的企业凭借网络

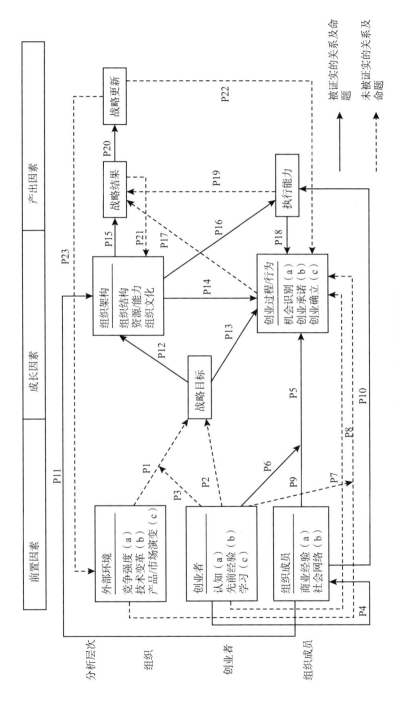

图3-9　第二创业期分析

效应、组织协同和"互利共生"机制，与大学建立了网络联盟的关系，进
而推动企业成长。战略合作能力与资源整合能力是网络联盟能力的具体
体现。

　　获取外部资金将有利于基于科学的企业的发展，资金不足制约着基于科
学的企业的发展（Bierwerth et al.，2015）。在面临资金短缺时，国外很多基
于科学的企业会求助于风险资本（Morris and Sexton，1996）。而我国真正获
得风险投资的基于科学的企业相对很少，因为风险投资起步较晚，风投更加
青睐成熟企业。因而处于初创期的基于科学的企业，资金支持大都来自大
学。1997 年，东软软件园开发、产业化 CT 机、迅速扩张营销网络，融资渠
道急需拓展，随后东软上市。那时，由于宝钢与东大关系紧密，建立了稳定
的"产、学、研"合作机制，在教育、科研方面有许多合作，东大促成了
宝钢与东软的合作。这一合作实现了东软技术与资本一体化，构建起一个技
术与产业融合的平台，弥补上市公司在业务和资本上的缺失。在这一过程
中，东软的资源基础融入社会网络中，实现了资源基础扩张，企业发展的竞
争力得到增强。

　　企业不断发展，日益增加了对多元化资源的需求。但在大学和科研院
所的社会关系网络中，基于科学的企业的创业团队在资源获取上缺乏优
势，缺乏产业界的社会网络。企业利用自身的社会声誉和社会认同度提供
信用担保，通过与产业界关键人物建立社会关系网络为企业服务，并巩固
信用关系，企业可通过校友、毕业生等正式或非正式联系，或利用产业化
中介寻找资源。利用社会网络和社会资本在融资、人才、业务等方面为基
于科学的企业提供服务，帮助企业寻找和整合资源。因此，基于科学的企
业的重要能力是资源整合能力。所以，建立可持续发展的合作关系，要
认识和规避学校与企业在组织文化、利益关系等方面的冲突，提升战略
合作能力。基于科学的企业利用校友、毕业生等各种非正式关系网络，
或学校技术转移中介服务机构，如技术转移部门、孵化器等管理人员维
持并发展（Dess et al.，1997）。在东软快速发展阶段，东大与东软有着
联盟关系，通过非正式的人员交流和正式的组织建设，持续保持着合作

关系。

东软集团在多地规模化培养软件人才，产生了经济和社会收益。2005年，与荷兰埃因霍温科技大学和飞利浦电子公司合作，由于东软在数字医疗系统的领先优势，与东大共同组建了中荷生物医学与信息工程学院，学院的学生在东软进行实习实践。这样，东大与东软达成战略联盟关系，包括一体化研发平台、股权认购、互动交流等，使教育与产业高度对接。这种战略联盟合作方式是全方位的，以契约的形式制度化。企业把握最新科技前沿以及市场需求，利用与大学的持续合作，使研发创新处于前沿，大学为企业提供市场条件和技术准备。

第二，第三阶段总结。

东软集团与宝钢合作实现了技术与资本融合，宝钢在业务和资本上予以支持，构建起一个上市公司发展的平台，资源基础得到扩展，企业竞争力增强（P17）。建立可持续发展的合作关系，认识和规避学校与企业在组织文化、利益关系等方面的冲突，提升战略合作能力，有利于基于科学的企业的持续发展（P21）。东软集团规模化培养软件人才，带来了可观的经济和社会收益，创业确立对战略结果有正向影响（P19）。

大学可以为企业提供信用担保，利用自身的社会声誉和社会认同度，或利用关键人物的社会网络来为企业服务，并以契约的形式巩固信用关系，与产业界建立关系网络（P23），还可利用校友、毕业生等正式或非正式联系，或大学与市场之间的中介，如科学园、创业中心、孵化器为企业寻找资源（P22）。东软集团第三创业期分析，如图 3 - 10 所示。

本章通过案例分析演绎了系统动力学模型，以及企业外部创业环境、创业者特质、组织成员特质、战略目标、组织架构、创业过程与行为、执行能力、战略结果和战略更新之间的影响关系，分析基于科学的新创企业成长过程的动态性，解释了如何在动态变化的环境中获得成功。

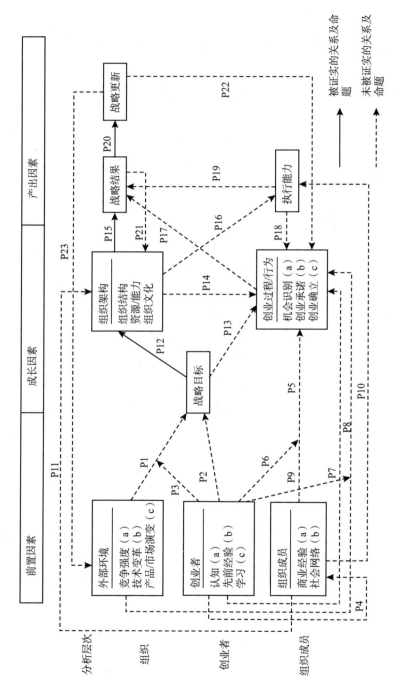

图3-10　第三创业期分析

3.6　基于科学的新创企业成长过程动态性

对基于科学的新创企业系统动力学分析，提出了一种基于科学的新创企业的动态模型，该模型将传统研究的各个视角与具体的动态过程相结合。在实际应用中，对反馈回路的认识和基于科学的新创企业成长过程中涉及的其他复杂性有助于识别战略点，以支持新出现的科学与新创企业的融合。学术研究者可以使用系统动力学模型，促进基于科学的新创企业成长和发展。

第一，这个动态模型把基于科学的新创企业视为一个连续的过程，它直接和间接地反馈到未来的基于科学的新创企业成长过程中。通过强调反馈的复杂性，所提出的框架有助于揭示基于科学的新创企业元素和活动之间的附加连接。此外，中断可能会对存量、流量或相互关系有影响。例如，如果战略评估的结果是失败，他们提供的指导和限制就不能被更新，企业的更新会受到影响。因此，创业者可能被误导，创业者的洞察力会受到削弱，这可能导致追求一些不理想的机会，或未能追求理想的机会。

第二，着重于基于科学的新创企业通过关键节点的进展，以及在不同的组织元素中所经历的过程。本书中所描述的关系产生了跨越关键节点或其他区域的反馈路径。模型依赖于已建立的关系，并整合了这些关系。该模型刻画了这些过程的连通性，这有助于解决经常被视为不同或孤立的重要间接关系。例如，创业洞察力和战略结果将受到追求机会的正面和负面结果的影响。反过来又会对各种战略和创业要素产生影响。此外，关键环节会发挥作用，并继续循环。

第三，在基于科学的新创企业的系统动力学框架中，学术研究者扮演着学术研究者、企业创始人和企业管理者等多重角色。他们致力于整合创业者资源、技术商业化和企业价值创造。此外，他们还对技术和市场的发展进行了初步控制。学术研究者可以从企业日益增长的价值所带来的回报中获得收益。由于本研究提出的框架提供了反馈回路和其他复杂的基于科学的新创企业成长过程的描述，学术研究者可以应用这些知识，以实现其技术的商业价值，并进一步了解自己在这一过程中的角色和价值。

动态企业理论认为，外生变量，即给定的技术、成本结构和市场条件决定了企业的成长。由资源所产生的生产性服务发挥作用的过程推动了知识的增长，因此决定企业能力的基础是企业拥有的资源状况，随着知识的增长管理力量增长，从而推动企业演化成长。随着组织学习和知识积累，又为组织学习创造了条件，因此基于内部资源的企业成长的主要动力是知识的增加，企业的资源积累率得以提高。

基于科学的新创企业依赖于科学研究和技术研发（Mustar et al.，2006；Knockaert et al.，2011；Rasmussen et al.，2011）。基于科学的新创企业关键的异质资源是技术，企业的战略活动都依赖于技术资源（Cardinal et al.，2001）。而基于科学的新创企业的发展是一个动态过程，不同阶段的发展目标不同，战略决策也不尽相同，技术资源在各阶段的作用就会存在差异。因此，基于科学的新创企业创业活动中，能够有目的和有针对性地去满足技术资源对不同发展阶段的特点需求至关重要。

3.7　本章小结

本章主要回顾与分析整理了学者们对基于科学的新创企业的研究理论，通过探索基于科学的新创企业成长过程、成长动态性以及成长的影响因素，研究发现基于科学的新创企业在市场竞争中面临着持续变化的市场环境所带来的挑战和技术开发的高风险，成长和发展过程中表现出动态性。具有较高环境适应能力的企业在不确定的环境中更能获得竞争优势和更高的企业绩效，从而理解了技术资源在基于科学的新创企业动态成长过程中的重要性。本章还分析了基于科学的新创企业在初创期和成长期不同的成长特征，认识到对于具有技术优势的基于科学的新创企业而言，核心或独特的技术资源对企业战略适应的作用不可忽视。研究丰富了基于科学的新创企业的相关研究，为进一步探讨技术资源如何影响战略适应提供了理论基础。

①构建了基于科学的新创企业成长过程模型。

基于科学的新创企业模式中，学术研究者作为实施主体，把学术研究和创业活动动态交叉进行，作为创业媒介连接技术到市场的转化路径。目前学者们对基于科学的新创企业创建行为活动、角色和影响的问题研究不多。本书从整体的视角对基于科学的新创企业成长过程进行研究，通过案例研究演绎基于科学的新创企业成长过程模型，阐述了行为过程和价值创造过程，探讨了学术研究者的行为活动和角色，为学者们深入研究基于科学的新创企业问题提供理论参考，为致力于基于科学的新创企业成长的学术研究者和学术组织提高绩效提供理论依据。

以往的研究缺乏对基于科学的新创企业模式的价值实现过程的阐述。通过对基于科学的新创企业模式过程分析发现，学术研究者作为创始人建立了新创企业，通过技术资产化和证券化进行融资完成技术研发和技术商业化，不仅实现了技术商业价值，同时实现了个人价值增值和企业价值增值，产生了社会经济价值，是一个价值创造的过程。本书首次提出在基于科学的新创企业成长过程中实现了技术资产化证券化和企业价值增值，并阐述了实现的过程。利用技术进行融资是资产化、证券化的表现，筹得的资金以及技术或产品销售收入通过股权激励和薪酬的形式分配给团队成员，学术研究者因此获得了财务收益。同时，基于科学的新创企业创建的成功为学术研究者赢得了名誉和声望，能够获得更多的研究经费支持。基于科学的新创企业创建使学术研究者与产业有更加紧密的联系，与更多的产品开发部门合作。研究表明，紧密的产业合作关系指引学术研究者未来研究的方向，产生更多新的想法，获取商业机会，开始新一轮的基于科学的新创企业创建，产出符合市场需求的技术或产品，并为自己带来收益和名誉，从而推动社会经济发展。

②构建了基于科学的新创企业系统动力学模型。

基于科学的新创企业模型丰富了对学术研究者的创业能力的研究，梳理了创业活动和影响因素。然而，以前的研究没有集中在基于科学的新创企业内的动态反馈回路上。因此，本书从系统动力学的角度，提出了基于科学的新创企业成长模型，探讨了复杂的基于科学的新创企业成长过程中的关键特征。框架主线包括四个主要节点：机会识别、创业承诺、创业确立和持续发展。构建的框架考虑了学术研究者通过一系列里程碑事件来完成技术商业化的步骤。基于科学的新创企业反馈环路梳理了战略评估和创业更新之间的关系。该模型还考察和分析了基于科学的新创企业在每个阶段中的关键作用，以及影响基于科学的新创企业成长过程的关键因素。通过引入一个系统动力学模型，扩展了先前的基于科学的新创企业研究的理论。在实际应用中，本书提出的框架可以深入了解基于科学的新创企业创建和成长过程的反馈循环和其他复杂性，学术研究者可以应用于支持从学术到商业环境的技术转移。

模型提出了一个综合框架，集成了基于科学的新创企业过程的四个主要节点。除了先前模型中包含的基本因素之外，框架还考虑了基于科学的新创企业中涉及的其他因素，这增加了其动态性和复杂性。为了探寻发展基于科学的新创企业的途径，模型增强了对基于科学的新创企业创建活动中影响因素动态复杂关系的理解。提出的系统动力学观点使得系统中的动态复杂性特征更加明显。

该模型的核心在于解释了存量的组合效应，以及与一系列里程碑事件有关的关键节点的关系。系统动力学方法解释了不同的组织变量的机会识别、创业承诺、创业确立和持续发展节点的关系和相互影响。这些活动可以推动或阻碍机会的形成和发展。本书的研究结果从系统动力学的角度揭示了基于科学的新创企业成长过程中所涉及的复杂性和反馈回路，并为未来的战略提供指导，以促进企业成长。

③阐述了基于科学的新创企业成长过程动态性。

本书对基于科学的新创企业系统动力学分析，提出了一种基于科学的新创企业的动态模型，该模型将传统研究的各个视角与具体的动态过程相结合。在实际应用中，对反馈回路的认识和基于科学的新创企业成长过程中涉及的其他复杂性有助于识别战略点，以支持新出现的科学与企业的融合。学术研究者可以使用系统动力学模型，促进基于科学的新创企业成长和发展。

拥有的资源决定企业能力，资源推动知识的增长，它所产生的生产性服务发挥作用，随着知识的增长管理力量也会增长，从而推动企业成长。基于

科学的新创企业依赖于科学研究和技术研发（Mustar et al.，2006；Knock-aert et al.，2011；Rasmussen et al.，2011）。基于科学的新创企业关键的异质资源是技术，企业的战略活动都依赖于技术资源（Cardinal et al.，2001）。而基于科学的新创企业的发展是一个动态过程，发展目标在不同阶段有不同的目标，战略决策和行动也不相同，在各阶段技术资源的作用就会存在差异。因此，基于科学的新创企业创业活动中，能够有目的和有针对性地去满足技术资源对不同发展阶段的特点需求至关重要。

④分析了技术资源在基于科学的新创企业成长过程中的重要作用。

通过对基于科学的新创企业成长过程分析发现，基于科学的新创企业是围绕着最初在大学开发的核心科学技术创新而创立的企业。学术研究者利用技术进行融资完成技术研发和技术商业化，实现了技术商业价值、个人价值增值和企业价值增值。基于科学的企业的知识基础是科学研究，企业的知识创造、储存和应用水平是竞争优势的来源。在基于科学的新创企业成长过程中，基于有着丰富的、充足的科学知识和基础性研究，能够进而引领新的技术变革，不断开拓新的产品市场。因此，科学知识积累是基于科学的企业长远领先的基石，技术是企业中短期胜出的关键。

本书从系统动力学的角度分析了基于科学的新创企业在成长过程中受到哪些因素的制约。基于科学的新创企业成长主线包括四个主要节点：机会识别、创业承诺、创业确立和持续发展。学术研究者识别到科学研究的商业化潜力，通过创建基于科学的新创企业，招募和组建创业团队，为实现技术商业化不断进行科学研究和技术开发，最终企业实现成长和持续发展。基础研究和科学知识直接推动基于科学的新创企业发展，企业对技术的依赖性很强，必须重视获取和积累科学知识，才能获得竞争优势。

在探索基于科学的新创企业成长过程、成长动态性以及成长的影响因素时，研究发现，面对不断持续变化的环境和技术开发的不确定性，基于科学的新创企业成长是一个动态演化的过程。战略适应的形成在某种程度上是对感知的战略因素中环境的不确定性做出的反应，具有较高环境适应能力的企业在不确定的环境中能获得更多竞争优势和更高的企业绩效。本书分析了基于科学的新创企业在初创期和成长期不同的成长特征，鉴于技术资源在基于科学的新创企业成长期的作用，认识到企业核心或独特的技术资源对企业战略适应的作用不可忽视，引发了技术资源对战略适应影响的关注和探讨。

第 4 章

基于科学的新创企业技术资源测量与分析

4.1 技术资源与基于科学的新创企业成长过程的动态匹配

4.1.1 技术资源对基于科学的新创企业成长的影响

彭罗斯（1959）对企业成长问题的研究形成资源基础理论（Resource – Based Theory）。彭罗斯认为，资源是企业进行生产的基本要素，企业是各种不同效用资源的集合，企业成长依赖于内部资源。企业只有通过不断挖掘资源的潜在价值和加强对资源的有效控制，才能实现个体发展和提升自身价值。与一般性资源相比，战略资源是企业形成和保持竞争优势的关键性资源，难以模仿和替代，稀缺性、增值效用大是战略资源的显著特征（Barney，1991），要使企业具备获取超额利润的实力，必须掌握和操控战略资源（Wernerfelt，1984）。

异质性资源是企业竞争优势的关键要素，资源基础理论研究的核心是企业资源与能力的"异质性"，也就是说，企业独有或独特的资源与能力决定企业的创建及成长（Philip，1995）。资源基础理论认为，关键性资源的特征表现为有异质性和不完全流动性，关键性资源能有效控制企业所参与的竞争（Peteraf，1993）。随着资源基础理论研究和应用的深化，资源基础理论研究对象聚焦于动态资源，特征转化为无形、动态、层次，研究企业资源配置对企业竞争优势的影响（Radosevich，1995）。

企业需要具备寻找和获取资源的能力，学者们在资源基础观（RBV）的视角下阐明了拥有稀缺和有价值的资源是企业获得持续性成长的基础（Barney，1986），那么动态能力就是企业整合与构建核心资源的能力（Teece，1997）。新创企业其组织自身并不具备丰富的资源和能力，存在着资源稀缺、合法性缺失等新创弱性，是一种新创组织。对于新创企业而言，在其创业动态资源能力的形成过程中，需要杠杆化的资源获取来开发创业机会和获取竞争优势，新创企业是面临资源短缺困境的创业企业。创业动态资源能力在本质上就是一种不断开发创业核心机会的能力，对内外部资源进行整合和重构。无论是发现观还是创造观，创业者所处的信息资源都是解读过程的基础。而基于科学的新创企业由科学研究直接推动，依赖于科学研究和技术研发，因此拥有丰富的技术资源。艾森哈特和马丁（Eisenhardt and Martin，2000）发现，动态资源能力就是一种独特的资源束集合，资源束的形成离不开资源支持。基于科学的新创企业具备动态地整合、重构技术资源的能力，能够在复杂多变的外部环境中维持竞争优势（Teece，1997）。企业内部不断积累的优势和丰富的经验资源为企业提供了动力，能够使企业保持持续性竞争优势。为使企业可以不断地适应外部环境的变化，要求企业始终保持与外部环境的动态一致性，并在此过程中管理其他方面的能力（Collis，1994）。技术资源给基于科学的新创企业带来了开发新产品、研发新技术、进入新市场等多种竞争优势。

谢勒（Scherer，1965）发现，新的专利技术能够为本企业带来新的战略机会，进而企业可以研究新的专利技术，投资开发新产品，进行生产和销售，研发出新的专利技术能够为企业带来销售收入。所以，新增加的销售收入同样也会提升公司的销售利润。

安、程和吴（Ang、Cheng、Wu，2012）采用实证研究方法，研究了我国高科技企业，研究结果支持了专利产出从而增加融资机会的理论，他认为在专利保护相对较好的省份，高科技企业更容易获得银行和外部投资者债务融资的机会。企业具有较高投资价值便可以获得拥有更多外部融资的机会，通过研发出专利技术向外部投资者传递信号（Fabrizi，2011）。

梅尔（Myers，1977）研究探讨了企业价值与技术资源的关系，认为企业价值包含企业未来成长过程中创造的价值，以及有形和无形的资产价值。大卫·杜兰德（David Durand，1989）认为，这些新的成长机会势必会在长期激烈的竞争中因为达到均衡而逐渐消失，所以所有的成长机会都不会持久。

另一些学者探讨了技术资源对企业未来创造价值的影响。提升企业产品的市场竞争力离不开技术资源的作用，不仅能帮助企业提高未来获取收入的能力，还可以成为企业又一新的利润增长点（Guth，1990）。斯托福德（Stopford，1994）认为技术资源能够促进企业价值创造，提高企业经营与生产能力，推动企业演化成长。藤田（Fujita，1997）研究了国际化竞争激烈的环境中，由于产品生命周期短，技术资源对于企业的生存与成长越来越重要。

研究企业专利技术对价值的影响发现，哈勒、贾菲和斯坦伯格（Hall，Jaffe and Trajtenberg，2005）采用美国上市企业为实证研究样本证实，相较于传统行业，基于科学的产业，如医药、化学化工、金属、计算机、机械和电子等企业专利的数量对企业价值的影响明显较大。低成本的人力在传统行业中可能是最重要的生产因素，然而，技术资源在这些基于科学的行业中才是最重要的生产因素，拥有最新的专利技术的企业，可以获取较高的技术垄断收益。

有关专利技术保护程度对企业经营绩效、企业价值影响的研究中，发现专利技术产出增加和专利保护较好会给企业带来更多的价值提升（Griliches and Cockburn，1988）。牟莉莉等（2009）发现专利技术保护行为与企业绩效相关性呈正相关关系，对不同行业不同规模的企业会有不同的影响。

技术资源对基于科学的新创企业的成长具有重要的作用，基于科学的新创企业在初创期积累的技术资源对成长期的作用效果和作用机理有待进一步揭示。

4.1.2 初创期和成长期技术资源特点

新创企业生存和发展的基础是资源，新创企业成长和发展离不开互补性资源（Brush et al.，2001）。新创企业在技术研发实力薄弱的资源约束和市场运营经验缺乏的困境下，为了缩短孵化周期，不仅需对内部资源进行有效配置，还需要从外部寻找和获取新资源，提高生存能力（Qin Jian and Zhang Yuli，2013）。新创企业通过对资源的识别和有机融合，在原有资源体系的基础上，有条理和系统的整理资源，使有价值的资源帮助新创企业提升绩效（Dong Baobao et al.，2011）。布什等（2001）研究发现在资源识别方面，不同生命周期阶段的企业存在异质性，这是由于资源市场不完备和新创企业在不同的配置及利用资源的决策方面存在明显差异。卡节宾科等（Kraaijen-

brink et al.，2007）从资源角度构建了新创企业资源动态模型，研究表明新创企业成长绩效和存活概率受到企业识取和配用互补性资源能力的影响。

基于科学的新创企业是以科学为基础的企业，致力于科学技术的商业化（Autio，1997），其主要资产是研发部门的科学技术。基于科学的新创企业在初创期的主要任务是核心技术的发展，在这个阶段的行动主要是围绕研发进行，致力于解决核心技术问题（Cooper et al.，1994）。

在初创期基于科学的新创企业拥有的高技术产品，往往是刚研制出来的科研成果，技术研究失败率远远大于成功率，技术风险高，具有很强的探索性和很大的不确定性。并且，辛苦研究出来的技术可能转眼间就被新技术所代替，因为技术发展更新速度快、生命周期短。企业要谋求进一步的发展，那么只有在市场上得到消费者的认可，在技术上可行的产品才有可能占领市场，因此，具有市场风险。一般在初创期，产品还未打开市场，注重的是创造需求，企业的产品都是新研究出来的高技术产品。如果产品的价值在这一阶段就得不到体现，产品不为消费者所接受，更谈不上效益，投资就无法回收。基于科学的新创企业需要一定的资金进行技术完善以及市场开拓，以降低高技术产品的技术风险和市场风险。由于企业处于市场开拓阶段，企业没有很多的产品销售收入，导致基于科学的新创企业在初创期资金入不敷出。并且，此时基于科学的新创企业成立不久，信用度低，具有技术不确定性和很高的风险性，因此投资企业的资金来源较少。

随着企业成长，基于科学的新创企业的核心任务从生存发展转移到实现成长的挑战上（Boeker and Karichalil，2002；Chandler，1962；Rubenson and Gupta，1996）。在成长期，企业拥有充足的财务资金和人力资源，会采取一系列的战略行动（Cooper et al.，1994），例如对外投资（Burgelman，1991）、竞争策略（McGrath et al.，1998）、市场营销和收购计划（Hitt and Tyler，1991）等。处于成长期的基于科学的新创企业，市场需求增加，管理风险和市场风险突出，竞争加剧，营销创市是这一时期的主要任务，技术风险相对较低，直觉性管理转化为职业化管理。企业管理开始从创业者导向转为制度导向，焦点从关注技术创新到技术与市场并重，主要技术基本具有可行性，产品逐渐投放市场。此时，基于科学的新创企业经营风险降低，企业开始进入赢利模式。这是因为虽然扩张资金需求量大，但核心技术和主要产品基本形成，技术创新活跃，开始有正的现金流量。基于科学的新创企业在成长期虽然拥有广阔的市场前景，但需要追加大量资金投入，保持活跃的技术创新。基于科学的新创企业成长期的资源是影响组织战略适应的主要因素（Carroll，1983；Freeman，Carroll and Hannan，1983；Stinchcombe，1965；Teece，2012）。此外，企业构建了正式的运营架构，并进行了专业的职能分工（Olson and Bokor，1995），促使企业在应对环境变化时，能够做出正确的战略选择，识别机会和实现企业盈利（Box et al.，1993）。

4.2　基于科学的新创企业技术资源的测量

4.2.1　基于科学的新创企业技术资源结构

学者们对企业所拥有的知识进行整体研究，作为技术资源的部分，对企业技术资源的研究大多是对概念的梳理，缺乏在更微观的层面上研究企业技术资源。格兰斯特兰德和索兰德（Granstrand and Sjolander，1990）提出企业是多技术系统（multi-technological system），不仅仅要关注少数领域的技术，产品系统依赖的所有技术领域企业都要重视。帕特尔和帕维特（Patel and Pavitt，1994）认为从技术剖面（technology profile）的角度研究技术资源更适合，因为企业技术领域的活动非常广泛。多种专利技术相互组合形成企业技术能力。企业的竞争优势受到技术资源影响，但企业的技术资源不能用竞争优势来衡量。对企业技术资源进行定义非常困难，特别是从竞争优势的角度来认识和识别企业的技术资源。

从基于资源的观点来看，一个企业拥有特定领域的技术知识是获得外部新技术知识的必要条件（Cohen and Levinthal，1990）。企业的知识维度影响其获取、整合和利用新知识的效率（Cohen and Levinthal，1990；Grant，1996；Lane，2006；Todorova and Durisin，2007；Van Den Bosch et al.，1999）。杰西

卡和卡尔（Jessica and Kalle，2019）把技术划分为三个维度：（1）知识多样性（Dewar and Dutton，1986）；（2）知识深度（Ettlie et al.，1984）；（3）知识联系（Damanpour，1991）。前两个因素构成了公司技术知识库的"内向"要素，因为它们由组织的边界定义，并由共享规范和公司特定经验管理（Grant，1996）。相比之下，知识联系是"向外看的"，是连接组织及其环境的关系元素（Cohen and Levinthal，1990）。

知识多样性是指技术在应用领域的异质性（Cohen and Levinthal，1990）。知识多样性反映了企业相关知识库中的异质性水平（即其涵盖影响技术商业化的独特知识要素的程度）。知识深度意味着企业可以利用其知识库中不同知识要素的相对质量和详细程度（Damanpour，1991；Dewar and Dutton，1986；Ettlie et al.，1984）。知识联系被定义为可以从外部识别和吸收知识的渠道的宽度、范围和强度（Cohen and Levinthal，1990；Damanpour，1991；Fabrizio，2009）。根据科恩和文索尔（Cohen and Levinthal，1990）的研究，技术知识对于企业在快速和不确定的技术变革中进行创新至关重要。知识链作为一种面向外部的要素，常常被称为企业知识库。典型地，知识联系包括与外部供应商、主要用户客户、技术专家以及研究性大学和实验室的关系。

胡小军和罗德·鲁索（Xiaojun Hu and Ronald Rousseau，2015）认为，提出技术宽度和技术扩散是研究专利价值的两个方面，并用 H 指数进行衡量。技术宽度和技术扩散是衡量技术对创新影响研究的关键议题（Banerjee and Cole，2010；Chen et al.，2010）。前者指的是企业技术基础的范围（Leten et al.，2007；Quintana－Garcı'a and Benavides－Velasco，2008）；后者指的是技术涉及领域对企业创新的影响（Acosta et al.，2013；Guan and Shi，2012）。企业所有专利的技术类别的数量可以作为企业技术多样性的衡量方式（Chen et al.，2010），而技术扩散通常以专利的引用及其影响的广度来衡量（Banerjee and Cole，2010）。胡小军和罗德·鲁索（2015）通过专利的 4 位 IPC 代码衡量专利的宽度。因此，企业技术在相关领域的影响与专利引用广度和专利数量有关。

霍布迪（Hobday，1998）等从复杂产品系统的研究开发特征出发对复杂系统进行了定义。复杂产品系统的特征之一是复杂的技术系统，因此研究产品的技术结构要站在产品所内嵌的技术形式来看，这为研究产品的技术结构提供了理论条件。技术内嵌于产品之中才能发挥作用，因此，可以用产品系统所内嵌技术的深度和宽度两个维度来分析复杂产品系统的技术结构形式，衡量产品系统的复杂程度。

为产品系统所内嵌的技术领域范围可理解为技术的宽度。如产品系统由内嵌的各种技术多部件组成，产品系统所涉及的技术领域范围就是技术宽度，复杂程度越高的产品系统说明产品系统所内嵌的技术领域范围越广。那么，由企业所拥有的并且能够运用到产品系统开发中的技术领域范围就构成了企业的技术宽度。产品复杂程度指标可以用产品系统所内嵌的技术领域数量来衡量。

产品系统开发过程中最难以解决的技术问题层可理解为技术深度。产品系统开发过程中所面临的技术问题有着不同的困难程度，并且是多层次的，技术深度就被定义为技术问题最难以解决的层次。衡量产品系统技术深度的是集成技术，而不是部件所内嵌的技术。因此技术深度就是企业所拥有的并且能够解决的最为困难的技术问题的层次。

在技术组成结构上可以把内嵌于产品系统内的技术划分成两个部分——技术深度和技术宽度。从技术结构上的差异，以及企业不同的特征，可以把产品系统分为四类，分别为简单产品、组合产品、高新技术产品以及复杂产品系统。同生产简单产品的企业相比，复杂产品由多个元件和次系统集合而成，系统对技术复杂程度的要求更高，复杂产品系统的企业对技术能力的要求更加复杂，对技术深度和技术宽度的要求更高。简单产品功能单一，产品开发的不确定性低，由简单的新技术构成，产品元件标准化、进行元件的简单装配，对技术的宽度和深度的要求都比较低，适用于大规模生产和程序化生产。组合产品，产品开发的不确定性比简单产品大，由于仅局限于将若干简单产品进行适当的组合形成新的产品，可能有着单一的产品功能，然而对技术宽度的要求较高，对深度的要求相对较低，产品元件的标准化程度比较高，也可能具有多种功能，对新技术复杂程度要求低，适用于大规模生产和

批量生产。高新技术产品，产品开发的不确定性大，技术应用具有复杂性程度高、产品系统涉及的技术领域集中、解决问题的层次高的特点，对技术深度要求高，对技术宽度要求较低，产品表现比较单一的功能属性，既可能适用于小规模生产，也适用于批量生产。复杂产品系统，往往由多个企业联合提供，产品开发的不确定性非常大，并且大部分技术应用有着非常高的复杂性程度，都是个性化定制的产品部件，产品系统涉及的技术领域广，由极其广泛的产品系统的部件构成，生产通常是客户化或者是小批量的。

从资源的角度来说，知识深度和知识宽度是企业技术知识库最重要和最常见的研究维度（Prencipe，2000；Zhang et al.，2007；Zhang，2010；Leiponen and Helfat，2010）。企业现有的知识库界定了其理解新知识并将其应用于激进创新的范围和能力（Hill and Rotharmel，2003）。知识深度和知识宽度是知识库的两个截然不同的维度，它揭示了知识库所拥有的结构和内容。知识宽度是指企业的知识库包含不同和多个领域的程度；知识深度是指关键领域知识的复杂程度和复杂性（Bierly and Chakrabarti，1996）。宽度属性捕获知识的水平维度和异质知识内容，而深度属性则具有垂直维度和独特的、复杂的、内在的知识内容（De Luca and AutaHeun – GIMA，2007）。

知识深度开发表明，企业在其技术专长范围内对技术有了更好的了解，并提供了新的想法以逐步改进产品供应。迭代式知识深度开发有助于企业获得核心产品领域的能力，并使企业的知识更深入，在某个技术领域内，知识深度在这些领域内的创新能力更强（Prabhu et al.，2005）。因此，可以预期知识创新的积极效果。

更深入的知识为企业提供了更好的吸收能力，以更好地认识新信息和技术的价值，更好地吸收新信息和技术，并将其与当前的知识库相结合，从而获得新的解决方案。扎实的知识深度为企业提供了有效解释新信息的能力，尤其是当新信息与以前积累的知识有关时（Marinova，2004）。因此，预计知识深度将通过提供必要的背景知识以更好地吸收和整合知识实现根本性创新，从而积极缓和知识与根本性创新之间的关系。

　　然而，现有文献对企业现有知识库（即知识宽度和深度）对创新的影响提出了不同的看法。例如，泰勒和格里夫（Taylor and Greve，2006）认为，具有不同知识领域的企业更有可能产生前沿思想和新的知识成分组合。广泛的知识库中有各种各样的、积累的观察结果和线索，有助于理解新信息和潜在的变化，从而增强了企业根本性创新的能力，有能力检测远程技术或市场机遇（Chesbrough，2003）。相比之下，苏尔森和索尔特（Laursen and Salter，2006）认为，努力成功的综合和利用不同的知识激发各种想法，深入挖掘新突破的本质，这将促进根本的创新。扎哈拉和乔治（Zahra and George，2002）认为，知识深度在特定的工业领域中对于根本性的创新至关重要，因为它有助于有效地实现实质性的新思想。许多企业产生了有前途的新颖想法，但他们解决复杂或不寻常的问题时缺乏足够的专业知识，因此实施过程中往往失败了（Katz and Du Preez，2008）。相比之下，屈卡斯和加韦蒂（Tripsas and Gavetti，2000）认为，认知惰性可能会因为专业领域的知识深入而产生，这会将企业限制在当前的细分市场或现有技术上，以进行细微改进（Levinthal and March，1993），但企业使用新兴技术的开拓能力会降低（Christensen and Bower，1996）。

　　知识深度是指企业利用其内部知识的重复程度，反映企业对该知识的深刻理解，知识宽度是指企业使用最近内部化知识的程度，反映企业可获得的新知识的广度（Katila and Ahuja，2002）。知识宽度这一术语指的是企业技术知识库的范围，通常以企业经营的不同技术领域的数量来衡量。拥有广泛知识库的企业熟悉"知识园"中的许多企业，并且能够在新的地区寻求更多的发展途径（Kauffman et al.，2000）。根据蒂斯（Teece，2007）的研究，感知和开发新的商业机会需要企业不断地在技术和市场上进行扫描和搜索，尤其是在现有知识库之外的偏远地区。由于拥有广泛技术知识库的企业具有强大的吸收能力（Cohen and Levinthal，1990），可将远程知识与现有知识库联系起来，因此这种知识宽度支持远程搜索（George et al.，2008），并提供了一种探索来源。

　　知识深度的概念具有两个互补性。一个是企业拥有的绝对知识库的组

合；另一个是企业知识库相对于竞争对手的相对竞争力，如知识丰富性（Almeida and Phene，2004）、知识能力（Quinn，1999）和知识深度（Thornhill and Amit，2003）。迪尔里克斯和库尔（Dierickx and Cool，1989）认为，知识深度存在时间压缩不经济性，使企业知识存量的深度成为可持续竞争优势的来源。生产资产存量进一步增加的边际成本随着资产质量效率的提高而降低。资产积累影响时间压缩的不经济性，不能仓促进行。拥有更高技术和营销能力的企业有更好的机会早日开拓国际市场，享受更好的业绩。

知识的深度通常可以提升创新绩效。知识深度对创新绩效有积极的影响，主要有三种机制：第一，使用同源信息可以有效地减少沟通不匹配，例如，对于相同或相似的产品，搜索知识类型往往会遵循一定的规则（Levinthal and March，1981）。第二，随着知识深度的增加，产品研发可以分为几个有序组织起来的子领域的问题，以解决更系统的问题，从而提高解决问题的效率（Eisenhardt and Tabrizi，1995）。第三，要对概念有更深刻的理解需要通过对同一概念的重复使用，而且可以发现由于需要扩展以前的知识而产生的额外的新的、有价值的知识。为了进一步提高创新能力，这就允许在各种知识之间建立联系，从这三个方面发现，企业作为一个更深层次的知识库，其创新绩效可能更高。

然而，一些学者认为，过于深入的知识将对创新绩效产生负面影响。其主要原因如下：第一，每个知识跟踪在其领域中都有一个性能限制。在达到性能极限之前，有可能增加投资，从而使性能提高。但是，随着输入的增加，增量输出性能会降低。当达到某一点时，需提供更多的知识，扩展和完善解决方案，因此，成本最终将超过效益（Dosi，1988）。第二，过度关注一种类型的知识挖掘可能会使企业失去精力专注于知识的其他方面；这种惯性使得企业通过使用以前的解决方案来规避现有问题（Katila and Ahuja，2002）。第三，随着知识库深度的增加，企业依靠现有基础寻找新突破的可能性也相应降低。当技术环境发生变化时，一个即将专注于某一特定技术的企业将无法适应技术的快速发展，从而容易陷入"能力陷阱"和"刚性陷阱"，最终导致技术企业的减少（Leonard Barton，1992）。

　　知识宽度是指企业知识库的总体范围，包含不同的多个领域，而知识深度是指关键领域知识的复杂程度（Bierly and Chakrabarti，1996）。知识宽度是知识的水平维度，是组织异质知识内容水平的宽度（Luca and Atuahene‐Gima，2007）。同时其也是为企业创造的知识包含不同和多个技术领域的程度（Bierly and Chakrabarti，1996；Leiponen and Helfat，2010；Moorthy and Polley，2010；Zhou and Li，2012；Zhang，2016）。换言之，它代表水平知识领域（Luca and AtuaheneGima，2007），而不是专注于一个技术领域的垂直知识领域（深度）（Moorthy and Polley，2010）。

　　欣和杰等（Xin and Jie et al.，2015）认为，知识宽度可以通过四种机制对企业创新产生积极的影响。第一，企业知识库的宽度越大，企业的知识就越异构。异质知识对于企业解决正常或不正常的日常运营问题至关重要（Henderson and Cockburn，1996；March，1991）。其中一些知识有助于企业锁定"资源位置"并确定"资源质量"（Salavisa et al.，2012）；一旦企业遇到产品开发方面的问题，这种知识可以迅速整合各种资源，为组织提供各种选择。第二，知识包含的宽度越大，企业重组和整合不同知识的机会就越大（Fleming and Sorenson，2004）。此外，由于创新长期以来被认为是已知知识和新知识的重组（Katila and Ahuja，2002），知识的多样性使企业有更多的机会以互补和创新的方式重组知识，这大大促进了新产品的开发（Becker and Dietz，2004）。第三，知识库的宽度越大，获取其信息的领域就越广。这些信息将激发企业内部的新思想、新思维和新视角，从而成为企业创新的主要动力之一。哈格登和贝克（HarGadon and Bechky，2006）指出，接触各种类型的知识可以带来更多的新技术和客户解决方案，这将有利于企业的创新绩效。第四，当企业拥有广泛的知识基础时，它可以从研发、制造、营销和金融以及其他技术、商业联系中获得各种互补的知识和信息，从而创造创新活动，降低创新成本。这也使企业能够专注于一个或几个技术领域，缩短整个创新周期，提高创新效率（Narula，2004）。因此，通过对上述四种机制的分析可以看出，当一个企业拥有更广泛的知识基础时，企业进行创新的可能性就会更大。

更广的知识宽度也会降低企业利用或锁定现有知识的倾向，并可能刺激企业尝试新技术。通过技术实验，企业最终会遇到一些具有激进创新特征的"快乐事故"（Prabhu et al.，2005；Wuyts et al.，2004）。因此，一般来说，知识宽度将对激进创新产生积极影响。

一个有价值的知识，具有独特性，涉及多个领域，对企业发展的影响是正向的。首先，与可用性有限的狭义知识不同，广义知识是灵活的，可以与不同的知识结合（Bierly and Chakrabarti，1996）。由于新知识的创造可能来自现有知识的组合（Fleming，2001；Nonaka，1994），属于或适用于不同领域的广泛知识往往具有更多的重组机会。先前的研究强调，更广泛的知识为企业提供了将不同知识结合起来的机会，这可能导致新知识的发现（Yaya-varam and Ahuja，2008）。因此，拥有广泛知识的一个重要含义是创造新知识的可能性很高。

其次，广泛的知识使企业能够更好地了解外部信息和环境中的技术变化（Chesbrough，2003）。这可以通过"吸收能力"的概念予以更好的解释（Cohen and Levinthal，1990；Zahra and George，2002），该概念指出，吸收能力水平较高的企业更有可能认识到新信息的价值，将其吸收并应用于商业目的。局限于狭隘和更专业的知识使企业容易受到新技术和环境变化的影响，从而导致企业僵化和失败（Tripsas and Gavetti，2000；Tripsas，1997；Tushman and Anderson，1986）。因此，创造广泛的知识可以使企业适应环境变化，避免由于无法识别和理解新技术而导致的潜在失败。

然而，一些学者认为，知识库的范围过于宽泛反而会有负向效应。第一，随着知识宽度的扩大，不必要的信息越来越多将增加事务成本、管理成本和维护成本。组织管理信息冗余将是一个难点，如果信息过载，会适得其反。第二，随着知识宽度的扩大，信息的可信度将逐渐受到威胁，因此企业探索新技术的不确定性风险也将增加。冗余信息可能会对研发产生负面影响，阻碍改进产品（Katila and Ahuja，2002；Koput，1997）。信息的多样性可能导致单个信息值的不确定性，从而导致结果的不确定性（Fleming and Sorenson，2004）。在错误的地点或错误的时间创新一个想法，这将会有负面影响。第三，知识库的范围过宽可能会导致不同知识的整合比例的增加，加深企业对新技术的陌生程度。全面了解和开发新技术的企业将为学习和开发付出巨大的代价。整合的难度和成本的扩大，所增加的知识可能会超出企业的吸收能力，企业的创新绩效将会降低。专利是企业技术知识的表现形式，技术知识构成企业的技术资源。

根据霍布迪（1998）对复杂产品技术深度和宽度的分类，把基于科学的新创企业技术划分为纵向和横向两个维度，即技术深度和技术宽度，为研究企业技术结构提供理论依据（Katila and Ahuja, 2002; George et al., 2008; Hughes and Kitson, 2012; Alexy et al., 2013）。

基于科学的新创企业对技术研发的选择体现了企业技术知识的不同结构。技术深度越深反映出企业在某一技术领域内相对技术实力越强（B. W. Lin and C. H. Wu, 2010）。企业的技术深度越深，技术的积累和路径依赖越高。迪尔里克斯和库尔（1989）认为，技术的积累存在时间压缩的不经济性。因此，基于科学的新创企业成长期技术深度的加深，可以从技术积累的路径依赖上获得相对竞争优势。限于某一服务的战略行动或专注于某一特定产品，能够创造独特的竞争优势。技术宽度越宽，则企业涉及的技术领域越多（McMullen and Shepherd, 2006; Brown and Eisenhardt, 1997）。技术宽度较宽的企业的技术优势更多地体现在多技术应用和融合上（Chrisman, 1998）。麦克杜格尔和罗宾森（McDougall and Robinson, 2001）认为，基于科学的新创企业成长期的发展离不开企业提供大范围的产品，能够满足不同地理范围、产品喜好消费者的需求。

创新是解决问题的切实可行的方案（新产品和服务）。新产品或服务始终是对现有产品或服务的改进。技术知识是创新过程的输入。创新研究人员的主要观点是：技术知识是搜索的结果；新知识常常是对现有或过去知识的重组（Dosi and Grazzi, 2006; Kogut and Zander, 1992）。所以问题是如何（并且应该）从繁多的科学和工程学科种类中进行搜索。因此，企业可以在本地（或接近当前专业领域）或远程（与当前专业无关的技术学科）进行搜索。深度是局部搜索的结果，意味着"分析的复杂性"（Wang and Von

Tunzelmann，2000）。相反，广度捕获学习和搜索跨技术学科，在有限的资源下，组织在某种程度上做出战略决策，开发各种技术领域的知识。通过选择在一个技术领域（或学科）开发知识，企业减少了在其他领域开发专业知识的选择。因此，一个技术领域的知识增加意味着另一个领域的知识减少。这种选择极大地影响了一个组织长期成功的能力。因此，关于深度和宽度的决策将成为战略问题。

4.2.2　技术深度与技术宽度的测量

长期以来，学者们一直使用专利数据作为企业知识库的衡量标准（Henderson and Cockburn，1994；De Carolis and Deeds，1999；Hall et al.，2001；Zucker et al.，2002），特别是在基于科学产业领域（De Carolis，2003；Gittelman and Kogut，2003；Rothaermel and Deeds，2004）。

专利是衡量技术深度和技术宽度这两个技术知识维度最可行的方法。企业的专利和商标已经构建了一个由不同技术类别组成的详细分类方案（美国商务部，1986 年）。每个类别代表一个特定的科学或工程领域。授予专利时，应当在专利文件中写明所属的技术类别。这些信息有助于构建技术深度和技术宽度的度量。

乔斯等（Jose et al.，1986）采用以下方法对技术深度和技术宽度进行衡量。假设一个公司的专利总数分布在 n 个专利类别上，p 是属于专利类别 I 的专利的一部分，那么技术知识多样性的测度是 $TK_{div} = 1 - \sum p_i^2$。这一标准类型的指数范围从 0（意味着单个类别的技术知识）到理论上的最大值 1（意味着广泛类别的技术知识）。该衡量方法的一个缺点是，它没有提供任何迹象表明专利在专利类别之间的传播。可以加上或减去 1/n 来克服这一缺陷，得到：

$$TK_{div} = \left(1 - \frac{1}{n}\right) - \sum \left[p_i^2 - \left(\frac{1}{n}\right)^2\right]$$

即 $TK_{div} = TKb - TKd$，其中 TKb 代表技术知识的宽度，TKd 代表技术知识的深度。技术宽度受 0 和 1 的约束。随着"n"，即技术类的数量增加，技术宽度也随之增加，从而捕获了企业技术知识的宽度。技术深度也在 0 到 1 之间变化。在相同的宽度下，随着专利越来越集中在少数技术类中，深度分量的值逐渐增加。如果在技术类中平均分布专利，那么深度组件的值为 0。组件值的增加意味着专利在不同技术类别之间的分布越来越不对称。因此，深度捕捉到了企业避免知识分散的程度，而更倾向于在数量较少的技术类中掌握更多的知识。乔斯等（Jose et al.，1986）使用上述公式计算了样本文件的技术知识深度和技术宽度。

徐石川（Shichun Xu，2015）认为，由于知识深度基本上是衡量一家企业在一个技术领域内所拥有的知识量，因此知识深度是衡量一家企业在 T 年内每一子类专利的最大批准专利数。

鲍德温和吴佳泓（Bou – Wen and Chia – Hung Wu，2010）认为，知识深度的衡量方法为样本公司加权平方根所有技术类别专利计数份额。NBER 专利数据库有 36 个子技术知识分类。n 为样本公司总数，p_{ijt} 为 t – 2 年、t – 1 年和 t 年技术子类别 j 中企业 i 的专利数量。因此，$\sum\limits_{j=1}^{36} p_{ijt}$ 代表过去 3 年内企业 i 所有技术类别的专利总数，$\sum\limits_{i=1}^{N} p_{ijt}$ 代表在过去三年中，所有企业 j 类专利的数量，那么，i 类企业的知识深度是：

$$KDepth_{it} = \sqrt{\sum_{j=1}^{36}\left(\frac{p_{ijt}}{\sum\limits_{j=1}^{36} p_{ijt}} \times \frac{p_{ijt}}{\sum\limits_{i=1}^{N} p_{ijt}}\right)}$$

勒纳（Lerner，1994）认为，分配给专利的 4 位 IPC 代码的数量可以用作衡量技术宽度的标准。使用由更多数字组成的代码可能导致无意义的分散，因此使用 4 位代码（Chiu et al.，2010；Chen et al.，2010）。普拉布等（Prabhu et al.，2005）通过持有专利的类别数量测量知识宽度。然而，样本都来自同一个行业，因此他们的大部分专利分为特定的几类。当大多数专利仅限于这几个类别时，这几个类别下的专利子类被用作企业知识宽度的指标。具体地说，知识宽度是以 T 年每一家企业的这几类专利子类的数量来衡量的。另一些学者是以专利分类所依据的类别的数量来测量知识宽度的。

这是知识相关文献中知识宽度的一个常用度量（Fleming，2001；Nerkar and Paruchuri，2005）。

金鑫和王杰（Xin Jin and Jie Wang，2015）对于知识宽度的度量，基于比尔利和查尔巴提（Bierly and Chakrabarti，1996）以及摩尔人和迈纳（Moorman and Miner，1997）提出的度量方法。对于知识深度的测量，本书根据普拉布等（Prabhu et al.，2005）、周和李（Zhou and Li，2012）的建议制定了其测量方法。知识深度是指企业在其专业领域的知识和技术专长上的完整性。最后，金鑫和王杰结合我国企业的研究思路和典型实践的特点，设计了 Likert－7 等级评定量表中的八个测量项目。

学者们采用多种方法研究了技术的复杂性。学者们构建了一种与技术的组成及其彼此之间的依赖关系有关的常见的研究框架（Simon，1969；Zander，1995；Kauffman，1993）。王和通塞尔曼（Wang and Tunzelmann，2000）使用技术宽度和深度两个维度衡量技术复杂度，其中目标客体所涉及的技术领域范围被定义为技术宽度，在剖析目标客体某一方面的逻辑原理时存在的认知方面困难的程度被定义为技术深度。复杂度中一个维度的变化并不一定会导致另一个维度的变化，从两个相关程度较低的维度——技术宽度与技术深度角度出发描述技术复杂特征。

①奥兹曼（Ozman M.）专利测量方法。

王和塞通尔曼（2000）提出了一种测度专利技术复杂度的实际方法，该方法是从技术二维性质出发，从专利数据中的分类号入手进行测量的。奥兹曼（2007）利用专利的一个主分类号和若干个副分类号来区别技术深度和宽度，专利所属的技术领域由主分类号判断，根据专利的副分类号来衡量其涉及的全部技术领域。经济合作与发展组织（Organization for Economic Cooperation and Development，OECD）的要求是将全部专利分成三十个子领域和六个母领域，各领域名称及其包含的分类号如附表1所示（Schmoch U.，2008）。

第一，分类号结构。

奥兹曼（2007）判断其技术的复杂度，主要是从专利的分类号着手计算专利的宽度和深度。可以利用分类号（IPC，International Patent Classification）对专利所处技术领域进行逐层细分。所有专利被划分为八大类，分别用字母 A - H 表示，第一层结构是由分类号的首位所确定的大类；第二层结构由前三位分类号所确定；第三层结构是由前四位分类号所确定的次类；第四层结构由前六位分类号所确定。例如 C07B31/00 是某项专利的分类号，C表示该专利所属的大类为化学冶金类；C07 表示该专利所属的类为有机化学；C07B 表示该专利所属的次类为有机化学的一般方法；C07B31 和C07B31/00 分别表示专利所属的组和次组，它们对应着一般的还原。

第二，专利技术宽度。

奥兹曼（2007）使用专利的副分类号所涵盖的技术领域衡量专利宽度，但他认为技术领域之间的相关性不能被忽视。计算医药领域中专利的宽度时恰当的做法是，相比生物技术领域赋予电信领域更高的权重。因此，布雷斯基（Breschi，2003）等给出了三十个技术领域之间的相关系数。奥兹曼（2007）设计了技术领域 j 中专利 i 的加权宽度公式：

$$b_{ij} = \sum_{k \in l} x_i(k)(1 - R_{jk}) \tag{4.1}$$

其中 R_{jk} 是技术领域 j 和 k 之间的相关系数，其取值可参考布雷斯基等（Breschi et al.，2003）。

第三，专利技术深度。

测量技术深度并不像专利宽度那么直接，专利的深度指的是一项专利涉及其所属领域的技术深度。技术深度涉及了多个技术领域，且在每个技术领域中包含了很多子技术领域，因此一项专利可以同时具有较高水平的宽度和深度。一种最直接计算专利深度的方法是计算分布在其所属技术领域的副分类号的个数。用 k_{im} 表示专利 i 的第 m 个副分类号，并设专利 i 共有 M 个副分类号。当分类号 k_{im} 属于 j 领域时，设 $x_j(k_{im} = 1)$，否则 $x_j(k_{im} = 0)$。这时专利 i 在其所属领域 j 的技术深度为：

$$d_{ij} = \sum_{m=z}^{M} x_j(k_{im}) \tag{4.2}$$

专利的分类号一般为七位或八位，附表基于前四位分类号间的差别划分

为三十个技术领域，因此 d_{ij} 只能够粗略地给出专利在其所属领域的技术深度。需要进一步发掘其分类号中所包含的信息，才能更为细致地考虑专利的技术深度。在其所属领域中，专利所涉及的可能是完全相同的两个子领域，也可能是相距较远的两个或多个子领域。基于这种考虑，应当考虑专利在各细分领域的深度，从而计算专利在其所属技术领域的深度。奥兹曼（2007）根据前六位分类号细分技术领域构建了专利深度权重指数。首先从专利的副分类号中提取出属于专利所属领域的副分类号，然后将其中前六位相同的副分类号归为一组，并计算每一组在所有副分类号中所占的比重。用 a_{is} 表示细分领域 s（以前六位分类号划分）在专利 i 的副分类号中所占的比例，l_i 表示专利 i 在其所属领域中所涉及的细分领域组成的集合。为了计算权重，奥兹曼（2007）引入了 Blau 指数：

$$w_{ij} = 1 - \sum_{k \in l_i} a_{is}^2 \tag{4.3}$$

Blau 指数较高意味着专利使用其涉及的细分领域的知识有着相似的比例，Blau 指数较低意味着相较于其他细分领域，指数值对应着较高的知识单一化程度（Ozman M., 2007），专利更为紧密地使用了某个细分领域的知识。奥兹曼（2007）以 $1 - w_{ij}$ 为权重，在测度技术领域 j 中的专利 i 在该技术领域的深度时，将专利 i 在其所属领域 j 的技术深度表达为：

$$D_{ij} = d_{ij}(1 - w_{ij}) \tag{4.4}$$

②H 指数技术测量方法。

学者们对技术的深度和宽度有着一致的定义（Jose et al., 1986；Gambardella and Torrisi, 1998；Wang and Von Tunzelmann, 2000；Laursen and Salter, 2006；Miller, 2006；Chircu and Mahajan, 2009；Moorthy and Polley, 2010；Bena and Li, 2014）。技术的深度与技术自身的复杂性（即技术的质量）有关，而技术的宽度与技术的多样化有关（即产品的多样化）。然而，很少有人尝试测量技术的深度和宽度，而且现有文献中缺乏引用共同指数进行测量。

宽度指数是通过测量反向浓度指标来计算的。例如，甘巴尔代拉和托里西（Gambardella and Torrisi, 1998）通过 Herfindahl - Hirschman 指数（H）

衡量了五个领域的技术多样化，即计算机、电信设备、电子元件、其他电子产品和其他非电子产品。格鲁伯等（Gruber et al.，2013）的一项研究也使用了 Herfindahl 浓度指数来衡量技术的宽度。在学者们有较大影响的研究中，乔斯等（Jose et al.，1986）以 DIV = 1 - H = 1 - $\sum \text{SLB}_j^2$ 来衡量技术宽度的价值，其中 SLB_j 是一家企业源自 j 业务线的总销售额的份额，$j = 1,\cdots, N$。此外，乔斯等认为 DIV 由两个部分组成，一个是基本的产品线的数量，另一个是产品线销售份额的分布或分散的规模，并考虑到 H 指数的算法。技术宽度的计算方法如下：

$$\text{DIV} = \left(1 - \frac{1}{N}\right) - \sum \left(\text{SLB}_j^2 - \left(\frac{1}{N}\right)^2\right) \tag{4.5}$$

以技术的多样化为测量重点，穆蒂和波利（Moorthy and Polley，2010）通过专利数量使用 H 型指数测量了技术的宽度和深度。假设一家企业的专利总数超过 N 个专利类别，设 P 为专利类别 I 中的专利，技术多样性的衡量标准是 $\text{TK} = 1 - \sum_{i=1}^{N} p_j^2$。但是这个指数并不衡量专利类别。把类别衡量加入之后，计算公式为 $\text{TK} = \left(1 - \frac{1}{N}\right)\left(1 - \frac{1}{N}\right) - \sum \left(p_j^2 - \left(\frac{1}{N}\right)^2\right) = \text{TK}_B - \text{TK}_D$。注意，TK 是与 DIV 相同的指标，不同之处在于 TK 是计算技术宽度，而不是计算商业指标。此外，穆蒂和波利（Moorthy and Polley，2010）认为区分这两种情况至关重要。技术多样化指数 TK_B 衡量技术宽度维度，而 TK_D 衡量技术深度维度。因此，单个索引包含技术的两个维度。

然而，休曼和玛丽（Suman and Maria，2014）将对宽度和深度的衡量区别开来，类似于穆蒂和波利（2010），通过专利分布使用 H 指数衡量技术深度和宽度。虽然休曼和玛丽对技术宽度的度量是基于卡蒂拉和阿胡加（Katila and Ahuja，2002），不同之处在于休曼和玛丽（2014）使用的是 IPC 代码和技术分类。因此，技术的宽度衡量方法如下：

$$\text{BREADTH}_{k,t} = \left(\frac{1}{\text{nTech}}\right)^2 \frac{\{\text{Unused}_{\text{IPC}}\}_{k,t}}{\{\text{Total}_{\text{IPC}}\}_{k,t}} \tag{4.6}$$

$\text{Unused}_{\text{IPC}}$ 是在第"t"年的生物技术企业"k"的专利中新的 IPC 代码

（在过去 5 年的专利中没有出现过）。nTech 是在过去的 5 年中，所有专利中技术类别的数量。对多样化有一个直接的衡量标准，即每一个企业新的 IPC 数量与旧的比值，不需要集中指数和多样化指数。值得注意的是，t 每年的技术宽度价值和单一的技术多样化指数，作为对企业业绩的衡量。指数总是在 0 和 1 之间，$0 \leqslant \text{BREADTH}_{k,t} \leqslant 1$。

关于深度指数，穆蒂和波利（2010）用在研发工作中专利集中度（作为 H 型指数）和中值（认为所有的专利类别都是相同大小）之间的距离衡量。相反，休曼和玛丽（Suman and Maria，2014）提供了一个更精确的指数来说明重复 IPC 的相对加权作用。因此，技术深度的衡量公式为：

$$\text{DEPTH}_{k,t} = \left(\frac{1}{\text{nTech}}\right)^2 \frac{\sum_{j=(t-s)}^{t-1} \{\text{Repeated}_{\text{IPC}}\}_{k,t}}{\{\text{Total}_{\text{IPC}}\}_{k,t}} \tag{4.7}$$

$\text{Repeated}_{\text{IPC}}$代表过去 5 年中 IPC 代码的重复次数。深度可以从 0 到任何数字。与宽度指数相似，深度指标也基于卡蒂拉和阿胡加（katila and ahuja，2002），但使用的是 IPC 代码。

特纳伊·坎勒和比弗利·泰勒（Turanay Caner and Beverly B. Tyler，2015）认为企业的知识深度和范围，或内部知识存量，都体现在其专利活动中。每项专利都引用了早期的专利，这些专利提供了最近使用的知识的可编辑记录（Katila and Ahuja，2002；Rosenkopf and Nerkar，2001）。因此，采用专利引用数据来评估公司的知识深度和范围。为了衡量一年内企业的知识水平，需采用五年的时间窗口，因为公司可用的技术知识在大约 5 年内会在高科技公司中贬值并失去价值（Argote，1999；Katila and Ahuja，2002）。知识深度变量代表了公司重复使用相同的技术知识的程度（Katila and Ahuja，2002）。通过计算过去 5 年中每个专利被重复使用的次数来测量知识深度变量。利用专利计算生物制药公司知识深度的公式为：

$$\text{Knowledge Depth}_{it} = \frac{\sum_{t-5}^{t-1} \text{repetiton count}_i}{\text{total citations}_{iy}} \tag{4.8}$$

$\sum_{t-5}^{t-1}$ repetiton count$_i$ 是企业过去 5 年（t − 1 至 t − 5）中年度引用专利数量之和。total citations$_{iy}$ 是企业 i 在 t 年引用的所有专利的数量。

本书选取新三板上市企业为研究样本，探讨基于科学的新创企业技术深度与技术宽度对企业战略适应的影响。新三板自 2013 年 12 月被国务院批准，为成长型中小微企业公开转让股份服务。挂牌意味着企业已经发行的股票可以交易，企业将会获得融资，以支持企业战略发展。本书对基于科学的新创企业技术深度和宽度的测量是基于卡蒂拉和阿胡加（2002）对技术深度和宽度测量的方法，用专利对某种技术（国际专利分类和 IPC 代码识别）的使用程度来衡量其技术深度，用专利中包含的新技术（IPC 代码）的范围来衡量其技术宽度。企业在挂牌当年的技术深度测量公式为：

$$DEPTH = \left(\frac{1}{nTech}\right)^2 \frac{Repeated_{IPC}}{Total_{IPC}} \qquad (4.9)$$

其中，Repeated$_{IPC}$ 指企业专利中出现过不止一次的专利 IPC 代码数量，Total$_{IPC}$ 指企业所有出现过的专利 IPC 代码数量。奥兹曼（2007）设计了一种测度专利技术复杂度的实际方法，即从王和通塞尔曼（2000）的二维技术性质出发，从专利数据的分类号入手。专利一般含有一个主分类号以及若干个副分类号，用专利的主分类号判断技术领域，根据专利的副分类号判断其涉及的全部技术领域。nTech 指全部专利所包含的技术领域数量。此外，与勒纳（1994）使用 4 位 IPC 代码来研究医药制造行业的专利范围不同，本书使用 8 位数字的 IPC 代码，因为 8 位数字的 IPC 代码可以体现专利在细分领域方面的差别。

计算技术宽度的公式如下：

$$BREADTH = \left(\frac{1}{nTech}\right)^2 \frac{Unused_{IPC}}{Total_{IPC}} \qquad (4.10)$$

其中，unused$_{IPC}$ 指企业只出现过一次的专利 IPC 代码数量，Total$_{IPC}$ 指企业所有出现过的专利 IPC 代码数量，nTech 指全部专利所包含的技术领域数量。

4.2.3 技术深度与技术宽度的影响

技术知识就是技术原理、规则和技能的综合，也就是说，人们创造价值中所获得的，以及在应对环境变化中处理和使用的就是技术知识（李兆友和宋保林，2010）。恩赛因（1999）认为，技术知识是被编码用于解释人们如何行为的知识，蕴含在操作程序和知识惯例中。张斌（1991）认为，技术知识综合应用科学和自然科学知识，是基于科学、技术与工程的三元知识的分类。在一个因果网络中，技术知识运用自然科学知识，利用客观事物的能动反应，使其相互作用，最终产生特定的用途。穆蒂（2012）则将技术知识特指为科学和工程知识。郁培丽（2007）认为，技术知识类型可分为，有可能影响特定行业中产业或企业技术趋势的因素类型，或者服务于特定计划或项目的技术因素类型，以及在宏观经济发展中主要影响技术趋势的类型。

对知识基础定义范式的延伸是指，技术知识可以理解为一种关于投入变量与其所带来结果的关系，即"投入—产出"关系，从这个视角考虑，有助于企业优化投入产出关系，从而定义过程基础的技术知识概念。系统模式认为，技术知识是用于提升产品质量或简化产品，改变特定过程的系统化知识，为人类生活服务的发明创造（Mcevily，2010）。

技术知识在企业市场生存和发展中起着重要作用，是影响新产品和服务的重要因素知识，被认为是最有价值的企业资产。基于知识的观点认为，知识由于其固有的模仿难度和社会复杂性，可以作为企业的可持续竞争优势基础，尤其是那些在高科技行业拥有竞争力的企业，例如电子产品和药品行业，投入大量资金开发技术知识库可以增强企业的市场竞争力。然而，技术知识是多维度的资产，对于大型企业来说，知识开发战略的选择是企业成长和发展要面临的挑战。技术知识有两个不同的维度，企业可以根据选择开发或发展哪个维度，去选择扩大企业哪一个维度的知识。企业可以选择通过探索新的知识领域（知识宽度）来扩展自己拥有知识和能力的领域范围。还可以选择加深他们的理解和在他们已经建立的领域中，在一定水平上丰富企业的知识（知识深度）。

根据有关组织灵活性的文献，企业需要在探索（知识宽度）和开发（知识深度）之间取得平衡，以获得可持续的竞争优势（March，1991）。以探索为导向的知识宽度开发活动重点在于寻找和拓展新能力。然而，以扩张为导向的知识深度开发活动则侧重于发展和提升现有核心能力（Raisch，Birkinshaw，Probst and Tushman，2009）。尽管企业可以通过自主研发在企业内部开发技术知识，但越来越多的企业倾向于通过外部途径获取技术知识，这样企业更有可能获得市场上最先进的技术。外部获取渠道中，研发联盟被认为是获取此类外部知识最有效的途径之一。R&D 联盟合作伙伴在协作过程中会积极相互学习，在研发联盟中的学习效果已得到充分证明，然而很少有研究将知识分解为两个不同的维度：知识宽度和知识深度。

一般来说，知识宽度是指企业的整体知识存储库，包含不同的多个领域，而知识深度是指关键领域知识的复杂程度（Bierly and Chakrabarti，1996）。知识宽度的属性反映了知识的水平维度，而知识深度的属性反映了一个垂直维度，它涉及独特、复杂的领域的知识（Luca and Atuahene – Gima，2007）。长期以来，学术研究者一直专注于知识宽度和知识深度对创新领域组织绩效的影响。现有文献关于知识宽度和知识深度对创新企业组织绩效影响的研究结论不同。大多数研究得出的结论是，知识宽度或知识深度对创新绩效具有显著积极的影响（Chesbrough，2006；Laursen and Salter，2006；Taylor and Greve，2006）。然而，另一些学者认为，过度多样化的知识库可能会在没有充分综合和充分利用的情况下激发各种想法，反方面会因为专业领域的知识基础过于深厚而产生认知惯性，反而阻碍了组织开拓和部署的能力。这些不一致或矛盾的研究结果说明了问题的复杂性，同时阻止了反方向的连贯认知理论。导致产生不同的研究理论和研究结论的原因有以下三点：首先，知识宽度和知识深度的概念含糊不清，现有文献缺乏对这两个概念的普适定义和正式度量。其次，衡量组织创新的指标标准差异很大。最后，国内创新体制环境的差异也对研究结果产生了影响，包括国家经济体系、工业环境、文化传统以及不同国家的发展阶段等，都是造成结论差异的原因。

现有文献关于知识宽度和知识深度对组织创新绩效影响的研究大多数都是采用实证研究的方法，研究多以西方文化为背景进行探讨。关于如何利用西方理论探讨适用于中国情形的系统研究仍然缺失。来自不同角度的技术创新研究工作历史比较悠久，但是，从探索和扩张的角度来研究组织学习的具体行为的文献近年来才略有出现。根据何和王（He and Wong，2004）的研究主题，扩张性创新主要是调查企业或个人，要讨论渐进式和激进式创新则要从整个工业层面上进行。他们通过对组织学习行为的区分，定义了探索性创新和扩张性创新的内涵。何和王（He and Wong，2004）认为，探索性创新依靠现有知识来寻找新知识，利用知识集合来设计新产品或开发新市场，从而基于这些行为过程建立和不断更新知识库。然而，扩张性创新是基于现有知识来提高技能、改善流程和组织的结构。从对探索性创新和扩张性创新概念的阐述可以明显区分它们的特征，可以区别与渐进式和激进式创新概念的差异。本纳和图什曼（Benner and Tushman，2003）对创新进行描述，将创新绩效分为探索性创新绩效（Raisch and Birkinshaw，2008；Simsek，2009）和扩张创新绩效两类（Fischer et al.，2010；Mom et al，2009；Raisch and Birkinshaw，2008）。

①知识宽度对企业创新绩效的影响。

第一，企业知识库的宽度越宽，企业的知识异质性越强。异构知识对于公司解决两个问题——正常或异常的日常战略行动至关重要（Henderson and Cockburn，1996）。这些知识中的一部分可以帮助企业锁定"资源位置"，并且确定"资源质量"（Salavisa，2012）；一旦企业在产品开发中遇到问题，这些知识可以快速整合各种资源，为组织提供多种选择，这就是所谓的进化论的"多样化选择效应"。第二，知识库范围越广，企业整合不同的知识，进行重组的机会就越大（Fleming and Sorenson，2004）。另外，创新长期以来一直被认为是对已知知识和新知识的重组过程，知识的多样性使企业能够有更多机会以互补的方式重组。因此，知识将成为企业创新的主要动力之一（Katila and Ahuja，2002）。哈格登和贝克（2006）指出，知识可以带来更多新技术和解决技术商业化的方案，这有利于促进企业技术创新和提供创新绩效。当企业具有广泛的知识基础，可以获取各种异质性或互补的知识，推动合作，促进商业联系，以创造更多的创新活动，从而降低创新成本。对于专注于一个或几个技术领域的企业来说，增加知识宽度可能会缩短完整的企业创新周期，提高创新绩效（Narula，2004）。因此，从上述分析中，我们可以看到，当企业拥有的知识库宽度越宽，促进企业创新的可能性就越大。

但是，另一些学者认为，知识库的范围过宽会产生负面的影响。首先，随着知识的宽度变宽，更多的信息冗余将增加交易成本、管理成本和维护费用。信息冗余也将对企业的组织管理层产生挑战，很容易出现信息过载，因此可能适得其反。其次，随着知识宽度的增加，信息的可信度将逐渐受到威胁，因此不确定性风险增加，企业探索新技术的人数将会增加，企业组织也变得冗余。如果信息的可靠性减少，多余的信息可能会对研发产生负面影响，从而阻碍产品创新（Katila and Ahuja，2002；Koput，1997）。多样性信息可能会引起单个信息价值的不确定性，导致结果的不确定性（Fleming and Sorenson，2004）。因此，多样化的知识可能会引起确定的有价值的技术变得不确定，如果错误地放置知识或在某个创意的错误时间进行整合，将会对创新结果产生影响。最后，知识库的范围过大可能会导致不同知识的整合比例增加，扩大企业对新技术的陌生程度，增加不确定性。一个企业全面了解和开发新技术将付出学习和发展的巨大成本，知识扩大的难度和整合知识的成本可能会超出企业的吸收能力，反而降低了企业的创新绩效。因此，过于宽泛的知识宽度会对探索性和扩张性创新绩效产生负面影响。

②知识深度对企业创新绩效的影响。

通过文献回顾，我们发现知识深度可以对创新绩效产生积极影响，通过三种机制促进组织创新绩效：首先，因为搜索知识类型通常会具有某些规则，因此使用同源信息可以有效减少沟通不匹配，例如搜索类似产品等。其次，随着知识深度的增加，产品研发可以分为几个子域，这些子域问题可以以更有序的方式组织和更系统地解决组织创新过程中的问题，并且解决问题的效率更高（Eisenhardt and Tabrizi，1995）。最后，通过重复使用相同的概念，不仅可以获得更多对概念的深刻理解，也可发现其他新的和有价值的知识，以扩展以前的知识而产生新知识。这使各种知识之间建立了联系，可以促进进一步提高组织创新能力。从对上述三种机制的探讨发现，当企业拥有的知识基础越深时，企业创新绩效越高。基于知识深度对探索性和扩张性创新具有重要的积极影响。

但是，另一些学者提出，过分深入的知识将对创新绩效带来负面影响。造成这种影响的主要原因如下：第一，每个知识轨道在其领域都有一个性能极限，如果在达到性能极限之前增加知识量，可以使性能得到提升。但是，随着输入量的增加，超过极限量，输出的增加性反而可能会逐渐降低。当达到某一点时，努力将变得太昂贵，且解决方案太复杂而不能有助于产生更多有价值的新知识，因此成本最终将超过收益（Dosi，1988）。第二，对一种知识过度挖掘或过度关注可能会使企业蒙受损失，企业过度专注于知识深度的开发，分散了企业在其他管理组织方面的精力（Katila and Ahuja，2002）。第三，随着知识库深度的增加，企业依靠现有基础寻找新的创新突破口的能力将有所降低。这是因为当技术环境发生变化时，企业将专注于在特定技术上，而将无法适应市场快速发展和技术的进步，因此容易陷入"能力陷阱"和"刚性陷阱"，最终导致企业技术落后（Leonard - Barton，1992）。因此，知识深度过深会对探索性和扩张性创新绩效产生负面影响。

③知识宽度和知识深度的平衡对创新的影响。

越来越多的学者提出知识基地和革新性能理论，该理论认为探索性和扩张性两种不同学习行为的理论存在于一个组织中，这就是所谓的"灵活性平衡"，该理论适用于多个学科（Birkinshaw and Gupta，2013；O'Reilly and Tushman，2013）。这个想法包括但不限于开放式创新（Ferrary，2011）、跨领域的组织学习（Russo and Vurro，2010）、创新组织（Kostopoulos and Bozionelos，2011；Mc Carthy and Gordon，2011），以及全面质量管理等（Luzon and Pasola，2011）。学者们集中研究了"双性对立"的关系，推测"灵活性平衡"是对组织需求的一种"张力"，在本质上是难以协调的资源。因此企业追求"灵活性平衡"通常会对组织产生负面影响（Ghemawat and

Ricart Costa，1993）。然而，持有不同观点的其他学者观察到，追求"平衡性"是有利的，综合技术创新的优势可能会使企业实现其最佳创新优势（Aubry and Lièvre，2010）。

　　知识的宽度和知识深度对于组织创新必不可少，然而，由于组织的资源稀缺和知识探索，以及组织自我增强机制，使得知识宽度和知识深度之间必须有一定的张力（Katila and Ahuja，2002）。研究发现对于大多数组织来说，知识宽度和知识深度可能会同时争夺组织的资源，组织必须选择将更多资源投入知识宽度的探索中还是将更多的资源投入知识的积累中。此外，在资源有限的情况下，探索和扩展行为具有自我强化和路径依赖的特征，没有有效的协调两者之间的适当平衡，可能会使该组织陷入两种能力陷阱——自我强化和路径依赖。因此，知识宽度和知识深度的平衡将对企业绩效产生影响（Levinthal and March，1993）。因此，组织在积累知识进行组织创新时需要实现知识深度和知识宽度的总体平衡。

　　④组织松弛对知识深度和知识宽度之间关系的影响。

　　创新和组织松弛是组织理论的两个核心概念。组织松弛有助于确保企业的长期生存。布尔茹瓦（Bourgeois，1981）将组织松弛定义为："实际或潜在的缓冲资源，是使组织能够成功适应内部压力以进行调整或适应政策变革外部压力以及适应战略变革外部环境的资源。"先前的研究持有两种观点，一种观点认为组织松弛会促进组织创新绩效，另一种观点认为组织松弛会阻碍组织创新。其中，"促进理论"认为组织上的懈怠使组织实现放松管理和控制，从而产生了灵活的战略计划，使企业更具有适应复杂竞争环境的能力，进而促进了组织绩效（Levinthal，1981；Pfefer and Salancik，1978）。然而，"阻碍理论"认为组织松弛会对创新或其他类型的绩效产生负面影响。应减少对创新和实验的投资，使管理者可以最大限度地提高集团或企业的短期利益。从而，该理论得出的结论是，组织松弛鼓励以自我为中心的管理行为，缺乏对企业知识的连贯和长期的战略管理策略。因此，组织松弛会阻碍组织创新（Fama，1980；Jensen，1986）。另外，由于个人和群体的有限理性决策和自私的行为，以及不确定的承诺，组织松弛在组织活动中普遍存在

（Nohria and Gulati，1996）。尽管组织松弛对组织创新有着负向的影响，然而只要管理得当，组织松弛就会对企业的绩效产生积极影响。因此，组织松弛水平影响着企业的创新绩效，组织上的懈怠在知识之间提供了积极的调整知识宽度和知识深度水平的能力，促进了探索性或扩张性的创新绩效。

组织松弛的重要作用是可以为企业探索潜在的替代策略和创新相关项目的资源，以减少资源限制（Cyert and March，1963）。因此，从某种意义上说，当企业有一定的组织松弛时，知识宽度和知识深度之间的资源将会减少。然而在有利的条件下，知识宽度和知识深度会对组织产生积极影响，为企业带来持续的创新，以促进企业的成长和发展，因此有效地提高了企业创新绩效。这些观点对于研究当前的中国企业创新绩效特别有价值。中国的商业环境下，产品竞争激烈，但资本市场不发达。如果企业的组织较松弛，有利于平衡知识宽度和知识深度，从而增强创新绩效，那么可以根据以上理论分析基于科学的企业技术知识，从而探讨组织松弛和企业创新绩效之间的关系。虽然企业都意识到持续不断创新的重要性，向市场推出新产品，然而与市场上现有的产品相比，需要研发多少个新功能以及如何比较性能方面仍需要进行分析和探讨。

⑤知识宽度和知识深度对渐进式创新和激进式创新的影响。

根据产品的新颖程度及性能改善程度，创新在这个程度上可分为两大类：渐进式创新和激进式创新。渐进式创新通常认为是对现有产品功能的扩展，新产品改进现有产品有限的功能。增加的创新旨在满足现有客户需求。这一类创新涉及的技术变化很小，与目前的偏差很小。然而，激进式创新通常涉及将重大的新技术整合到产品中，与市场上现有的产品相比具有更大的产品优势，可以满足客户需求。商业实践和学术研究表明，这两种创新为公司带来了不同的战略利益（Ali，1994）。渐进式创新可以带来短期销售和利润，保持公司在市场上的竞争地位，创造长期的竞争优势和促进企业持续发展（Sorescu et al.，2003）。由于企业资源稀缺，创新对于企业来说具有高风险，因此企业必须选择开展什么类型的创新（Ali，1994）。知识发展被认为是企业创新驱动的重要因素之一（Carlile，2002；Madhavan，1998；Marinova，

2004）。因此，知识发展一直是中国企业的主要战略目标。但是，企业面临两种途径开发知识库。一方面，企业可以选择范围狭窄的专业知识领域，并将他们的注意力集中在更深入地发展内部有价值的知识上。另一方面，企业可能会持续扩大他们开发技术知识的领域范围。本质上，企业可以选择沿着特定领域的知识深度发展或涉足新的兴趣领域扩大知识宽度（Prabhu，2005）。

　　两种创新的发展类型对知识的要求不同。渐进式创新通常很少涉及技术变化并深深植根于现有产品中。因此，这种类型的企业发展核心是使某一技术知识量增加，技术是知识量的函数，而激进式创新通常涉及集成多种技术，其中一些对公司或市场而言是新颖或先进的。因此，大部分企业所拥有的技术是知识范围的函数（Atuahene－Gima，2005）。激进的创新主要受知识宽度的影响，而渐进式创新主要受知识深度的影响。基于此共识，知识宽度对重大创新具有积极影响，技术与知识的关系在本质上不是线性的。另外，知识之间会有一些相互作用以影响渐进式创新和激进式创新的知识宽度和知识深度。技术知识是指将科学知识适用于有用的目的。遵循汉迪和泰利斯（Chandy and Tellis，1998）的定义，在大量新产品的创新中，不同的技术大大增加了客户的利益。增量创新是那些很少涉及新技术的产品改进，最大限度地改善产品性能。知识宽度从根本上确定了知识是企业最有价值的资源，企业通过知识创造和知识应用实现组织创新（Spender，1992）。

　　知识创造侧重于获取信息和专有技术，在企业内部，知识应用专注于创建产品和服务，以服务于整合不同知识领域的市场（Grant，1996b）。格兰特（1996a）认为，企业的主要作业是整合知识，企业有效整合许多类型的专业知识是企业关键组织能力的体现。激进的创新通常以新颖的技术为基础，涉及集成来自不同领域的多种技术（Wuyts，Stremersch and Dutta，2004）。故而，拥有广泛的技术知识领域对于激进式创新至关重要。企业知识的范围为企业带来了大量的机会，可以将不同知识中的补充知识结合起来，渐进式创新就是将各种技术创新结合，以满足客户需求的新颖解决方案（Prabhu，2005）。大量知识的一大优势是能帮助企业提高组织整合知识的灵活性。随着企业扩大知识范围，他们会寻求加快创新速度的新颖解决方案的

渐进式创新。

科伯恩和亨德森（Cockburn and Henderson，2001）发现新产品开发受益于企业所获取的新知识，并要求企业能够灵活地将其整合到组织内的技术知识中。更宽的知识宽度可能会促进企业尝试新的知识和技术。通过技术实验，企业可能遇到一些"快乐事故"，产生突破性创新（Prabhu，2005；Wuyts，2004）。因此，知识宽度总体上将产生创新。但是，如果知识宽度超过一定的极限，就可能会减少激进式创新。从效率的角度来看，知识的创造和获取要求研究特定领域的知识。但是，为了使公司内的成员共享和整合知识，需要成员之间对知识进行共享。常识在知识中起着至关重要的作用，集成过程包括以下内容：可行的口头交流和其他形式的象征性交流以及专业化的共同交流。知识交流和共同交流的意义在于隐性知识的转换，并允许相互承认个人的知识域。普通知识的交流在知识整合过程中至关重要，以实现激进式创新。但是，虽然组织成员之间建立共同知识库相对容易，但宽度有限，随着知识变得越来越多，知识的宽度却变得越来越难以扩展。正如格兰特（Grant，1996b）所指出的，范围越宽，整合知识的水平越低，因此知识整合效率较低。企业现有知识要素与新获得的知识的相关性变小，并且对组织成员不可见。这会使将新信息整合到现有知识部门中变得更加困难。此外，越来越宽的知识宽度可能会导致企业将资源分散得太少，企业忽视了任何可行的创新目标（Prabhu，2005；Wernerfelt and Montgomery，1988）。此外，随着知识宽度的扩大，企业会设置管理各种知识和维持访问这些资源的权限（Leiponen and Helfat，2010）。由于有限的认知能力，不同领域的知识积累可能会减少管理层对新信息的吸收，并影响有效利用能力，阻碍创新集成。在创新项目中非常广泛的整合知识基础，组成一个跨知识的团队，开发新产品并不困难。知识宽度对激进式创新的影响是积极的，而随着知识宽度的增宽超过一定程度的极限值，组织创新绩效将会不断减少（即倒"U"形）。

知识深度与增量创新着重于专业知识的深化，知识的维度和创新在既定范围内取得进步，而不是专注于积极整合知识跨越不同领域进行激进式创新，这种类型的知识应用于专注开发现有的技术知识和市场创造的机会。根据企业现有的知识，企业集中精力努力重新配置或生成新组合，创新成果在本质上是递增的（Grant，1996a）。在给定条件下，企业拥有技术领域的知识量可能会有很大的不同（Prabhu，2005）。由于渐进式创新是深深植根于现有产品范围的产品改进，因此企业不必依靠广泛的综合知识来实现这些目标。相反，渐进式创新更多的是公司基于对知识的了解，从而对现有产品提供较小的改进并进行扩展。这样企业就可以实现渐进式创新而无须在新领域获得知识或跨领域进行技术整合（Wuyts，2004）。因此，相关技术领域的知识量区域对渐进式创新变得至关重要。开发知识深度表明企业对以下方面的技术有更好的了解，例如技术专长内的技术，新的产品创新想法以逐步改善产品性能的技术。企业内部对产品某些技术领域知识的深入了解，有助于企业通过发展知识深度获得核心竞争力，其在这些领域的创新能力将逐渐增大（Prabhu et al.，2005）。因此，知识深度对渐进式创新产生积极影响。

　　与知识宽度和突破性创新之间的关系相比，知识深度和渐进式创新之间的关系也可能呈非线性。具体来说，渐进式创新与知识深度之间的影响关系也是递减的。首先，知识深度可能导致思维刚性，这可能会阻碍公司的创新工作（Leonard - Barton，1992）。李奥纳德·巴顿（Leonard - Barton，1992）认为，如果企业资源有限，与其他企业合作能克服企业侧重于一个技术领域而缺乏其他领域知识的困难。当今市场上，技术不具有永久的先进地位，被忽视的其他领域的新技术的进步，可能常常会使公司的核心能力过时。当一家企业专注于其知识深度的发展，企业专注于投资核心技术资源，很少关注其他企业的技术时，企业没有动力，仍会沿着旧技术路线进行创新（Quintana - Garcia and Benavides - Velasco，2008）。此外，知识深度的发展还表明企业倾向于反复利用其在核心狭窄区域内的能力，在产品或服务中增加创新涉及的研究活动可以维持核心技术能力以及增加组成部分之间的联系，并专注于完善这些核心技术（Henderson and Clark，1990）。但是，一个狭义的技术领域本身就具有创新可能性的极限。如昆塔纳·格瑞斯和贝里维达·贝拉斯科（Quintana - Garcia and Benavides - Velasco，2008）指出，特定技术的重复应用最终用尽了潜在的知识组合，知识深度对渐进式创新的影响是积极的，但随着技术深度

的不断增加，超过极限，反而会使影响不断减少（即倒"U"形）。

知识宽度和知识深度互动于两种创新之间，由于大多数企业都拥有多个领域的技术知识，并且这些领域的知识深度各不相同，知识宽度也不相同，知识宽度和知识深度将互相影响，并最终影响激进式和渐进式创新。知识宽度和知识深度之间相反的交互作用，对激进式创新和渐进式创新产生影响。渐进式创新主要受知识深度的正向影响和知识宽度带来的负面影响。知识宽度对激进式创新的影响植根于吸收能力。企业需要在企业内部有一些知识基础，从而有效评估新技术机会。吸收能力指的就是企业需要背景知识，以便能够根据他们已经知道的知识预测技术进步和商业潜力（Cohen and Levinthal，1989）。已知的知识库包括基本技能、共享语言以及在给定领域中技术发展的最新知识。

知识深度越深能为企业提供越多的知识，使企业更好地认识新产品价值的吸收能力，以更好地吸收信息和技术，并将其与当前知识库集成，以得出新颖的解决方案。扎实的知识深度为企业提供了支持有效解释新信息的能力，尤其是当新信息与以前积累的知识结合时（Marinova，2004）。知识深度将与知识宽度一起，通过提供必要的背景知识来更好地评估、吸收和整合新知识，从而促进激进式创新。

但是，知识宽度的调节作用和增量创新之间的关系可能恰好相反。能成功地进行渐进式创新的企业战略策略通常依赖于拥有的有限的核心技术，需要在创新工作中专注于核心竞争力。由于渐进式创新的特征是涉及的技术变化很小，几乎没有偏离当前产品的市场经验，因此企业知识的多样性反而不利于组织创新。对于渐进式的创新开发，将信息馈送到决策中时，必须严格按照核心能力进行调整。企业核心技术范围的新知识或新技术的流入或创造，可能无法为渐进式创新提供更多的价值。

相反，从管理的角度来看，由于认知极限，知识的获取和处理需要以高度专业化的形式进行。这意味着如果要有效地处理专业信息需要减少知识的宽度，即不同的技术，这会忽视企业为实现不断创新而关注的核心技术。因此，知识宽度可能消极地调节了知识深度与渐进式创新之间的关系。

4.3　医药产业新创企业技术深度与技术宽度统计分析

4.3.1　技术资源对医药产业的影响

医药产业的竞争优势与技术资源联系的非常紧密。现在，技术资源的生成和寻找范式发生了重大变化，对整个医药行业构成了挑战。传统上，医药产业由依靠自己的化学研究的大公司主导，现在面临着新的药物发现挑战，与新学科，包括生物学、纳米技术、计算机科学和化学科学的结合度更高，而这些知识的发源地往往不溢于外部，因此大型制药公司的技术管理不像以前那么容易了（Newbert，2009；Valk，2009）。

技术突破和法律变革催化了人类基因组计划的成功完成（Coccia and Rolfo，2008；Bianchi，2011）。自人类基因组计划完成以来，该行业中的新技术通常是在生物药理学、化学、纳米技术和计算科学之间的交汇处产生的，并且出现在制药产业之外的研究价值链中，包括大学的创业活动（Reppy，2008；Hoyle and Pries，2009）。为了管理这些复杂的技术，产业界已经将研究联盟的概念作为技术生成的范式。例如，人类基因组计划强调需要跨学科研究人员，要完成人类基因组的序列图，需要在理解计算科学、测量技术、统计数据和数据管理方面取得突破。在这种对交叉学科的理解下，开发出了能够对生物信息进行高通量定量测量的工具。计算机科学、数学和统计学也被用来处理、存储、传播和分析生物信息。鉴于生物、化学和物理科学等学科之间的交汇点，知识的复杂性进一步鼓励了这些研究联盟的形成，这些联盟的目的是从生物融合范式中获取知识和创造新技术。

20世纪的医药产业是基于药物研发的化学范式。在这种范式中，大多数药物，都是通过从传统疗法中分离活性成分或偶然发现的方法发现的（Drews，1998；Dutfield，2003）。药物干预仅是通过使用离散化学物质使重要的生物学过程正常化的尝试（Dutfield，2003）。人类基因组的测序挑战了这一实践，现在医药产业的突破要求在计算科学、测量技术、纳米技术、统计和数据管理方面取得进步（Davies，2001；Hood，2000；Kitano，2001；Nikulainen and Palmberg，2010）。21 世纪初的生物融合范例已经重申了这一点（Walsh，2004）。

分子生物学和基因组学引入了一种新的范式——生物学范式（Schadt，2003）。生物技术产业起源于 20 世纪 70 年代，主要基于斯坦福大学的斯坦利·科恩（Stanley Cohen）和加利福尼亚大学的赫伯特·博耶（Herbert Boyer）开发的新的重组 DNA 技术。纳米技术和超级计算的进步进一步推动了这一发展（Linton and Walsh，2008）。生物学、纳米技术和超级计算技术之间的联系使化学成为工业创新的源泉。分子技术用于重组 DNA 已产生了大量药物，例如疫苗、单克隆抗体、重组产品和基于基因的药物。

在 21 世纪，多个学科的交汇加强了从化学到药物发现的转变。现代生物技术通常专注于理解与疾病状态相关的代谢途径，并利用分子生物学或生物化学来操纵这些途径（Kitano，2001；Kitano，2002）。人类基因组计划提出了这样的观点，即生物信息在多个层次上运行，并在复杂的网络中进行处理（Hood，2000；Ideker，2001；Kitano，2001；Kitano，2002）。因此，在这种系统生物学（信息）范式中，研究人员试图了解生物信息的各种层次结构、复杂的基因和蛋白质网络以及系统中的关键节点，在这些节点中扰动可能会产生深远的影响，可导致在疾病进程中有机会进行医疗干预。如今，以小型生物技术企业为基础的公司不仅协助将基于化学的传统小分子新药推向市场，还协助将基于生物的产品推向市场。拥有丰富生物技术和纳米技术的公司还负责数百种用于医疗保健管理和疾病诊断的医学诊断测试。

Tagamet 是传统化学范式下药物发现和开发的一个例子，该药物是抗溃疡疗法中的突破性药物，于 1977 年推出。Tagamet 是第一种通过阻断胃壁中的组胺 2（H2）受体来缓解溃疡的药物，刺激壁细胞产生酸（Berndt，1994）。Tagamet 上市六年后，第二种 H2 拮抗剂 Zantac 获得批准并最终成为世界上销量最大的药物（Berndt，1994）。到 1989 年，又有两种 H2 拮抗剂——Pepcid 和 Axid 问世。因此，使用相同治疗机制（阻断 H2 受体）的四种竞争药物（在大多数情况下可替代）略有不同，均已申请专利。这些"中型"

药物是与已知药物在结构上非常相似的化合物，仅在药理（剂量、递送方法、活性成分）方面存在微小差异。制药公司已经使用这种模型向其他中型药物发展（Petersen，2008）。

这种重新合成需要考虑到药物发现充满了知识的复杂性。首先，药物发现研究与更高水平的知识复杂性相关联，因为知识的来源是多种多样的，并且源于各种各样的科学领域和技术能力。产生新知识并在产品或过程中体现知识通常取决于能否获得大量的补充研究投入，然后将其组合在一起（Foray，2004；Grant and Baden - Fuller，2004；Scotchmer，1991）。在这种情况下，知识将从公共领域或愿意以合理成本进行交易的知识所有者中收集。

其次，围绕知识进行发明的能力还将决定是否可以生成新知识，然后由不直接拥有知识的后续研究人员来体现新知识。从自然界发现事实，如同与基因组学的研究投入相关联的许多上游信息是无法替代的（Kieff，2003；Walsh，2003）。如果后续发明者无法开发或获取替代知识，那么第一位创新者就可能利用获取和使用其知识的权利而收取高额租金（Thumm，2004）。

最后，新的医药产业的特征是更高的可利用性风险。研究活动的特点是在产生知识以及随后的下游活动中应用知识方面都具有很高的风险和不确定性。由于专利持有人事前可能并不知道什么知识对疾病发展或药物干预至关重要，因此专利持有人应该愿意以合理的价格获得这种生物学知识（Heller and Eisenberg，1998；Kieff，2003；Merges，1996；Scherer，2002）。

同时，由于新的立法，特别是在美国，公共部门技术管理的观点发生了变化。1988 年的《拜杜法案》使研究机构拥有联邦政府资助的研究成果的知识产权（Gross and Allen，2003）。一旦科学家发表了其研究发现，这一发现便会成为公共领域的一部分，任何人都可以免费使用（Merges，1996；Merton，1957）。这些规范已被反映新立法现实的新规范所取代。现在，许多公共部门的技术产生者都对他们的研究申请了专利，然后才将其公开展示给公众（Boardman，2008；Boardman and Ponomarioy，2009）。

但是，从知识的角度来看，旧的化学范式与当前的化学范式之间存在显著差异（Antonelli，2003；Scotchmer，2004）。在化学范式中，基于化学的

药物、诊断方法甚至基于化学的发现工具都是离散的知识集合（Antonelli，2003；Scotchmer，2004）。同样，虽然这些知识可能依赖于疾病和/或药物干预过程的生物学知识（知识在本质上是高度互补的），但基于化学的知识本身很可能可以通过其他"发明"过程来替代（Drews，1998）。相反，在当前的集成范例（化学、生物、纳米和超级计算）中，知识已变得越来越复杂且高度互补，并适用于多种疾病和人类生物学过程。知识资产不仅包括基于生物的药物、诊断方法和发现工具，而且还包括连接的生物信息，例如基因序列、基因组序列编码的蛋白质序列，以及基因和蛋白质彼此相互作用的关联网络。这些基因组序列、蛋白质序列和生物学系统（具体的生物学信息）是不可替代的（也就是说，尽管以人工形式进行了分析，但这些资产通常是"被发现的"）（Kieff，2003；Mathijs，2004）。

关于知识形式，无形的知识资产（如基因和蛋白质）通常来自生物学、纳米技术和计算范式的持续研究活动。此外，化学、生物学、纳米技术和计算科学范式的持续研发活动还产生了诸如发现工具、药物和诊断方法之类的知识资产。可以将已分配的无形知识资产在市场上交易以获得技术知识，也可以将其体现在产品中，然后通过许可或内部开发活动在产品市场上进行交易。最后，对于非实体化知识而言，例如知识协调问题以及在交易过程中知识溢出到潜在竞争者的问题等，获取与知识资产相关的交易成本将比具体知识要大。

4.3.2　医药产业统计分析

基于科学的产业是指，强烈依赖于科学研究，由科学研究直接推动的产业，主要集中在生物技术产业、医药医疗产业、航空航天产业、计算机产业等。生物技术是典型的基于科学的技术，近年来备受关注，生物技术产业中的典型代表为生物医药产业。生物医药产业投入高、风险高、周期长、收益高，以解决人类健康问题和探索生命奥秘为目标。技术创新高度依赖科学知识，研究跨度大、涉及学科多且深入交叉，是基于科学的创新模式。它需要融合药学、化学、生命科学、医学、物理学等诸多学科。

我国生物医药大多为仿制药，大量新药还依赖进口，整体创新能力较弱。目前我国生物医药与全球生物技术国际水平还有一定的差距。未来我国有机会缩短生物医药领域的差距，赶超国际先进水平。科学能力、环境因素等对企业创新能力和绩效有重要影响，决定是否能实现赶超以及如何超越。

新三板自 2013 年 12 月被国务院批准，为成长型中小微企业公开转让股份服务。对新三板医药制造业企业进行技术深度和技术宽度统计分析，描述性统计如表 4-1 所示，技术深度与技术宽度的分布如图 4-1 所示。

技术深度均值为 0.109 和技术宽度均值为 0.088，表明大多数企业倾向于采取技术深度开发战略，技术研究向技术深度发展。

表 4-1　　　　　　　　　　　　描述性统计分析

变量	缩写	样本数	均值	标准差	最大值	最小值
技术深度	Depth	184	0.109	0.226	1.000	0.000
技术宽度	Breadth	184	0.088	0.180	1.000	0.000
外部资源	External. Res	184	1.543	0.968	5.000	0.000
研发强度	R&D Intensity	184	1.544	11.299	141.4000	0.000
营业收入增长率	Prior Performace	184	0.770	4.853	64.220	-0.910
企业规模	Size	184	18.420	1.160	21.353	13.282
企业成立年限	Age	184	12.103	4.536	24.000	3.000

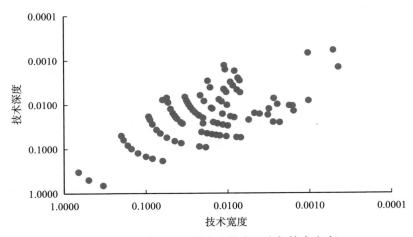

图 4-1　医药产业新创企业技术深度与技术宽度

通过对比每一家样本企业技术深度和技术宽度的计算值，将样本企业分为三类：技术深度大于技术宽度（Depth > Breadth）的企业归为第一类，一共 81 家；技术宽度大于技术深度（Depth < Breadth）的企业归为第二类，一共 91 家；技术深度和技术宽度相同的（Depth = Breadth）的企业归为第三类，一共 12 家。第一类企业的描述性统计如表 4 - 2 所示，第二类企业的描述性统计如表 4 - 3 所示，第三类企业的描述性统计如表 4 - 4 所示。

表 4 - 2　　　　　　　　　　第一类企业描述性统计分析

变量	样本数	均值	标准差	最大值	最小值
技术深度	81	0.197	0.308	1.000	0.000
技术宽度	81	0.026	0.056	0.333	0.000
外部资源	81	1.296	0.968	4.000	0.000
研发强度	81	0.371	1.673	11.88	0.000
营业收入增长率	81	1.185	7.240	64.22	- 0.91
企业规模	81	18.513	1.175	21.353	13.282
企业成立年限	81	12.099	4.697	24.000	3.000

表 4 - 3　　　　　　　　　　第二类企业描述性统计分析

变量	样本数	均值	标准差	最大值	最小值
技术深度	91	0.024	0.042	0.333	0.000
技术宽度	91	0.135	0.232	1.000	0.001
外部资源	91	1.789	0.100	5.000	0.000
研发强度	91	2.814	16.025	141.400	0.000
营业收入增长率	91	0.440	0.990	7.45	- 0.83
企业规模	91	18.436	1.159	20.991	14.992
企业成立年限	91	12.233	4.378	24.000	4.000

表 4 - 4   第三类企业描述性统计分析

变量	样本数	均值	标准差	最大值	最小值
技术深度	12	0.158	0.166	0.500	0.010
技术宽度	12	0.158	0.166	0.500	0.010
外部资源	12	1.250	0.622	2.000	0.000
研发强度	12	0.057	0.042	0.152	0.005
营业收入增长率	12	0.448	0.602	2.098	-0.12
企业规模	12	17.918	1.019	20.239	16.328
企业成立年限	12	11.500	4.964	21.000	5.000

4.4 本章小结

本章阐述了基于科学的新创企业成长期特点和技术资源对新创企业成长期的影响。随着企业成长，基于科学的新创企业的核心任务从生存发展转移到实现增长的挑战上（Boeker and Karichalil, 2002; Chandler, 1962,; Rubenson and Gupta, 1996）。在成长期，企业拥有充足的财务资金和人力资源，会采取一系列的战略行动（Cooper et al., 1994），例如对外投资（Burgelman, 1991）、竞争策略（McGrath et al., 1998）、市场营销和收购计划（Hitt and Tyler, 1991）等。基于科学的新创企业成长期的资源是影响组织战略适应的主要因素（Carroll, 1983; Freeman, Carroll, and Hannan, 1983; Stinchcombe, 1965; Teece, 2012）。此外，企业构建了正式的运营架构，并进行了专业的职能分工（Olson and Bokor, 1995），促使企业在应对环境变化时，能够做出正确的战略选择，识别机会和实现企业盈利（Box et al., 1993）。

企业需要具备寻找和获取资源的能力，学者们在资源基础观（RBV）的视角下阐明了拥有稀缺和有价值的资源是企业获得持续性成长的基础（Barney, 1986），动态能力就是企业整合与构建核心资源的能力（Teece, 1997）。新创企业其组织自身并不具备丰富的资源和能力，存在着资源稀缺、合法性缺失等新创弱性，是一种新创组织。对于新创企业，在其创业动态资源能力的形成过程中，需要杠杆化的资源获取来开发创业机会和获取竞争优势，新创企业是面临着资源短缺困境的创业企业。创业动态资源能力在本质上就是一种以不断开发创业核心机会的能力，对内外部资源进行整合和重构。无论是发现观还是创造观，创业者所拥有的信息资源都是创建企业的基础。而基于科学的新创企业，其发展由科学研究直接推动，依赖于科学研究和技术研发，因此拥有丰富的技术资源。艾森哈特和马丁（2000）发现，动态资源能力就是一种独特的资源束集合，资源束的形成离不开资源支持。基于科学的新创企业具备动态地整合、重构技术资源的能力，能够在复杂多变的外部环境中维持竞争优势（Teece，1997）。企业内部不断积累的优势和丰富的经验资源为企业提供了动力，能够使企业保持持续性竞争优势。为了可以不断地适应外部环境的变化，要求企业始终保持与外部环境的动态一致性，并在此过程中管理其他方面的能力（Collis，1994）。技术资源给基于科学的新创企业带来了开发新产品、研发新技术、进入新市场等多种竞争优势。

新创企业生存和发展的基础是资源，新创企业成长和发展离不开互补性资源（Brush et al.，2001）。新创企业在技术研发实力薄弱的资源约束和市场运营经验缺乏的困境下，为了缩短孵化周期，不仅需对内部资源进行有效配置，还需要从外部寻找和获取新资源，提高生存能力（Qin Jian and Zhang Yuli，2013）。新创企业通过对资源的识别和有机融合，在原有资源体系的基础上，有条理和系统地整理资源，使有价值的资源帮助新创企业提升绩效（Dong Baobao et al.，2011）。布什等（2001）研究发现在资源识别方面，不同生命周期阶段的企业存在异质性，这是由于资源市场不完备和新创企业不同的配置及在利用资源的决策方面存在明显差异。卡节宾科等（2007）从资源角度构建了新创企业资源动态模型，研究表明新创企业成长绩效和存活概率受到企业识别和配用互补性资源能力的影响。

基于科学的新创企业致力于科学本身的发展（Autio，1997），其主要资产是研发部门的科学技术。基于科学的新创企业在初创期的主要任务是核心技术的发展，在这个阶段的行动主要围绕研发进行，致力于解决核心技术问题（Cooper et al. , 1994）。

　　基于科学的新创企业成长是一个动态演化的过程，成长过程中面临着持续变化的环境和技术开发的不确定性。战略适应的形成在某种程度上是对感知的战略因素中环境的不确定性做出的反应，具有较高环境适应能力的企业在不确定的环境中更能获得竞争优势和更高的企业绩效。本书分析了基于科学的新创企业在初创期和成长期不同的成长特征，介于技术资源在基于科学的新创企业成长期的作用，认识和理解技术资源是企业成长期实施战略决策应对外部环境变化的主要影响因素，引发了技术资源对战略适应影响的关注和探讨。

　　学者们将企业所拥有的知识作为技术资源进行整体研究，对企业技术资源的研究大多是对概念的梳理，缺乏从更微观的层面上研究企业技术资源。企业作为多技术系统，多种专利技术相互组合形成企业技术能力。技术资源影响企业的竞争优势，但不能用竞争优势来衡量企业的技术资源。很难对企业技术资源进行定义，尤其是从竞争优势的角度来认识和识别企业的技术资源。本书通过文献梳理，整理和分析了基于科学的新创企业的技术资源结构。

　　在学者们对技术资源研究的基础上，本书把技术资源分为技术深度和技术宽度两个维度，总结和整理了学者们对技术深度和宽度的测量方法，测量和分析了基于科学的新创企业技术资源深度和宽度的测量方法，为实证研究技术资源对基于科学的新创企业成长期战略适应的影响提供了理论基础，测量和分析了基于科学的新创企业的技术深度和技术宽度。

第 5 章

基于科学的新创企业技术资源与战略适应研究

5.1   技术资源与基于科学的新创企业成长期战略适应

5.1.1   基于科学的新创企业成长期战略适应

很多学者比较关注知识资源这一特殊的企业异质性资源，他们认为进行知识创造、集成、应用的特定组织就是企业。知识基础理论（Knowledge - Based Theory，KBT）是随着研究成果的不断产生形成的。科加（1992）等认为企业合理科学地应用新知识进行学习、生产和知识资源整合的过程，是使企业能够获取与维系竞争优势的过程。企业知识资源分为两类——显性知识和隐性知识，以程序、文章、书籍、技术等形式存在的是显性知识，显性知识已实现编码化，比较易于进行转移；在某种程度上，隐性知识比显性知识对企业的价值更大，是附着于人的经验或意识之中的，难以编码化，表现为一种经验性的存在的是隐性知识，在组织间进行转移的难度较大。格兰特（1997）认为，具备专属性、可转移、可获取、可整合及增值性等主要特征的知识资源才是企业成长发展所需的关键性知识资源。胡普斯和皮克雷尔（1999）认为，企业竞争优势由知识资源的利用能力直接决定。

基于知识的观点认为知识是提高企业竞争力最有价值的战略性资源（Grant，1996；Kogut and Zander，1992；Zack，1999）。胡普斯和马德森（Hoopes and Madsen，2008）认为，竞争优势来自积累的知识差异。因此，有必要了解企业内部知识的创造和积累，以及企业之间产生这些差异的原因。企业之间知识积累的差异是由企业创新活动的数量差异引起的。企业对研发投资和专利的投资越多，企业积累的知识就越多。相关研究和政策对提高企业创新活动的水平关注度很高（Audretsch，2014；Capasso，2015；Lee，2003）。但是，这种观点不能有效地解释现实情况。例如自1963年开始，韩国经济持续增长，研发投入高于人均GDP，专利申请量急剧增加。尽管韩国企业不断积累技术知识，但近年来它们的技术竞争力却渐弱，增长指标也急剧下降。此外，迪尔里克斯和库尔（1989）、诺特（Knott，2003）和

科伦百利（Colombelli，2013）指出，与有形资本的积累不同，知识的积累不只是要增加投资，还要考虑知识的异质性。

为了弥补这些局限性，有必要更系统地了解知识积累的机制。胡普斯和马德森（2008）指出，尽管付出了相同的努力，但企业间能力异质是由知识的创造、发展和整合方法的差异产生的。他们强调知识积累的定性方面而不是定量方面。在理解企业知识积累的质性方面，有两个主要的研究流。第一条流与企业中积累的知识的构成有关。在专业知识或多样化知识领域内的知识构成过程，决定了企业知识的深度和宽度（Garcia - Vega，2006；Lin and Chang，2015；Lodh and Battaggion，2014；Moorthy and Polley，2010）。在有限的资源下，企业通过战略选择来构建自己的知识库（Moorthy and Polley，2010）。第二流涉及知识积累的方法。它表明企业如何使用学习策略来积累知识。马奇（March，1991）建议，将探索和开发作为一种在企业中搜索和创造知识的学习策略。探索是一种新的学习方式，而不是坚持现有的学习策略（剥削）。总之，即使付出相同的努力，知识积累的程度也会有所不同，这取决于知识的组成和所使用的学习策略。

知识资本和物质资本之间的区别在于前者具有累积性质。知识创造是基于积累的知识。因此，即使企业付出相同的创新努力，积累的程度也取决于已经积累的经验和知识。迪尔里克斯和库尔（1989）认为，在特定领域中具有一定知识深度的公司在创造更多知识（称为资产质量效率）时具有较低的边际成本。

根据基于知识的观点，企业可以通过在特定知识领域的深入经验来获得竞争优势。也就是说，企业的战略资产是长期积累的，而不是一次重大变化（例如，并购或技术采用）即可形成战略资产。不断创新的企业倾向于积累特定领域的专业知识，根据专业知识生产有竞争力的产品。企业在特定知识领域内拥有的经验越多，他们就可以更好地理解和发展它（Helfat，1997）。西蒙（2009）强调，德国大多数潜在的冠军都是高度专业化的，并且在一个很小的市场范围内工作。他发现，持之以恒的态度会逐步改善，技术变革每 10 ~ 15 年发生一次。因此，坚持特定的知识领域是达到完美的基本策略。

而且，彻底的创新来自逐渐而稳定的经验（Cantwell and Fai，1999）。

当企业通过长期积累相关经验和知识而获得专业知识时，竞争对手很难在短期内赶超它。这样，知识积累显示出时间压缩不经济性的本质（Dierickx and Cool，1989），这意味着长期积累的知识永远无法通过短期努力来超越。具有特定知识的经验还可以提高公司的吸收能力，从而提高创新的可能性。根据李（Lee，2010）的研究，积累知识超过特定阈值的公司将继续增长。可以通过组织中知识积累的综合来理解经验。在不同或专门知识领域内的知识构成过程，决定了企业知识的深度和宽度。由于学习效果和规模经济，某些知识的集中会导致创新和增长（Breschi，2003；Dierickx and Cool，1989）。相比之下，一些研究认为，技术多样性、知识多元化和连贯性为增长提供了动力（Garcia - Vega，2006；Lin and Chang，2015；Dosi，2017；Teece，1994）。尽管一家公司似乎拥有各种知识，但实际上在经历类似领域时它正在增强其核心知识。

基于科学的新创企业由科学研究直接推动，依赖于科学研究和技术研发，拥有丰富的技术资源，有着多层次、多维度的科学技术资源（Mustar et al.，2006；Knockaert et al.，2011；Rasmussen et al.，2011）。以科学为基础的企业则致力于科学本身的发展（Autio，1997），它们的主要资产是研发部门的科学技术。

NSBFs 在初创期的主要任务是发展核心技术，这个阶段的行动主要是围绕研发进行，致力于解决核心技术问题（Cooper，1994）。由于基于科学的产品需要经过漫长的开发期才能进入市场（通常生物制药行业中的研发期为 10 ~ 15 年），也就意味着在初创期，企业主要进行技术开发，且尚未形成较为完善的组织架构、角色分工、决策系统，很难完成除技术战略之外的涉及企业成长的战略选择（Kazanjian and Drazin，1989）。因此，从机会识别到创业承诺的"里程碑"事件过程属于初创期。

随着企业成长，NSBFs 的核心任务从生存发展转移到实现增长的挑战上（Boeker and Karichalil，2002，Chandler，1962，Rubenson and Gupta，1996）。在成长期，企业拥有充足的财务资金和人力资源，会采取一系列的战略行动

（Cooper et al.，1994），例如对外投资（Burgelman，1991）、竞争策略（McGrath et al.，1998）、市场营销和收购计划（Hitt and Tyler，1991）等。NSBFs 成长期的资源是影响组织战略适应的主要因素（Carroll，1983；Freeman，Carroll and Hannan，1983；Stinchcombe，1965；Teece，2012）。此外，企业构建了正式的运营架构，并进行了专业的职能分工（Olson and Bokor，1995），促使企业在应对环境变化时，能够做出正确的战略选择，识别机会和实现企业盈利（Box et al.，1993）。因此，从创业确立到持续发展的"里程碑"事件过程属于成长期。

新创企业战略适应的形成在某种程度上是对感知的战略因素中环境的不确定性做出反应（John et al.，2000）。新创企业把不断变化的环境信号释义为企业多样和频繁的战略行动，企业从事多样化、频繁的行动，能更好地应对环境变化，获得竞争优势（Andreea and Pamela，2015）。开展广泛多样化的战略行动能够帮助新创企业实现盈利，在各层面开展频繁的战略行动能够降低组织失败的风险（Singh et al.，1986）。

新创企业战略适应是一项涉及选择和承诺、实施、执行和修正的一系列行动（Choi and Shepherd，2004；Foss，Lyngsie and Zahra，2013；March，1991；McMullen and Shepherd，2006）。在相对较短的时间内，企业会采取一系列的试错行动，在行动迭代的过程中探索环境与组织适应性（Brown and Eisenhardt，1997；Miller et al.，1996；Nichols – Nixon et al.，2000）。因此，安德烈亚和帕梅拉（2015）用战略行动的多样性和频次衡量新创企业的战略适应。多样性衡量的是企业战略行动的种类，反映企业战略决策的集中度；频次衡量的是企业战略行动的数量，反映企业应对环境变化的反应速度。

学者们探讨了内部因素、信任结构、高管团队、人力资源等对企业战略适应的影响（Carroll，1983；Freeman，Carroll and Hannan，1983；Stinchcombe，1965；Teece，2012），以及外部因素市场、战略同盟等对战略适应的影响（Brookband，1991；Friedlander and Gurney，1981）。鲍比（Barbey，1991）提出了技术资源对战略适应的影响，认为企业把核心或独特的资源，匹配到企业的决策之中，能获得竞争优势。然而，技术资源如何影响基于科学的新创企业成长期战略适应需要进一步探讨。

5.1.2　技术资源的影响

　　通过对基于科学的新创企业成长过程分析发现，基于科学的新创企业是围绕着最初在大学开发的核心科学技术创新而创立的企业。学术研究者创建新创企业在技术研发实力薄弱的资源约束和市场运营经验缺乏的困境下，为了缩短孵化周期，对内部资源进行有效配置，利用技术进行融资完成技术研发和技术商业化，实现了技术商业价值、个人价值增值和企业价值增值。基于科学的企业的知识基础是科学研究，企业的知识创造、储存和应用水平是竞争优势的来源。本书从系统动力学的角度分析了基于科学的新创企业成长过程中受到哪些因素的制约。基于科学的新创企业成长主线包括四个主要节点：机会识别、创业承诺、创业确立和持续发展。学术研究者识别到科学研究的商业化潜力，通过创建基于科学的新创企业，招募和组建创业团队，为实现技术商业化不断进行科学研发和技术开发，最终企业实现成长和持续发展。因此，科学知识积累是基于科学的企业长远领先的基石，技术是企业中短期胜出的关键，企业必须重视获取和积累科学知识，才能够使企业获得竞争优势。

　　在初创期，基于科学的新创企业拥有的高技术产品，往往是刚研制出来的科研成果。技术研究失败率远远大于成功率，技术风险高，具有很强的探索性和很高的不确定性。并且，辛苦研究出来的技术可能转眼间就被新技术所代替，因为技术发展更新速度快、生命周期短。企业要谋求进一步的发展，只有在市场上得到消费者的认可，在技术上可行的产品才有可能占领市场，因此，具有市场风险。一般在初创期，产品还未打开市场，注重的是创造需求，企业的产品都是新研究出来的高技术产品。如果产品的价值得不到体现，产品不为消费者所接受，更谈不上效益，投资就无法回收。基于科学的新创企业需要一定的资金进行技术完善以及市场开拓，以降低高技术产品的技术风险和市场风险。由于企业处于市场开拓阶段，企业没有很高的产品销售收入，导致基于科学的新创企业在初创期的资金入不敷出。并且，基于

科学的新创企业成立不久，信用度低，具有技术不确定性和很高的风险性，因此投资企业的资金来源较少。

随着企业成长，基于科学的新创企业的核心任务从生存发展转移到实现增长的挑战上（Boeker and Karichalil，2002；Chandler，1962；Rubenson and Gupta，1996）。在成长期，企业拥有充足的财务资金和人力资源，会采取一系列的战略行动（Cooper et al.，1994），例如对外投资（Burgelman，1991）、竞争策略（McGrath et al.，1998）、市场营销和收购计划（Hitt and Tyler，1991）等。处于成长期的 NSBFs，其市场需求增加，管理风险和市场风险突出，竞争加剧，营销创市是这一时期的主要任务，技术风险相对较低，直觉性管理转化为职业化管理。企业管理开始从创业者导向转为制度导向，焦点从关注技术创新到技术与市场并重，主要技术基本具有可行性，产品逐渐投放市场。基于科学的新创企业经营风险降低，企业开始进入赢利模式，这是因为虽然扩张资金需求量大，但核心技术和主要产品已基本形成，技术创新活跃，开始有正的现金流量。NSBFs 处于成长期虽然能够拥有广阔的市场前景，但需要追加大量资金投入，保持活跃的技术创新。NSBFs 成长期的资源是影响组织战略适应的主要因素（Carroll，1983；Freeman，Carroll，and Hannan，1983；Stinchcombe，1965；Teece，2012）。此外，企业构建了正式的运营架构，并进行了专业的职能分工（Olson and Bokor，1995），促使企业在应对环境变化时，能够做出正确的战略选择，识别机会和实现企业盈利（Box et al.，1993）。

技术资源是形成 NSBFs 核心竞争力的重要基础（张钢等，1997），在企业成长过程中占有十分突出的地位，对企业战略决策起到关键性作用，直接决定了 NSBFs 在成长期战略行动的方向，以及获得竞争优势的能力。NSBFs 成长期的下游活动（如生产、市场、销售等）都依赖于这些技术资源来进行战略行动。NSBFs 成长期的资源是影响组织战略适应的主要因素，影响着组织的战略行动（Carroll，1983；Freeman，Carroll，and Hannan，1983；Stinchcombe，1965；Teece，2012）。技术深度和技术宽度是 NSBFs 成长期技术投资决策的方向，技术投资决策的结果是技术资源结构，需要匹配企业的战略行动。然而，NSBFs 在初创期积累的技术资源的深度和宽度对成长期战略行动的作用效果和作用机理有待进一步揭示。

NSBFs 由科学研究直接推动，依赖于科学研究和技术研发（Mustar et al.，2006；Knockaert et al.，2011；Rasmussen et al.，2011）。专利是企业技术资源的表现形式，技术资源构成企业技术资源。学者们通过专利 IPC 代码把技术资源划分为纵向和横向两个维度，即技术深度和技术宽度，提供了研究企业技术资源结构的理论依据（Katila and Ahuja，2002；George et al.，2008；Hughes and Kitson，2012；Alexy et al.，2013）。技术深度为技术问题层次，是集成的产品中最难解决的部分，而系统所内嵌的技术领域范围则被定义为技术宽度（Katila and Ahuja，2002）。深度体现在产品的技术成分的专业化程度，宽度体现在产品中技术不同成分的更广泛的集合（Wang and von Tunzelmann，2000）。

5.2　研究假设

5.2.1　技术深度对 NSBFs 成长期战略行动频次的影响

产品系统开发过程中面临多层次的技术问题，用技术深度衡量最难以解决的技术问题层次，用集成技术衡量产品系统技术深度。企业技术资源的深度是由最为困难的技术问题的层次构成的，是企业所拥有的并且能够解决的最困难的部分（陈劲等，2004）。从资源观的角度来说，技术深度是指关键领域知识的复杂程度和复杂性（Bierly and Chakrabarti，1996）。企业重复利用其内部技术知识的程度，反映企业对该知识的深刻理解（Katila and Ahuja，2002）。技术深度通常以企业经营的不同技术领域的数量来衡量。

从资源观的角度来说，深度属性则具有垂直维度和独特的、复杂的、内在的知识内容（De Luca and AutaHeun‐GIMA，2007）。技术深度开发表明，企业在其技术专长范围内对技术有了更好的了解，并提供了新的想法以逐步改进产品供应。迭代式知识深度开发有助于企业提升核心产品领域的能力，

并使企业的知识更加深入，从而在某个技术领域内创新能力更强（Prabhu et al.，2005）。因此，可以预期技术创新的积极效果。扎哈拉和乔治（2002）认为，在特定的工业领域中，深入的技术知识对于根本性的创新至关重要，因为它有助于有效地实现实质性的新思想。许多企业产生了有前途的新颖想法，但在实施过程中失败了，因为它们缺乏足够的专业技术来解决复杂或不寻常的问题（Katz and Du Preez，2008）。更深入的技术知识为企业提供了更大的吸收能力，以更好地认识新信息和技术的价值，更好地吸收新信息和技术，并将其与当前的知识库相结合，从而获得新的解决方案。扎实的技术深度为企业提供了有效解释新信息的能力，特别是当新信息与以前积累的知识有关时（Marinova，2004）。因此，技术深度将通过提供必要的背景技术知识以更好地吸收和整合知识。

NSBFs 对技术研发的选择体现了企业技术资源的不同结构。技术深度越深，反映出企业在某一技术领域内相对技术实力越强（Lin and Wu，2010）。迪尔里克斯和库尔（1989）认为，企业的技术深度影响技术的积累和路径。因此，NSBFs 成长期技术深度深，可以从技术积累的路径依赖上获得相对竞争优势。限于某一服务的战略行动，或专注于技术深度研发某一特定产品，能够创造独特的竞争优势。因此，NSBFs 成长期技术深度越深，企业将大量的资源投入产品研发，采用的战略行动频次越低。据此，提出如下假设：

H1：NSBFs 成长期技术深度越深，企业战略行动频次越低。

5.2.2　技术宽度对 NSBFs 成长期战略行动多样性的影响

技术宽度可以定义为多个单位组成的产品系统内嵌各种技术领域范围。产品系统所内嵌的技术领域范围越广，其产品系统的复杂程度越高。技术的宽度是技术领域的范围，由企业所拥有的并且能够运用到产品系统开发中的技术范围构成（陈劲，2004）。

技术宽度是指企业知识库的总体范围，包含不同的多个领域，其属性捕捉了描述异质知识内容的知识的水平维度，而技术深度的属性反映了一个垂直维度（Luca and Atuahene – Gima，2007）。技术宽度尤指企业创造的技术知识包含不同和多个技术领域的程度（Bierly and Chakrabarti，1996；Leipo-nen and Helfat，2010；Moorthy and Polley，2010；Zhou and Li，2012；Zhang，2016）。换言之，它代表水平技术知识领域（Luca and AtuaheneGi-ma，2007），而不是专注于一个技术领域的垂直知识领域（深度）（Moorthy and Polley，2010）。

第一，企业知识库的技术宽度越大，企业的知识就越异构。异质知识对于企业解决正常或不正常的日常运营问题至关重要（Henderson and Cock-burn，1996；March，1991）。其中一些知识有助于企业锁定"资源位置"并确定"资源质量"（Salavisa et al.，2012）；一旦企业遇到产品开发方面的问题，这种技术知识可以迅速整合各种资源，为组织提供各种选择。这就是进化论所谓的"多元选择效应"。第二，知识库的技术宽度越大，企业重组和整合不同技术知识的机会就越大（Fleming and Sorenson，2004）。此外，由于创新长期以来被认为是已知技术知识和新技术知识的重组（Katila and Ahuja，2002），技术知识的多样性使企业有更多的机会以互补和创新的方式重组技术知识。这大大促进了新产品的开发（Becker and Dietz，2004）。第三，知识库的技术宽度越大，获取其信息的领域就越广。这些信息将激发企业内部的新思想、新思维和新视角，从而成为企业创新的主要动力之一。哈格登和贝克（2006）指出，接触各种类型的技术知识可以带来更多的新技术和客户解决方案，这有利于企业的创新绩效。第四，当企业拥有广泛的技术知识基础时，它可以从研发、制造、营销和金融以及其他技术、商业联系中获得各种互补的技术知识和信息，从而创造创新活动，进而降低创新成本。这也使企业能够专注于一个或几个技术领域，以缩短整个创新周期，提高创新效率（Narula，2004）。因此，通过对上述四种机制的分析，可以看出，当一个企业拥有更广泛的技术知识基础时，企业进行创新的可能性就会更大。更大的技术宽度也会降低企业利用或锁定现有技术知识的倾向，并可能刺激企业尝试新技术。通过技术实验，企业最终会遇到一些具有激进创新特征的"快乐事故"（Prabhu et al.，2005；Wuyts et al.，2004）。因此，一般来说，技术宽度将对激进创新产生积极影响。

　　一个有价值的技术知识，具有独特的和多个领域，对企业发展的影响是正向的。首先，与可用性有限的狭义技术知识不同，广义技术知识是灵活的，可以与不同的技术知识结合（Bierly and Chakrabarti，1996）。由于新知识的创造可能来自现有知识的组合（Fleming，2001；Nonaka，1994），属于或适用于不同领域的广泛技术知识往往具有更多的重组机会。先前的研究强调，更广泛的技术知识为企业提供了将不同技术知识结合起来的机会，这可能导致发现新技术知识（Yayavaram and Ahuja，2008）。其次，广泛的技术知识使企业能够更好地了解外部信息和环境中的技术变化（Chesbrough，2003）。这可以通过"吸收能力"的概念得到更好的解释（Cohen and Levinthal，1990；Zahra and George，2002），该概念指出，吸收能力水平较高的企业更有可能认识到新信息的价值，将其吸收并应用于商业目的。局限于狭隘和更专业的技术知识使企业容易受到新技术和环境变化的影响，从而导致企业僵化和经营失败（Tripsas and Gavetti，2000；Tripsas，1997；Tushman and Anderson，1986）。因此，创造广泛的技术知识可以使企业适应环境变化，避免由于无法识别和理解新技术而导致的潜在失败。技术宽度越宽，企业涉及的技术领域越多（Brown and Eisenhardt，1997）。技术宽度较宽的企业有多技术应用和融合上的技术优势，未来可以形成产品研发平台，实现多种产品开发，拓宽企业成长路径。麦克杜格尔和罗宾森（McDougall and Robinson，2001）研究发现，新创企业能够提供大范围的产品对 NSBFs 成长期的发展至关重要，能够满足不同地理范围、产品喜好消费者的需求。企业会优先采取多种类的战略行动，通过合作、并购、市场营销等行动策略，达到提升技术深度和宽度的目的，产生更多种类的产品，快速占领大范围的产品市场。因此，NSBFs 成长期技术宽度越宽，在拥有相当资源的情况下，采取的战略行动越具有多样性。由此，提出如下假设：

　　H2：NSBFs 成长期技术宽度越宽，企业战略行动越具有多样性。

　　因此，本书将探讨 NSBFs 成长期技术深度和技术宽度对战略行动频次和多样性的影响，用 NSBFs 技术资源的不同结构解释 NSBFs 战略行动的差异性。研究假设如图 5 - 1 所示。

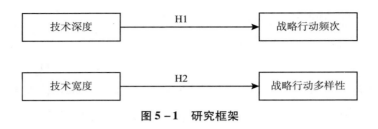

图 5 – 1　研究框架

5.3　研究设计

5.3.1　样本选择和数据来源

克里斯曼和霍弗（1998）认为新创企业是未达到成熟阶段的企业。同时，行业、资源和战略因素都会影响对新创企业的界定。采用扎哈拉（1996）对新创企业的界定，把员工人数在 300 人以内，并且是由创始人管理的企业界定为新创企业。另外，新创企业成长期的主要任务是实现技术资源与战略行动的匹配（Cooper et al.，1994；Box et al.，1993）。新三板自 2013 年 12 月被国务院批准，为成长型中小微企业公开转让股份服务。用挂牌标准（新三板挂牌企业）筛选出处于持续成长中的新创企业作为样本（Gilbert et al.，2008）。

由于医药制造业是大学技术转移非常活跃的行业之一（Agrawal，2001），且能获得较多的学术研究经费；说明医药制造业依赖于科学研究和技术研发（Gibbons and Johnston，1974），属于典型的基于科学的行业。因此，选取 2016 年 12 月 31 日前已在新三板挂牌且属于医药制造业的 NSBFs 为初选样本，共 269 家。从中小企业股份转让系统中查询企业公开转让说明书，以获得企业挂牌时持有的技术专利和挂牌时的财务数据；查询企业自挂牌后一年的年报，获得企业挂牌后的财务数据；通过专利检索系统利用专利号查询专利 IPC 代码。通过对每家企业主营业务、技术专利和财务数据的梳理归纳和总结，剔除员工在 300 人以上的，主营业务不属于医药制造业或发生变动的企业、控股股东改变或被收购的企业，以及数据无法获得和缺失的

企业，最终有效数据涉及 184 家企业，其中 2014 年样本 17 个，2015 年样本 81 个，2016 年样本 86 个。

查询企业自挂牌后一年的半年报和年报，以及公司公告获得挂牌后的企业战略行动。通过年报大事记整理新创企业的战略行动，并用公司网站的公告和公开的公司文件对这些数据进行补充，一共整理了 724 种行动。通过分析和专家小组验证的方式对战略行动进行分类，共分为 11 类：市场营销、发布新产品、成立合作联盟、竞争行动，高层管理人员的变化，股权激励、提高产能、国际化行动，公司架构变动、结构重组、公益活动。最后把新创企业的战略行动分类整理到 11 类战略行动中，并汇总新创企业每一类活动的次数。

5.3.2　变量设定

①因变量。

本书采用安德烈亚和帕梅拉（2015）对企业战略适应的计算方法。其中战略行动多样性用赫芬达尔指数计算，衡量战略行动的集中度。战略行动多样性 $= \sum \left(\dfrac{\text{Na}}{\text{NT}} \right)^2$，其中 $\dfrac{\text{Na}}{\text{NT}}$ 是企业一年内一种组织行动的次数在总行动次数中的份额或比例，分数越高表示企业战略行动的多样性越少。

战略行动频次为每一种战略行动发生的次数，用企业挂牌后一年内采用的不同战略行动的次数来刻画。

②自变量。

对技术深度和技术宽度的测量基于卡蒂拉和阿胡加（2002）对技术深度和技术宽度测量的方法，用专利对某种技术（国际专利分类和 IPC 代码识别）的使用程度来衡量其技术深度，用专利中包含的新技术（IPC 代码）的范围来衡量其技术宽度。计算技术深度的公式如下：

$$\text{DEPTH} = \left(\frac{1}{\text{nTech}} \right)^2 \frac{\text{Repeated}_{\text{IPC}}}{\text{Total}_{\text{IPC}}}$$

其中，$\text{Repeated}_{\text{IPC}}$ 指企业专利中出现过不止一次的专利 IPC 代码数量，

Total$_{IPC}$ 指企业所有出现过的专利 IPC 代码数量。奥兹曼（2007）通过使用专利数据，从二维技术性质出发，从专利的分类号入手，借鉴王和通塞尔曼（2000）的测量方法，提出了一种测度专利技术复杂度的实际方法，从二维技术性质出发，从专利的分类号入手。专利一般含有一个主分类号和若干个副分类号，奥兹曼根据专利的主分类号判断专利所属的技术领域，根据专利的副分类号判断其涉及的全部技术领域。根据 OECD（Organization for Economic Co-operation and Development）的 ISIOST INPI 分类方法，按照分类号可以将全部专利分成 30 个子领域和 6 个母领域（Schmoch，2008），各领域名称及其包含的分类号如附录所示。nTech 指全部专利所包含的技术领域数量。此外，与勒纳（1994）使用 4 位 IPC 代码来研究医药制造行业的专利范围不同，本书使用 8 位数字的 IPC 代码，因为 8 位数字的 IPC 代码可以体现专利在细分领域方面的差别。

计算技术宽度的公式如下：

$$BREADTH = \left(\frac{1}{nTech}\right)^2 \frac{Unused_{IPC}}{Total_{IPC}}$$

其中，unused$_{IPC}$ 指企业只出现过一次的专利 IPC 代码数量，Total$_{IPC}$ 指企业所有出现过的专利 IPC 代码数量，nTech 指全部专利所包含的技术领域数量。

③控制变量。

参照洛德和露丝（Lodh and Rosa，2014）对技术深度和技术宽度的研究中控制变量的选择，新创企业技术深度和技术宽度受到技术研发水平和资源的影响。首先，当企业开展业务活动时，技术水平更高的企业受到潜在的投资者的青睐（Sandip et al.，2011）；新创企业要想更好地识别外部的新技术和新业务机会，需要拥有深厚的技术专业水平，不同的技术水平影响着新创企业的技术资源结构，有着不同的技术深度和技术宽度（Gans and Stern，2003）。因此，用艾伦和飞利浦（Allen and Phillips，2000）提出的研发强度（研发费用/主营业务收入）指标来量化研发水平，该比率越高，新创企业的研发强度越大。新创企业对外部资源的利用，影响战略行动的频次和多样性。用获得融资、资助的数量来衡量新创企业的资源，数量越多，新创企业的资源越丰富。

参照基斯和巴洛（Kiss and Barr，2015）对新创企业战略行动研究中控制变量的选择，企业挂牌年的营业收入增长率影响着企业的战略行动，数值越高，越有利于企业战略行动的执行（Sandip et al.，2011）。企业规模（Size，等于企业总资产的对数）和企业成立年限（Age），与企业资源基础和市场占有相关（Sandip et al.，2011；Hmieleski and Baron，2008；Keats and Hitt，1988；Mishina，2004），影响企业的战略行动。因此引入营业收入增长率、企业规模和企业成立年限作为控制变量，通过查阅新三板上市企业公告获取这三个数据。具体研究变量设计及说明如表 5 - 1 所示。

表 5 - 1　　　　　　　　　　　　研究变量说明

	变量	变量名	定义
因变量	战略行动多样性	Diversity	数值越大，表示行动多样性越少
	战略行动频次	Frequency	数值越大，表示行动频次越高
自变量	技术深度	Depth	数值越大，表示某一领域知识积累越深
	技术宽度	Breadth	数值越大，表示技术领域范围越广
控制变量	外部资源	External Resources	获得融资次数，数量越多，表示外部资源越丰富
	研发强度	R&D Intensity	研发费用/主营业务收入，数值越大，研发程度越高
	营业收入增长率	Prior Performace	数值越高，越有利于企业战略行动执行
	企业规模	Size	Ln（企业资产）数值越高，企业规模越大
	企业成立年限	Age	企业成立年限越久，数值越大

5.3.3　研究过程与分析

①技术深度与技术宽度对战略行动影响的统计性分析。

第一，主要变量描述性统计分析。

因变量描述性统计分析：战略行动多样性均值为 0.552，标准差为 0.287，表明大多数 NSBFs 都采取了集中的战略行动以适应环境的变化；战略行动频次均值为 3.935，标准差为 3.213，表明企业间战略行动频次差异较大，采取不同战略的企业在适应环境的过程中采取了不一样的反应速度。

自变量描述性统计分析：从技术深度均值 0.109 和技术宽度均值 0.088来看，NSBFs 倾向于采取技术深度开发战略，技术研究向技术深度发展。

控制变量描述性统计分析：NSBFs 外部资源均值为 1.543，标准差为0.968，这说明 NSBFs 在上市之前已经拥有一定的外部资源，上市是为了获取更多的外部资源，以提升内部技术水平，实现技术商业化和拓展外部市场。研发强度最大值为 141.400，均值为 1.544，标准差为 11.299，表明企业间技术资源禀赋差异较大。营业收入增长率均值为 0.770，标准差为4.853，最大值为 64.22，最小值为 -0.910，表明大多数企业处于成长期，主要任务是做出匹配战略的技术投资决策，实现技术资源与战略行动的匹配（Cooper et al.，1994；Box et al.，1993），但增长速度较慢，一部分企业还处于亏损状态，企业间营业增长差距较大。企业规模（Size）均值为 18.420，标准差为 1.160，表明企业规模差异不大，符合新创企业在企业初创阶段规模较小的事实。企业成立年限（Age）均值为 12.103，标准差为 4.536，表明企业成立年限较短，大多处于初创阶段。统计结果如表 5-2 所示。

表 5-2   **描述性统计分析**

变量	缩写	样本数	均值	标准差	最大值	最小值
战略行动多样性	Diversity	184	0.552	0.287	1.000	0.000
战略行动频次	Frequency	184	3.935	3.213	33.000	0.000
技术深度	Depth	184	0.109	0.226	1.000	0.000
技术宽度	Breadth	184	0.088	0.180	1.000	0.000
外部资源	External. Res	184	1.543	0.968	5.000	0.000
研发强度	R&D Intensity	184	1.544	11.299	141.400	0.000
营业收入增长率	Prior Performance	184	0.770	4.853	64.220	-0.910
企业规模	Size	184	18.420	1.160	21.353	13.282
企业成立年限	Age	184	12.103	4.536	24.000	3.000

第二，样本企业分类统计。

通过对比每一家样本企业技术深度和技术宽度的计算值，将样本企业分为三类：技术深度大于技术宽度（Depth > Breadth）的企业归为第一类，一共 81 家；技术宽度大于技术深度（Depth < Breadth）的企业归为第二类，一共 91 家；技术深度和技术宽度相同的（Depth = Breadth）的企业归为第三类，一共 12 家。第一类企业的描述性统计见表 5 - 3，第二类企业的描述性统计见表 5 - 4，第三类企业的描述性统计见表 5 - 5。

表 5 - 3　　　　　　　　　　第一类企业描述性统计分析

变量	样本数	均值	标准差	最大值	最小值
战略行动多样性	81	0.772	0.269	1.000	0.000
战略行动频次	81	2.741	1.869	8.000	0.000
技术深度	81	0.197	0.308	1.000	0.000
技术宽度	81	0.026	0.056	0.333	0.000
外部资源	81	1.296	0.968	4.000	0.000
研发强度	81	0.371	1.673	11.88	0.000
营业收入增长率	81	1.185	7.240	64.22	- 0.91
企业规模	81	18.513	1.175	21.353	13.282
企业成立年限	81	12.099	4.697	24.000	3.000

表 5 - 4　　　　　　　　　　第二类企业描述性统计分析

变量	样本数	均值	标准差	最大值	最小值
战略行动多样性	91	0.369	0.157	1.000	0.000
战略行动频次	91	5.022	3.920	33.000	0.000
技术深度	91	0.024	0.042	0.333	0.000
技术宽度	91	0.135	0.232	1.000	0.001
外部资源	91	1.789	0.100	5.000	0.000
研发强度	91	2.814	16.025	141.400	0.000
营业收入增长率	91	0.440	0.990	7.45	- 0.83

续表

变量	样本数	均值	标准差	最大值	最小值
企业规模	91	18.436	1.159	20.991	14.992
企业成立年限	91	12.233	4.378	24.000	4.000

表 5 – 5   **第三类企业描述性统计分析**

变量	样本数	均值	标准差	最大值	最小值
战略行动多样性	12	0.505	0.115	0.680	0.333
战略行动频次	12	3.583	1.505	7.000	1.510
技术深度	12	0.158	0.166	0.500	0.010
技术宽度	12	0.158	0.166	0.500	0.010
外部资源	12	1.250	0.622	2.000	0.000
研发强度	12	0.057	0.042	0.152	0.005
营业收入增长率	12	0.448	0.602	2.098	– 0.12
企业规模	12	17.918	1.019	20.239	16.328
企业成立年限	12	11.500	4.964	21.000	5.000

    样本企业倾向于技术宽度开发（共 91 家），较倾向于技术深度开发（共 81 家），技术深度和技术宽度同时开发的企业较少（共 12 家）。由此表明，大多数企业选择技术深度开发或技术宽度开发，同时进行双边开发的企业不多。从战略行动多样性来看，第一类企业战略行动多样性平均值（0.772）高于第二类企业的战略行动多样性平均值（0.369），而战略行动多样性是一个反向指标，数值越大，表示行动多样性越少，从统计值可以看出，大部分技术深度深的企业战略行动多样性较少，大部分技术宽度较宽的企业越具有战略行动多样性。从战略行动频次来看，第一类企业战略行动频次平均值（2.741）低于第二类企业战略行动平均值（5.022），表明大部分技术深度越深的企业战略行动频次越低，大部分技术宽度越宽的企业战略行动频次越高。第三类技术深度和技术宽度双向开发的企业战略行动多样性和

战略行动频次平均值分别为 0.505 和 3.583，都介于第一类企业和第二类企业值的中间，表明第三类企业在选择采取更多样化行动还是更高频次行动的决策倾向不明显。

②技术深度与技术宽度对战略行动影响的计量模型分析。

第一，相关性分析。

本研究采用回归分析的实证研究方法进行建模。在进行回归分析之前，先对各变量之间的相关性进行检验，从表 5-6 各个变量间的皮尔逊相关系数可以看出，技术深度与战略行动频次在 1% 的水平上显著相关，技术宽度与战略行动多样性在 1% 的水平上显著相关。另外，战略行动多样性与战略行动频次在 1% 的水平上显著相关，需要分别引入因变量战略行动多样性与战略行动频次进行回归分析。控制变量外部资源与战略行动多样性和技术宽度都在 5% 的水平上显著相关，企业规模与技术深度和营业收入增长率分别在 5% 和 1% 的水平上显著相关，以及企业成立年限与营业收入增长率和企业规模分别在 5% 和 1% 的水平上显著相关。除此之外，其他控制变量与自变量和因变量之间的相关系数均低于 0.127。因此在接下来的回归分析中，在回归模型中分别引入自变量战略行动多样性和战略行动频次，以降低多重共线性问题，建立多元回归模型建模。β 为权数，表示有关自变量对因变量的影响程度；a 为随机干扰项。回归模型如下：

模型 1：Diversity = a + β_1Breadth + β_2Technical. Lev + β_3External. Res + β_4Technical. Res + β_6Size

模型 2：Frequency = a + β_1Depth + β_2Technical. Lev + β_3External. Res + β_4Technical. Res + β_6Size

表 5-6　　　　　　　　　　皮尔逊相关系数

	1	2	3	4	5	6	7	8	9
1 战略行动多样性	1.000								
2 战略行动频次	-0.464**	1.000							
3 技术深度	0.145*	-0.191**	1.000						

续表

	1	2	3	4	5	6	7	8	9
4 技术宽度	−0.256**	0.086	−0.014	1.000					
5 外部资源	−0.171*	0.082	−0.037	0.156*	1.000				
6 研发强度	−0.089	0.077	−0.059	−0.056	−0.018	1.000			
7 营业收入增长率	−0.005	0.081	−0.028	−0.023	0.124	−0.013	1		
8 企业规模	−0.032	−0.127	0.152*	0.044	−0.020	−0.005	−0.371**	1	
9 企业成立年限	−0.008	−0.057	0.046	0.105	−0.091	−0.115	−0.155*	0.321**	1

注：**表示 P < 0.01 在 1% 上显著，*表示 P < 0.05 在 5% 上显著。

第二，实证检验及结果分析。

使用 SPSS 软件对假设进行检验。由表 5 - 7 可以看出：

首先，技术深度与战略行动频次在 5% 的水平上显著负相关（β = −2.416，$p < 0.05$），H1 成立。NSBFs 在成长期技术研发倾向于向技术深度发展，在战略上倾向于专注于某一特定产品的研发，不会采取过多的战略行动，战略行动频次低。

其次，技术宽度与战略行动多样性在 1% 的水平上相关并且显著（β = −0.382，$p < 0.01$），因为战略行动多样性为反向指标，因此上述结果证实了 H2。NSBFs 在成长期技术研发倾向于向技术宽度发展，在外部资源充裕的情况下，会优先采取多种类的战略行动。

表 5 - 7   模型基本回归结果

自变量	战略行动频次	战略行动多样性
技术深度	−2.416**	
技术宽度		−0.382***
外部资源	0.233	−0.040
研发强度	0.019	−0.003
营业收入增长率	0.024	0.000

续表

自变量	战略行动频次	战略行动多样性
企业规模	− 0.237	− 0.007
企业成立年限	− 0.001	0.000
R^2	0.057	0.095
F 值	1.795 ***	3.090 ***
样本量	184	184

注：*** 表示 Sig 值 < 0.01，** 表示 Sig 值 < 0.05。

第三，研究结果讨论。

实证研究结果表明，NSBFs 技术深度对战略行动频次有负向影响，技术深度深，战略行动频次低；技术宽度对战略行动多样性有负向影响，因为战略行动多样性为反向指标，所以技术宽度宽，战略行动具有多样性。根据 NSBFs 技术资源结构的不同，把企业划分为四类，见图 5 - 2。

首先，处于 Ⅰ 象限的 NSBFs，技术深度深，技术宽度窄。企业成长期主要进行产品的研发、测试和生产工作，他们专注于某一产品技术深度的研发，在拥有足够外部资源的情况下，优先进行某一产品技术深度的研发，战略目标是窄细分市场，聚焦于生产产品和提供服务的战略行动，以满足特定的竞争性细分市场的需求，采取的战略行动较少。这类企业处于技术研发的萌芽期，在初创期倾向于向技术深度研发，对某一产品的技术积累使这类企业迅速发展，未来可能会成为该领域的技术领先者。企业通过技术深度研发，维持企业的生存和发展。

其次，处于Ⅱ象限的 NSBFs，技术深度深，技术宽度宽。在成长期技术深度和技术宽度都很有优势，技术战略向宽广发展，企业资源优势最佳。企业注重技术深度研发，维持企业技术优势。同时，通过采用多种战略行动，探索企业战略发展方向。在多样的战略行动中，延伸产品线，拓展市场实现盈利。在市场竞争中，维持企业技术优势，在变化的环境中保持企业稳健发展。

再次，技术深度和宽度开发都较弱的处于Ⅲ象限的 NSBFs，企业战略行动多样性少，战略行动频次高。技术战略方向不明确，企业在技术研发上没有优势，在频繁地行动中寻找机会和市场，维持企业的生存和发展。

最后，处于Ⅳ象限的 NSBFs，技术深度浅，技术宽度宽。在成长期倾向于技术宽度研发，战略目标是宽细分市场，通过开发新生产和分销方法，研发新产品或服务等战略行动来拓展市场，以整个行业为基础，为顾客提供可接受的、具有某种特性的产品或服务。采取多样化和频繁的战略行动，在拥有丰富技术资源的情况下，优先在资源组织中通过市场、产品、技术和期望的运作规模等因素的选择采取积极的战略行动，形成产品研发平台，实现多种产品开发，拓宽企业成长路径。

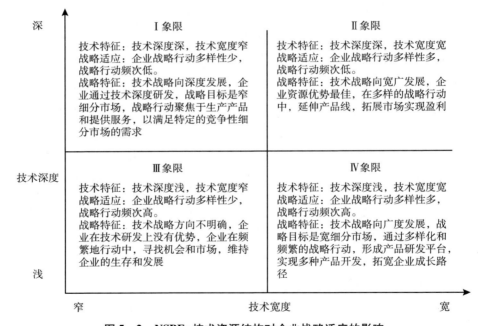

图 5-2   NSBFs 技术资源结构对企业战略适应的影响

5.4   研究结论

本书从资源约束的角度，把技术资源分为技术深度和技术宽度两个维

度，探讨了其对 NSBFs 成长期的战略行动的影响。研究结果表明，技术深度负向影响战略行动的频次，技术宽度正向影响战略行动的多样性。同时，通过对企业技术宽度与技术深度的差异进行分类，明确了技术资源与战略适应的匹配关系，为企业的战略制定和调整提供了理论依据。研究内容拓展和丰富了基于科学的新创企业战略研究。

本书结论的管理学意义在于：第一，从战略适应的角度探讨基于科学的新创企业生存和发展，为未来的研究提供了新的思路，丰富了战略管理理论。第二，拓展了对企业战略适应影响因素的研究，为企业基于技术优势选择战略和战略行动提供了理论依据。第三，将技术资源结构划分为技术深度和技术宽度，解释了企业采取战略行动的差异性，帮助处于成长期的 NSBFs 在市场竞争中做出正确的战略选择，提升竞争优势，实现生存和发展。

5.5　本章小结

基于科学的新创企业拥有丰富的技术资源，有着多层次、多维度的科学技术知识。这类企业要在激烈的市场环境中生存和保持竞争优势，由于资源约束的影响，不同技术知识结构的基于科学的新创企业，在成长期的战略适应不同，一类企业会采取较少的战略行动，而通过技术深度研发，提升企业核心竞争力，维持企业生存和发展；另一类企业会采取快速或多样化的战略行动，促进企业成长和提高绩效。

本章把技术资源分为技术深度和技术宽度两个维度，探讨了其对基于科学的新创企业成长期的战略行动的影响。研究结果表明，技术深度负向影响战略行动的频次，技术宽度正向影响战略行动的多样性。根据企业技术宽度与技术深度的差异，运用四象限图对企业进行分类，讨论处于不同象限的企业战略行动的不同，明确了技术资源与战略适应的匹配关系，为企业的战略制定和调整提供了理论依据。研究内容拓展和丰富了基于科学的新创企业战略研究。将技术资源结构划分为技术深度和技术宽度，解释了企业采取战略行动的差异性，提出战略管理建议，帮助处于成长期的基于科学的新创企业在市场竞争中做出正确的战略选择，提升竞争优势，实现生存和发展。

本章采用 184 个 2016 年以前新三板挂牌的医药制造产业中基于科学的新创企业作为实证研究样本，考察基于科学的新创企业的技术深度和技术宽度在企业成长期，在获得更多外部资源的情况下，对企业战略适应的影响。研究结果具有以下几点实践启示。

首先，基于科学的新创企业成长期技术深度深，技术宽度窄，战略行动较少，企业通过技术深度研发，维持企业的生存和发展。倾向于技术深度研发的这类企业专注于某一产品技术深度研发，在拥有足够外部资源的情况下，优先针对某一产品进行技术深度研发，采取的战略行动相对较少。企业处于成长期，在技术战略决策上倾向于向技术深度研发，对某一产品的技术积累使这类企业迅速发展，未来可能会成为该领域的技术领先者。

其次，处于 II 象限的基于科学的新创企业成长期技术深度深，技术宽度宽，企业通过多样化的战略行动，维持企业发展和提高绩效。通过在市场、合作、组织架构调整、国际化战略行动等方面采取积极的战略行动，修正环境，适应环境。这类企业通过合作、并购等方式实现技术资源整合，与参与者之间多渠道、大范围、快速的融合，将组织外部的技术资源转化为组织内部的技术资源，在技术深度上得到外部技术补充，在技术深度和技术宽度上的共同研发缩短了多技术、多产品的研发时间，能够使企业加速进入该技术领域成熟期。同时，当出现旧技术被新技术所替代的外部环境变化时，企业能快速改变技术研发轨道，在新的技术领域实现企业发展和成长。

另外，处于 III 象限的基于科学的新创企业成长期技术深度浅，技术宽度窄，企业在技术研发上没有优势，为了维持企业生存和发展，通过快速频繁地执行某几种战略行动实现技术提升和经营发展。在成长期由于资源的约束，在技术战略决策上应采取技术知识深度或技术知识宽度战略，双向技术开发战略会加长成长路径，增加资源消耗，容易使企业陷入资金困境。可以采取多样化的行动，通过合作、并购等方式与参与者之间多渠道、大范围、快速的融合，将组织外部的技术资源转化为组织内部的技术资源，实现技术宽度开发，从 III 象限企业向 IV 象限企业跃迁。也可以减少战略行动频次，减少资源浪费，增加资源有效利用率，聚焦企业技术深度开发，从Ⅲ象限企业向Ⅰ象限企业跃迁。因此，在有限的资源下，技术研发战略决策对这类企业的生存和发展有至关重要的影响。

最后，处于Ⅳ象限的基于科学的新创企业成长期技术深度浅，技术宽度宽，企业在某一个技术领域深度开发不够，在该技术领域的产品缺乏成熟度，可能会失去一部分产品市场。因此，技术宽度较宽的这类基于科学的新创企业应执行技术深度开发的战略决策，注重实现技术深度开发的相关战略行动，在外部环境发生变化的时候，能够保持技术开发能力，适度进行战略行动，实现企业持续经营发展，从Ⅳ象限企业向Ⅱ象限企业跃迁。

第6章

结论与展望

6.1　主要研究结论

6.1.1　构建了基于科学的新创企业成长过程模型

　　以往对基于科学的新创企业概念的研究只体现出学术或创业的内涵，而基于科学的新创企业模式中，学术研究者作为实施主体，把学术研究和创业活动动态交叉进行，作为创业媒介连接技术到市场的转化路径。目前学者们对基于科学的新创企业创建行为活动、角色和影响的问题研究不多。从整体的视角对基于科学的新创企业成长过程进行研究，通过案例研究演绎基于科学的新创企业成长的过程模型，阐述了行为过程和价值创造过程，探讨了学术研究者的行为活动和角色。为学者们深入研究基于科学的新创企业问题提供理论参考，为致力于基于科学的新创企业创建的学术研究者和学术组织提高绩效提供理论依据。

　　以往的文献中虽然基于学术研究者的参与度探讨了他们的动机、行为和影响，但很少有文献对基于科学的新创企业模式特征、过程以及学术研究者具体行为和角色进行分析。研究发现，基于科学的新创企业模式中，学术研究者扮演着学术研究者、企业创建者和企业管理者等多重角色，致力于创业资源整合、技术商业化和企业价值创造，他们对技术、市场的发展有着主要的掌握控制权，持有企业的股权，能够获得企业价值增值带来的利润回报。这种模式不仅能够实现技术商业价值和学术研究者的个人价值，还会创造社会经济价值和促进区域经济发展。

6.1.2　阐述了基于科学的新创企业价值创造过程

　　以往的研究缺乏对基于科学的新创企业模式的价值实现过程的阐述。通过对基于科学的新创企业模式过程进行分析发现，学术研究者作为创始人创建了新创企业，通过技术资产化和证券化进行融资完成技术研发和技术商业化，不仅实现了技术商业价值，同时实现了个人价值增值和企业价值增值，

产生了社会经济价值，是一个价值创造的过程。本书首次提出在基于科学的新创企业成长过程中实现了技术资产化、证券化和企业价值增值，并阐述了实现的过程。利用技术进行融资是资产化、证券化的表现，将筹得的资金以及技术或产品销售收入通过股权激励和薪酬的形式分配给团队成员，学术研究者因此获得了财务收益。同时，基于科学的新创企业创建的成功为学术研究者赢得了名誉和声望，能够获得更多的研究经费支持。基于科学的新创企业创建使学术研究者与产业有更紧密的联系，与更多的产品开发部门合作。研究表明，紧密的产业合作关系指引学术研究者未来研究的方向，产生更多新的想法，获取商业机会，开始新一轮的基于科学的新创企业创建，产出符合市场需求的技术或产品，并为自己带来收益和名誉，从而推动社会经济发展（Barney，1991）。

6.1.3 探讨了基于科学的新创企业成长过程影响因素

基于科学的新创企业成长过程模型描述了学术研究者的创业活动，分析了创业过程的关键要素并理清了它们之间的关系。然而，以往的研究还没有构建基于科学的新创企业内部的动态反馈回路。本书从系统动力学的角度提出了一个基于科学的新创企业模型，该模型探讨了基于科学的新创企业成长过程的关键特征，提出了学术研究者通过一系列"里程碑"事件来完成技术商业化的步骤。反馈回路描述了战略评估和创业更新之间的联系，基于科学的新创企业将创业和战略成果联系起来。该模型还检验和分析了基于科学的新创企业在各个阶段的关键作用，以及影响基于科学的新创企业成长过程的关键因素。

模型的核心在于结合一系列"里程碑"事件（称为"关键节点"）解释系统动力学模型存量、流量和它们之间的关系对基于科学的新创企业的联合影响。此方法说明了不同的组织变量对机会识别、创业承诺、创业确立和持续发展各阶段的影响。这些活动可以推动或阻碍技术商业化。本研究结果从系统动力学角度揭示了基于科学的新创企业成长过程所包含的复杂性和反馈回路，并为未来提升学术研究者创业洞察力提供了方向。

这个动态模型把基于科学的新创企业视为一个连续的过程，它直接和间接地反馈到未来的基于科学的新创企业成果中。通过复杂的反馈提出的框架有助于发现基于科学的新创企业影响因素和创业活动之间的联系。此方法提供了对基于科学的新创企业成长过程更加完整的视图。

6.1.4 构建了基于科学的新创企业系统动力学模型

本书研究了基于科学的新创企业在关键节点的影响因素，描述了跨越关键节点或失败的反馈路径。这些反馈路径被添加到基于科学的新创企业的复杂的系统动力学模型之中，反映了多个反馈路径加上时间延迟的结果。除了各种因素的联合作用外，每个因素都会对基于科学的新创企业产生影响。因此，基于科学的新创企业的创建不是一种完全独立的战略，也不是仅仅源于战略评估指导和制约的战略。

本书提出的系统动力学模型依赖于这些影响因素和它们之间的关系。学术研究者作为学术研究者、企业创始人、企业管理者具有多重角色。那么，学术研究者的洞察力和战略成果将受到追求机会的积极和消极结果的影响，而机会的积极和消极结果又会对各种战略和创业要素产生影响。因此，这个集成的模型能够降低成长过程中的不确定性，提高企业创建成功率。

6.1.5 阐述了基于科学的新创企业成长过程动态性

基于科学的新创企业依赖于科学研究和技术研发（Mustar et al.，2006；Knockaert et al.，2011；Rasmussen et al.，2011）。基于科学的新创企业关键的异质资源是技术，企业的战略活动都依赖于技术资源（Cardinal et al.，2001）。而基于科学的新创企业的发展是一个动态过程，在不同阶段的发展目标不同，战略决策也不尽相同，技术资源在各阶段的作用就会存在差异。因此，在基于科学的新创企业创业活动中，能够有目的和有针对性地去满足技术资源对不同发展阶段的特点需求至关重要。本书针对基于科学的新创企业系统动力学分析，提出了一种基于科学的新创企业的动态模型，该模型将传统研究的各个视角与具体的动态过程相结合。在实际应用中，对反馈回路

的认识和基于科学的新创企业成长过程中涉及的其他复杂性有助于识别战略点，以支持新出现的科学的融合。学术研究者可以使用系统动力学模型，以促进基于科学的新创企业成长和发展。

6.1.6　分析了技术资源在基于科学的新创企业成长过程中的重要作用

通过对基于科学的新创企业成长过程分析发现，基于科学的新创企业是围绕着最初在大学开发的核心科学技术创新而创立的企业。学术研究者利用技术进行融资完成技术研发和技术商业化，实现了技术商业价值、个人价值增值和企业价值增值。基于科学的企业的知识基础是科学研究，企业的知识创造、储存和应用水平是竞争优势的来源。本书从系统动力学的角度分析了基于科学的新创企业在成长过程中受到哪些因素的制约。基于科学的新创企业成长主线包括四个主要节点：机会识别、创业承诺、创业确立和持续发展。学术研究者识别到科学研究的商业化潜力，通过创建基于科学的新创企业，招募和组建创业团队，为实现技术商业化不断进行科学研发和技术开发，最终企业实现成长和持续发展。因此，科学知识积累是基于科学的企业长远领先的基石，技术是企业中短期胜出的关键，企业必须重视获取和积累科学知识，才能使企业获得竞争优势。

在探索基于科学的新创企业成长过程、成长动态性以及成长的影响因素中，研究发现基于科学的新创企业成长是一个动态演化的过程，面对不断变化的环境和技术开发的不确定性，战略适应的形成在某种程度上是对感知的战略因素中环境的不确定性做出的反应，具有较高环境适应能力的企业在不确定的环境中更能获得竞争优势和更高的企业绩效。本书分析了基于科学的新创企业在初创期和成长期不同的成长特征，鉴于技术资源在基于科学的新创企业成长期中的作用，认识到企业核心或独特的技术资源对企业战略适应的作用不可忽视，引发了技术资源对战略适应影响的关注和探讨。

6.1.7　测量和分析了基于科学的新创企业的技术资源

基于科学的新创企业在初创期的主要任务是核心技术的发展，这个阶段的行动主要是围绕研发进行，致力于解决核心技术问题。技术资源是形成基于科学的新创企业核心竞争力的重要基础。基于科学的新创企业在初创期形成的技术资源对成长期的战略选择有着重要的影响，直接决定了基于科学的新创企业在成长期战略行动的方向，以及获得竞争优势的能力。基于科学的新创企业成长期的下游活动（如生产、市场、销售等）都依赖于这些技术资源。专利是企业技术资源的表现形式。学者们通过专利 IPC 代码把技术资源划分为纵向和横向两个维度，即技术深度和技术宽度（Katila and Ahuja，2002；George et al.，2008；Hughes and Kitson，2012；Alexy et al.，2013）。在学者们对技术深度和技术宽度的测量方法基础上，本书针对基于科学的新创企业的特点，测量和分析了基于科学的新创企业技术资源深度和技术资源宽度的测量方法，为实证研究技术资源对基于科学的新创企业成长期战略适应的影响提供了理论基础。

6.1.8　理清了技术深度和技术宽度与战略适应的关系

本书从资源约束的角度，探讨了新三板基于科学的新创企业成长期的战略适应。把技术资源分为技术深度和技术宽度两个维度，探讨了其对基于科学的新创企业成长期的战略行动的影响。研究结果表明，技术深度负向影响战略行动的频次，技术宽度正向影响战略行动的多样性。

6.1.9　刻画了基于科学的新创企业技术资源与战略适应的匹配关系

战略适应影响着新创企业的绩效，是市场竞争中生存和发展的关键。本书从资源约束的角度，把技术资源分为技术深度和技术宽度两个维度，探讨了其对基于科学的新创企业成长期的战略行动的影响。研究结果表明，技术深度负向影响战略行动的频次，技术宽度正向影响战略行动的多样性。根据企业技术宽度与技术深度的差异，运用四象限图对企业进行分类，讨论处于不同象限的企业战略行动的不同，明确了技术资源与战略适应的匹配关系，为企业的战略制定和调整提供了理论依据。研究内容拓展和丰富了基于科学的新创企业战略研究。将技术资源结构划分为技术深度和技术宽度，解释了

企业采取战略行动的差异性，提出战略管理建议，帮助处于成长期的基于科学的新创企业在市场竞争中做出正确的战略选择，提升竞争优势，实现生存和发展。

6.2　研究未来展望

为了分析基于科学的新创企业的系统动力学，本书运用扎根理论和文献分析法建立了基于科学的新创企业的系统动力学分析框架，并针对每个部分提出了命题，未来这些命题可以通过实证研究来检验，使用问卷和 Likert 量表来量化指标。

虽然通过实证研究证实了基于科学的新创企业受技术资源约束，技术知识的状态影响着企业的战略适应，但由于新创企业成长绩效存在时滞性，因此没有深入探讨技术知识状态如何影响基于科学的新创企业成长绩效，需要将企业样本放到一个较长的时间段进行考察，如新三板上市企业战略行动执行完成后 3 ~ 5 年的时间，研究结论可能更具有说服力。

附 录

ISI – OST – INPI 技术分类表

	Area	IPC
I . Electrical engineering	1. Electrical machinery and apparatus, electrical energy	F21; G05F; H01B, C, F, G, H, J, K, M, R, T; H02; H05B, C, F, K
	2. Audio-visual technology	G09F, G; G11B; H03F, G, J; H04N – 003, – 005, – 009, – 013, – 015, –017, R, S
	3. Telecommunications	G08C; H01P, Q; H03B, C, D, H, K, L, M; H04B, H, J, K, L, M, N – 001, – 007, –011, Q
	4. Information technology	G06; G11C; G10L
	5. Semiconductors	H01L, B81
II . Instruments	6. Optics	G02; G03B, C, D, F, G, H; H01S
	7. Analysis, measurement, control technology	G01B, C, D, F, G, H, J, K, L, M, N, P, R, S, V, W; G04; G05B, D; G07; G08B, G; G09B, C, D; G12
	8. Medical technology	A61B, C, D, F, G, H, J, L, M, N
	9. Nuclear engineering	G01T; G21; H05G, H
III . Chemistry, pharmaceuticals	10. Organic fine chemistry	C07C, D, F, H, J, K
	11. Macromolecular chemistry, polymers	C08B, F, G, H, K, L; C09D, J
	12. Pharmaceuticals, cosmetics	A61K, A61P
	13. Biotechnology	C07G; C12M, N, P, Q, R, S

	Area	IPC
Ⅲ. Chemistry, pharmaceuticals	14. Agriculture, food chemistry	A01H; A21D; A23B, C, D, F, G, J, K, L; C12C, F, G, H, J; C13D, F, J, K
	15. Chemical and petrol industry, basic materials chemistry	A01N; C05; C07B; C08C; C09B, C, F, G, H, K; C10B, C, F, G, H, J, K, L, M, N; C11B, C, D
	16. Surface technology, coating	B05C, D; B32; C23; C25; C30
	17. Materials, metallurgy	C01; C03C; C04; C21; C22; B22, B82
Ⅳ. Process engineering, special equipment	18. Chemical engineering	B01B, D (without – 046 to – 053), F, J, L; B02C; B03; B04; B05B; B06; B07; B08; F25J; F26
	19. Materials processing, textiles, paper	A41H; A43D; A46D; B28; B29; B31; C03B; C08J; C14; D01; D02; D03; D04B, C, G, H; D05; D06B, C, G, H, J, L, M, P, Q; D21
	20. Handling, printing	B25J; B41; B65B, C, D, F, G, H; B66; B67
	21. Agricultural and food processing, machinery and apparatus	A01B, C, D, F, G, J, K, L, M; A21B, C; A22; A23N, P; B02B; C12L; C13C, G, H
	22. Environmental technology	A62D; B01D – 046 to – 053; B09; C02; F01N; F23G, J
Ⅴ. Mechanical engineering, machinery	23. Machine tools	B21; B23; B24; B26D, F; B27; B30
	24. Engines, pumps, turbines	turbines F01B, C, D, K, L, M, P; F02; F03; F04; F23R
	25. Thermal processes and apparatus	F22; F23B, C, D, H, K, L, M, N, Q; F24; F25B, C; F27; F28
	26. Mechanical elements	F15; F16; F17; G05G
	27. Transport	B60; B61; B62; B63B, C, H, J; B64B, C, D, F
	28. Space technology, weapons	B63G; B64G; C06; F41; F42

续表

	Area	IPC
VI. Consumption	29. Consumer goods and equipment	A24; A41B, C, D, F, G; A42; A43B, C; A44; A45; A46B; A47; A62B, C; A63; B25B, C, D, F, G, H; B26B; B42; B43; B44; B68; D04D; D06F, N; D07; F25D; G10B, C, D, F, G, H, K
	30. Civil engineering, building, mining	E01; E02; E03; E04; E05; E06; E21

资料来源：Schmoch U. Concept of a Technology Classification for Country Comparisons, Report to the World Intellectual Property Organization（WIPO），2008.

参考文献

［1］爱迪斯. 企业生命周期［M］. 北京：华夏出版社，2004.

［2］蔡莉，柳青. 新创企业资源整合过程模型［J］. 科学学与科学技术管理，2007（2）：95－102.

［3］陈劲，黄建樟，童亮. 复杂产品系统的技术开发模式［J］. 研究与发展管理，2004，16（5）：65－70.

［4］戴维奇，魏江. 创业心智、战略创业与业务演化［J］. 科学学研究，2015，33（8）：1215－1224.

［5］付宏. 中国新创企业成长轨迹的实证研究［M］. 北京：科学出版社，2013.

［6］谷宏. 资源整合能力、创业导向对创业绩效的影响研究［D］. 云南财经大学，2011.

［7］官建成，史晓敏. 技术创新能力和创新绩效关系研究［J］. 中国机械工程，2004（11）：1000－1004.

［8］郭霜飞. 制度环境、创业资源对国际创业绩效的影响研究［D］. 吉林大学，2014.

［9］贺小刚，沈瑜. 基于企业家团队资本视角的新创企业成长理论探析［J］. 外国经济与管理，2007，29（12）：30－37.

［10］雷家骕，林苞. 中国追赶发达国家应特别关注基于科学的创新及其产业［J］. 理论探讨，2014（2）：76－79.

［11］雷荣军，毕星. 系统动力学在建设项目管理中的应用［J］. 哈尔

滨理工大学学报，2004，9（6）：72-75.

[12] 李辰霁. 创业资源对创业导向和企业成长关系的影响研究——基于中美互联网创业企业的实证分析［D］. 南京大学，2014.

[13] 李华晶，王刚. 基于知识溢出视角的学术创业问题探究［J］. 研究与发展管理，2010，22（1）：52-59.

[14] 李华晶. 学者、学术组织与环境：学术创业研究评析［J］. 科学学与科学技术管理，2019（2）：51-54.

[15] 李硕. 基于战略视角的创业资源与创业绩效关系研究［D］. 吉林大学，2014.

[16] 李兆友，宋保林. 论技术知识的生成与转化及其过程本质——基于技术创新史的视角［J］. 自然辩证法研究，2010（9）：24-28.

[17] 林苞，雷家骕. 基于科学的创新与基于技术的创新：兼论科学——技术关系的"部门"模式［J］. 科学学研究，2014（9）：1289-1296.

[18] 林嵩. 创业资源的获取与整合——创业过程的一个解读视角［J］. 经济问题探索，2007（6）：166-169.

[19] 吕姝凝，朱旭峰. 技术资源、政府资源与专家学者在群体性事件中的角色——以大庆市铝制品项目事件为例［J］. 公共管理与政策评论，2019（1）：89-96.

[20] 牟莉莉，汪克夷，冯桂平，于晓丹. 专利保护与企业绩效关系研究［J］. 科技与管理，2009（11）：1-4.

[21] 裴旭东，黄聿舟，李随成. 资源识取行为对技术差异化能力的影响［J］. 科学学研究，2018（5）：893-900+921.

[22] 眭纪刚. 科学与技术：关系演进与政策涵义［J］. 科学学研究，2009，27（6）：801-807.

[23] 汤亚玲. 温州创业投资发展环境及优化对策研究［J］. 浙江大学，2010.

[24] 唐靖，姜彦福. 创业过程三阶段模型的探索性研究［J］. 经济师，2008（6）：189-191.

［25］田莉，龙丹．创业过程中先前经验的作用解析——最新研究成果评述［J］．经济理论与经济管理，2009（11）：41－45．

［26］涂辉文，李彩娥．创业学习及其对创业适应的影响研究［J］．现代商业，2011（30）：276－277．

［27］王宏宇，刘刊，范德成．地区工业发展与资源禀赋协同吗？——基于产业、要素、技术资源的视角［J］．运筹与管理，2019（5）：117－123．

［28］王维，李宏扬．新一代信息技术企业技术资源、研发投入与并购创新绩效［J］．管理学报，2019（3）：389－396．

［29］王习胜．国内科技团体创造力评估研究述评［J］．自然辩证法研究，2002，18（8）：50－52．

［30］王迎军，韩炜．新创企业成长过程中商业模式的构建研究［J］．科学学与科学技术管理，2011（9）：51－57．

［31］吴春波，曹仰锋，周长辉．企业发展过程中的领导风格演变：案例研究［J］．管理世界，2009（2）：123－137．

［32］夏清华．新创企业的成长：产业机会、行为资源与创业学习［J］．经济管理，2008，30（3）：36－41．

［33］许小东，陶劲松．新创企业中创业者创业压力、创业承诺与创业绩效的关系研究［C］．第五届中国管理学年会（MAM2010），2010．

［34］许秀梅，李敬锁，温琳．技术董事、技术资源配置与企业成长来自上市公司的经验数据［J］．科技进步与对策，2019（20）：94－102．

［35］颜士梅，王重鸣．并购式内创业中人力资源整合风险的控制策略：案例研究［J］．管理世界，2006（6）：119－129．

［36］杨波，熊中楷．新创企业成长要素分析及成长模型构建［J］．现代管理科学，2010（7）：40－42．

［37］杨俊．基于创业行为的企业家能力研究——一个基本分析框架［J］．外国经济与管理，2005，27（4）：28－35．

［38］易朝辉，夏清华．创业导向与大学衍生企业绩效关系研究——基

于学术型创业者资源支持的视角［J］. 科学学研究, 2011, 29（5）: 735 –
744.

［39］余绍忠. 创业资源、创业战略与创业绩效关系研究——基于不同
环境及组织结构的调剂机制［D］. 浙江大学, 2012.

［40］郁培丽. 产业集群技术知识创新系统演化阶段与路径分析［J］.
管理学报, 2007, 4（4）: 483 –487.

［41］张斌. 论技术知识的综合特征［J］. 求索, 1991（2）: 57 –58.

［42］张钢, 郭斌. 技术、技术资源与技术能力［J］. 自然辩证法通讯,
1997, 111（19）: 37 –42.

［43］张路蓬等. 战略性新兴产业创新网络的演化机理分析——基于中
国 2000 – 2015 年新能源汽车产业的实证［J］. 科学学研究, 2018（6）:
1027 –1035.

［44］张鹏, 雷家骕. 基于科学的产业发展模式研究——以心电图和石
墨烯产业为例［J］. 科学学与科学技术管理. 2015, 36（9）: 40 –53.

［45］张玉利. 企业家型企业的创业与快速成长［M］. 天津: 南开大学
出版社, 2003.

［46］章琰. 大学技术转移的双重过程分析［M］. 科学学与科学技术管
理, 2004, 25（7）: 27 –30.

［47］赵黎明. 技术转移论［M］. 北京: 中国科学技术出版社, 1992.

［48］赵文红, 李秀梅. 资源获取、资源管理对创业绩效的影响研究
［J］. 管理学报, 2014（10）: 1477 –1483.

［49］郑勤朴. 浅谈定量评价企业持续创新能力［J］. 理论与现代化,
2001（5）: 34 –37.

［50］郑育艺. 企业科学能力对企业创新绩效的影响分析［D］. 浙江大
学, 2007.

［51］朱秀梅, 张婧涵, 肖雪. 国外创业学习研究演进探析及未来展望
［J］. 外国经济与管理, 2013（12）: 20 –29.

［52］Abubakar Mohammed Abubakar et al. 2019. Knowledge management,

decision – making style and organizational performance [J]. *Journal of Innovation & Knowledge*, 4 (2): 104 – 114.

[53] Acosta M., Coronado D., Marin R. and Prats, P. 2013. Factors affecting the diffusion of patented military technology in the field of weapons and ammunition [J]. *Scientometrics*, 94 (1): 1 – 22.

[54] Acs Z. J. and Armington, C. 2006. *Entrepreneurship*, *Geography and American Economic Growth* [M]. New York: Cambridge University Press.

[55] Adegbesan J. A. 2009. On the origins of competitive advantage: Strategic factor markets and heterogeneous resource complementarity [J]. *Academy of Management Review*, (34): 463 – 475.

[56] Agrawal A. 2006. Engaging the inventor: Exploring licensing strategies for university inventions and the role of latent knowledge [J]. *Strategic Management Journal*, (27): 63 – 79.

[57] Agrawal A. and Henderson R. 2002. Putting patents in context: Exploring knowledge transfer from MIT [J]. *Management Science*, 48: 44 – 60.

[58] Ahuja G. and Lampert C. M. 2001. Entrepreneurship in the large corporation: A longitudinal study of how established firms create breakthrough inventions [J]. *Strategic Management Journal*, (22): 521 – 543.

[59] Aldrich H. E., Fiol M.. 1994. Fools rush in? The institutional context of industry creation [J]. *The Academy of Management Review*, 19 (4): 645 – 670.

[60] Aldrich H. E., Zimmer E. 1986. *Entrepreneurship through Social Network* [J]. *California Management Review*, 33: 3 – 24.

[61] Alexy O., G. George and A. J. Salter. 2013. The selective revealing of knowledge and its implications for innovative activity [J]. *Academy of Management Review*, 38 (2): 270 – 291.

[62] Allen Jeffrey W., Gordon M. P. 2000. Corporate equity ownership, strategic alliances, product market relationships [J]. *Journal of Finance*, 55

（6）： 2791 – 2815.

［63］ Almeida P. and. Phene A. . 2004. Subsidiaries and knowledge creation： the influence of the MNC and host country on innovation ［J］. *Strategic Management Journal*, 25 （8 – 9）： 847 – 864.

［64］ Ambos T. and J. M. Birkinshaw. 2010. How Do New Ventures Evolve? An Inductive Study of Archetype Changes in Science – Based Ventures ［J］. *Organization Science*, 21 （6）： 1125 – 1140.

［65］ Amirhosein Mardani et al. 2018. The Relationship Between Knowledge Management and Innovation Performance ［J］. *Journal of High Technology Management Research*, 29 （1）： 12 – 26.

［66］ Andreea N. Kiss and Pamela S. Barr. 2015. New Venture Strategic Adaptation： The Interplay of Belief Structures and Industry Context ［J］. *Strategic Management Journal*, 36： 1245 – 1263.

［67］ Ang J. , Cheng Y. M. and Wu C. P. 2012. Does Enforcement of Intellectual Property Rights Matter in China： Evidence from Financing and Investment Choices in the High – Tech Industry ［J］. *Review of Economics and Statistics*, 96 （2）： 332 – 348.

［68］ Ardichvili A. , Cardozo R. and Ray S. 2003. A theory of entrepreneurial opportunity identification and development ［J］. *Journal of Business Venturer*, （18）： 105 – 123.

［69］ Arentz J. , Sautet F. and Storr V. 2013. Prior knowledge and opportunity identification ［J］. *Small Business Economic*, （41）： 461 – 478.

［70］ Argyris C. 1986. *Knowledge for Action* ［M］. Jossey – Bass Publishers： San Francisco, CA, USA, 1993.

［71］ Armstrong J. S. The value of formal planning for strategic decisions： Reply ［J］. *Strategic Management Journal*, （7）： 183 – 203.

［72］ Audretsch D. B. , Lehmann E. E. and Warning S. 2005. University spillovers and newfirm location ［J］. Research Policy. （34）： 1113 – 1122.

[73] Autio E. 1997. "Atomistic" and "systemic" approaches to research on new technology-based firms: a literature study [J]. *Small Business Economic*, (9): 195 – 209.

[74] Azoulay P. , Ding W. and Stuart T. 2007. The determinants of faculty patenting behavior: Demographics or opportunities [J]. Journey of Economic Behavior Organization, (63): 599 – 623.

[75] Bain J. S. 1959. *Industrial Organization* [M]. New York: Wiley.

[76] Bains W. 2005. How academics can make (extra) money out of their science [J]. *Journey of Commerlial Biotechnology*, (11): 353 – 363.

[77] Baker T. and Nelson R. E. . 2005. Creating Something from Nothing: Resource Construction through Entrepreneurial Bricolage [J]. *Administrative Science Quarterly*, (50): 329 – 366.

[78] Banerjee P. M. and Cole B. M. 2010. Breadth-of-impact frontier: How firm-levels decisions and selection environment dynamics generate boundary-spanning inventions [J]. *Technovation*, 30 (7 – 8): 411 – 419.

[79] Barney J. 1991. Firm Resources and Sustained Competitive Advantage [J]. *Journal of Management*, (17): 99 – 129.

[80] Barney J. B. 1986. Strategic factor markets: Expectations, luck, and business strategy [J]. *Management Science*, (32): 1231 – 1241.

[81] Barney J. B. 2001. Is the Resource-based "View" a Useful Perspective for Strategic Management Research? Yes [J]. *Academy of Management Review*, (26): 41 – 56.

[82] Barney J. , Wright M. , David J. et al. 2001. The resource-based view of the firm: ten years after 1991 [J]. *Journal of Management*, (27): 625 – 641.

[83] Baron R. A. , Ensley, M. D. 2006. Opportunity recognition as the detection of meaningful patterns: Evidence from comparisons of novice and experienced entrepreneurs [J]. *Management Science*, (52): 1331 – 1344.

［84］ Batjargal B. , Hitt M. A. , Tsui A. S. 2013. Institutional polycentrism, Entrepreneurs' social networks and new venture performance ［J］. *Academy of Management Journal*, 56 （4）: 1024 – 1049.

［85］ Baum J. R. , Locke E. A. and Smith K. G. 2001. A Multidimensional Model of Venture Growth ［J］. *Academy of Management Journal*, 44 （2）: 292 – 303.

［86］ Baum J. R. , Bird B. J. , Singh S. 2011. The Practical Intelligence of Entrepreneurs: Antecedents and A Link with New Venture Growth ［J］. *Personnel Psychology*, 64 （2）: 397 – 425.

［87］ Becker B. and Gerhart B. 1996. The Impact of Human Resource Management on Organizational Performance: Progress and Prospects ［J］. *Academy of Management Journal*, （39）: 779 – 804.

［88］ Becker W. and Dietz J. 2004. R&D Cooperation and Innovation Activities of Firms: Evidence for the German Manufacturing Industry ［J］. *Research Policy*, 33 （2）: 209 – 223.

［89］ Bena J. A. N. and K. A. I. Li. 2014. Corporate innovations and mergers and acquisitions ［J］. *The Journal of Finance*. （12）: 59 – 70.

［90］ Benner M. J. 2007. The incumbent Discount: Stock Market Categories and Response to Radical Technological Change ［J］. *Academy Management Review*. （32）: 703 – 720.

［91］ Bercovitz J. and Feldman M. 2008. Academic Entrepreneurs: Organizational Change at the Individual Level ［J］. *Organization Science*. （19）: 69 – 89.

［92］ Berg B. L. 2001. *Qualitative Research Methods for the Social Sciences*, 4th ed ［M］. A Pearson Education Company: London, UK.

［93］ Berggren E. 2011. The entrepreneurial university's influence on commercialisation of academic research: The illustrative case of Chalmers University of Technology ［J］. *International Journal of Entrepreneurial Small Business*, （12）: 429 – 444.

［94］ Bhave M. P. 1994. A process model of entrepreneurial venture creation ［J］. *Journal of Business Venturing*, 9 （3）: 223 – 243.

［95］ Bhide A. 2000. *The Origin and Evolution of New Businesses* ［M］. Oxford University Press: New York.

［96］ Bierly P. , Chakrabarti A. 1996. Generic knowledge strategies in the U. S. pharmaceutical industry ［J］. *Strategic Management Journal*, Winter Special Issue 17: 123 – 135.

［97］ Bierwerth M. , Schwens C. , Isidor R. et al. 2015. Corporate Entrepreneurship and Performance: A Meta-analysis ［J］. *Small Business Economics*, 45 （2）: 255 – 278.

［98］ Bingham C. B. , Eisenhardt K. M. , Furr N. R. 2007. What makes a process a capability? Heuristics, strategy, and effective capture of opportunities ［J］. Strategic Entrepreneurial Journal, （1）: 27 – 47.

［99］ Bird B. J. 1988. Implementing entrepreneurial ideas: The case for intention ［J］. Academy Management Review, （13）: 442 – 454.

［100］ Blettner D. P. , He Z. , Hu S. and Bettis R. A. 2018. Adaptive Aspirations and Performance Heterogeneity: Attention Allocation among Multiple Reference Points ［J］. *Strategic Management Journal*, 36 （7）: 987 – 1005.

［101］ Bluedorn A. C. and Denhardt R. B. 1988. Time and organizations ［J］. *Journal of Management*, （14）: 299 – 320.

［102］ Bluedorn A. C. , Kaufman C. F. and Lane P. M. 1992. How many things do you like to do at once? An introduction to monochronic and polychronic time ［J］. *Academy Management Exective*, （6）: 17 – 26.

［103］ Board N. S. 2014. Science and Engineering Indicators, In: Foundation, N. S. （Ed. ）, Arlington VA ［S］.

［104］ Boeker W. , Goodstein J. 1991. Organizational performance and adaptation: Effects of environment and performance on changes in board composition ［J］. *Academy Management Journal*, （34）: 805 – 826.

［105］Boeker W. 1984. Strategic change: the effect of founding and history ［J］. *Academy of Management Review*, （9）: 586 – 510.

［106］Boeker W. , Karichalil R. 2002. Entrepreneurial transitions: Factors influencing founder departure ［J］. *Academy Management Journal*, 45 （4）: 818 – 826.

［107］Boh W. F. , De – Haan U. , Strom R. 2016. University technology transfer through entrepreneurship: Faculty and students in spinoffs ［J］. Ssrn The Journal of Techndogy Transfer, （41）: 661 – 669.

［108］Bou – Wen Lin, Chia – Hung Wu. 2010. How does knowledge depth moderate the performance of internal and external knowledge sourcing strategies? ［J］. *Technovation*, 30: 582 – 589.

［109］Bourgeois L. J. , lll. 1984. Strategic Management and Determinism ［J］. *Academy of Management Review*, （9）: 586.

［110］Box T. M. , White M. A. , Barr S. H. 1993. A contingency model of new manufacturing performance ［J］. *Entrepreneurship Theory Practice*, 18 （2）: 31 – 45.

［111］Bozeman B. and Gaughan M. 2007. Impacts of grants and contracts on academic researchers' interactions with industry ［J］. *Research Policy*, （36）: 694 – 707.

［112］Bradley S. , Hayter C. S. and Link A. N. 2013. Methods and models of university technology transfer. Found ［J］. *Trends Entrepreneur*, （9）: 571 – 650.

［113］Brüderl J. , Schüssler R. 1990. Organizational mortality: the liability of newness and adolescence ［J］. *Administrative Science Quarterly*, 35, 530 – 547.

［114］Breschi S. , Lissoni F. , Malerba F. 2003. Knowledge Relatedness in Firm Technological Diversification ［J］. *Research Policy*, （32）: 69 – 87.

［115］Breschi S. , Lissoni F. and Montobbio F. 2007. The scientific productivity of academic inventors: New evidence from Italian data ［J］. *Economic Innovation New Technology*, （16）: 101 – 118.

[116] Brown S. L. , Eisenhardt K. M. 1998. *Competing on the Edge*：*Strategy as Structured Chaos* [M]. Boston, MA：Harvard Business School Press.

[117] Brown S. L. , Eisenhardt K. M. . 1997. The art of continuous change：linking complexity theory and time-paced evolution in relentlessly shifting organizations [J]. *Administrative Science Quarterly*, 42 (1)：1 – 34.

[118] Brush C. G, Greene P. G. , Hart M. M. 2001. From initial idea to unique advantage：The entrepreneurial challenge of constructing a resource base [J]. *The Academy of Management Executive*, 15 (1)：64 – 78.

[119] Brush C. G. , Vanderwerf P. 1992. A comparison of methods and sources for obtaining estimates of new venture performance [J]. *Journal of Business Venturing*, 7 (2)：157 – 172.

[120] Burgelman R. A. 1994. Fading memories：A process theory of strategic business exit in dynamic environments [J]. *Administrative Science Quarterly*, 39：24 – 56.

[121] Burgelman R. A. and Sayles L. R. 1986. *Inside Corporate Innovation*：*Strategy*, *Structure*, *and Managerial Skills* [M]. The Free Press：New York, NY, USA.

[122] Burgelman R. A. 1991. Intraorganizational ecology of strategy making and organizational adaptation：Theory and field research [J]. *Organization Science*, 3 (2)：239 – 262.

[123] Busenitz L. , Barney J. 1997. Differences between entrepreneurs and managers in large organizations：biases and heuristics in strategic decision-making [J]. *Journal of Business Venturing*, 12 (1)：9 – 30.

[124] B. W. Lin and C. H. Wu. 2010. How Does Knowledge Depth Moderate the Performance of Internal and External Knowledge Sourcing Strategies [J]. *Technovation*, 30 (11 – 12)：582 – 589.

[125] Bygrave W. D. and Hofer C. W. 1991. Theorizing about entrepreneurship [J]. *Entrepreneurship Theory and Practice*, 16 (2)：13 – 22.

［126］ Cardinal L. B. , Alessandri T. M. , Turner S. F. . 2001. Knowledge codifiability, resources, and science-based innovation ［J］. *Journal of Knowledge Management*, 5 （2）: 195 – 204.

［127］ Carlsson B. and Fridh A. 2002. Technology transfer in United States universities ［J］. *Journal Evolutionary Economics*, （12）: 199 – 233.

［128］ Carroll G. R. 1983. A stochastic model of organizational mortality: review and reanalysis ［J］. *Social Science Research*, （12）: 309 – 329.

［129］ Chakravarthy B. 1982. Adaptation: A Promising Metaphor for Strategic Management ［J］. *Academy of Management Review*, 7: 35.

［130］ Chandle G. N. and Hanks S. H. 1994. Market attractiveness, Resource – Based Capabilities, Venture, Strategies, and Venture Performance ［J］. *Journal of Business Venturing*, （4）: 331 – 349.

［131］ Chandler A. D. 1962. *Strategy and structure: Chapters in the History of the American Industrial Enterprise* ［M］. The MIT Press: Cambridge, MA, USA.

［132］ Chandler G. N. and Hanks S. H. 1994. Founder Competence, the Environment, and Venture Performance ［J］. *Entrepreneurship Theory and Practice*, 18 （3）: 77 – 89.

［133］ Chandler G. N. and Jansen E. 1992. The Founder's Self – Assessed Competence and Venture Performance ［J］. *Journal of Business Venturing*, 7 （3）: 223 – 236.

［134］ Chandler A. D. 1992. Organizational capabilities and the economic history of the industrial enterprise ［J］. *The Journal of Economic Perspectives*, 6 （3）: 79 – 100.

［135］ Chen J. H. , Jang S. L. and Wen S. H. 2010. Measuring technological diversification: Identifying the effects of patent scale and patent scope ［J］. *Scientometrics*, 84 （1）: 265 – 275.

［136］ Chen Y. , Tang G. , Jin J. et al. 2014. CEOs'Transformational Lead-

ership and Product Innovation Performance: The Roles of Corporate Entrepreneurship and Technology Orientation [J]. *Journal of Product Innovation Management*, 31 (S1): 2-17.

[137] Chesbrough H. W. 2003. *Open Innovation, The New Imperative for Creating and Profiting from Technology* [M]. Harvard Business School Press: Boston, MA.

[138] Child J. 1997. Strategic Choice in the Analysis of Action, Structure, Organization and Environment: Retrospective and Prospective [J]. *Organization Studies*, (18): 43.

[139] Chircu A. M. and V. Mahajan. 2009. Perspective: revisiting the digital divide: an analysis of mobile technology depth and service breadth in the BRIC countries [J]. *Journal of Product Innovation Management*, 26 (4): 455-466.

[140] Chiu Y. C., Lai H. C., Liaw Y. C. and Lee T. Y. 2010. Technological Scope: Diversified or Specialized [J]. *Scientometrics*, 82 (1): 37-58.

[141] Choi Y., Shepherd D. A. 2004. Entrepreneurs' decisions to exploit opportunities [J]. *Journal of Management*, 30 (3): 377-395.

[142] Choudhury P., Haas M. R. 2018. Scope versus speed: Team diversity, leader experience, and patenting outcomes for firms [J]. *Strategic Management Journal*, 39 (4): 977-1002.

[143] Chrisman J., Hynes T. and Fraser S. 1995. Faculty entrepreneurship and economic development: The case of the University of Calgary [J]. *Journal Business Venturering*, 10: 267-281.

[144] Chrisman J. J., McMullan E. and Hall J. 2005. The Influence of Guided Preparation on the Long-Term Performance of New Ventures [J]. *Journal of Business Venturing*, 20 (6): 769-791.

[145] Chrisman J. J., Bauerschmidt A., Hofer C. W. 1998. The determinants of New Venture Performance: An Extended Model [J]. *Entrepreneurship Theory & Practice*, 23 (1): 5-29.

[146] Christensen C. M. , Bower J. L. 1996. Customer Power, Strategic Investment, and the Failure of Leading Firms [J]. *Strategic Management Journal*, 17 (3): 197 – 218.

[147] Ciavarella M. A. , Buchholtz A. K. , Riordan C. M. et al. 2004. The Big Five and Venture Survival: Is There a Linkage? [J]. *Journal of Business Venturing*, 19 (4): 465 – 483.

[148] Cockburn I. , Griliches Z. 1988. Industry Effects and Appropriability Measures in the Stoch Market's Valuation of R & D and patents [J]. *American Economic Review*, Paper and Proceedings, 78 (2): 419 – 423.

[149] Cohen W. M. and Levinthal D. A. 1990. Absorptive Capacity: A New Perspective on Learning and Innovation [J]. *Administrative Science Quarterly*, 35 (1): 128 – 152.

[150] Cohen W. M. , Nelson R. R. , Walsh J. P. 2002. Links and impacts: The influence of public research on industrial R & D [J]. *Management Science*, 48 (1): 1 – 23.

[151] Collins J. C. and Porras J. 1994. I. Building a Visionary Company [J]. *California Management Review*, (37): 80 – 101.

[152] Collis D. J. 1994. Research Note: How Valuable are Organizational Capabilities? [J]. *Strategic Management Journal*, 15 (S1): 143 – 152.

[153] Colombo M. G. , Grilli L. , Piva E. 2006. In Search of Complementary Assets: The Determinants of Alliance Formation of High-tech Start-ups [J]. *Research Policy*, 35 (8): 1166 – 1199.

[154] Colyvas C. , Crow M. , Gelijns A. , Mazzoleni R. , Nelson R. , Rosenberg N. and Sampat B. N. 2001. How do university inventions get into practice [J]? *Management Science*, 48, 61 – 72.

[155] Conner K. R. 1991. A Historical Comparison of Resource-based Theory and Five Schools of Thought Within Industrial Organization Economics: Do We have a New Theory of the Firm [J]? *Journal of Management*, 17: 121 – 154.

［156］ Cooper A. Fresh starts；Arnold. 2001. Cooper on Entrepreneurship and Wealth Creation ［J］. *Academy Management Executive*，15：27 – 39.

［157］ Cooper A. C. ，Gimeno – Gascon F. J. ，Woo C. Y. 1994. Initial Human and Financial Capital as Predictors of New Venture Performance ［J］. *Journal Business Venturer*，9（5）：371 – 395.

［158］ Corbett A. C. 2007. Learning Asymmetries and the Discovery of Entrepreneurial Opportunities ［J］. *Journal Business Venturer*，22：97 – 118.

［159］ Corbett A. C. and Hmieleski K. M. 2007. The Conflicting Cognitions of Corporate Entrepreneurs ［J］. *Entrepreneurial Theory Practice*，31，103 – 121.

［160］ Corbett A. C. ，Neck H. M. ，Detienne D. R. 2007. How Corporate Entrepreneurs Learn from Fledgling Innovation Initiatives：Cogni-tion and The Development of A Termination Script ［J］. *Entrepreneurship Theory and Practice*，31（6）：829 – 852.

［161］ Covin J. G. and Slevin D. 1991. A Conceptual Model of Entrepreneurship as Firm Behavior ［J］. *Entrepreneurship Theory and Practice*，16（1）：7 – 25.

［162］ Covin J. G. ，Miles M. P. 1999. Corporate Entrepreneurship and The Pursuit of Competitive Advantage ［J］. *Entrepreneurship：Theory and Practice*，23（3）：47 – 63.

［163］ Coyle J. M. ，Exelby D. and Holt J. 1999. System dynamics in defence analysis：Some case studies ［J］. *Journal of the Operational Research Society*，50：372 – 382.

［164］ Cyert R. M. and March J. G. 1963. *A Behavioral Theory of the Firm* ［M］. Prentice – Hall：Englewood Cliffs，NJ，USA.

［165］ Daft R. L. and Lengel R. H. 1986. Organizational Information Requirements，Media Richness and Structural Design ［J］. *Management Science*，32：554 – 571.

［166］ Damanpour F. 1991. Organizational Innovations：A Meta Analysis of Effects of Determinants and Moderators ［J］. *Academy of Management Journal*，34

（3）: 555 – 590.

［167］ D'Aveni R. A. 1994. *Hyper competition*: *Managing the Dynamics of Strategic Maneuvering* ［M］. New York: Simon & Schuster.

［168］ David Durand. 1989. After thoughts on a Controversy with MM, Plus New Thoughts on Growth and the Cost of Capital ［J］. *Financial Management*, （2）: 22 – 30.

［169］ Davidsson P. 1991. Continued Entrepreneurship: Ability, Need and Opportunity as Determinants of Small Firm Growth ［J］. *Journal of Business Venturing*, 6（6）: 405 – 429.

［170］ De Carolis D. M. 2003. Competencies and imitability in the pharmaceutical industry: an analysis of their relationship with firm performance ［J］. *Journal of Management*, 11: 27 – 50.

［171］ De Carolis D. M. and Deeds D. 1999. The impact of stocks and flows of organizational knowledge on firm performance: an empirical investigation of the biotechnology industry ［J］. *Strategic Management Journal*, 20: 953 – 968.

［172］ Delmar F. , Davidsson P. 2000. Where do they come from? Prevalence and characteristics of nascent entrepreneurs ［J］. *Entrepreneurship & Regional Development*, 12: 1 – 23.

［173］ De Luca L. M. , Atuahene – Gima K. 2007. Market knowledge dimensions and cross-functional collaboration: examining the different routes to product innovation performance ［J］. *Journal of Marketing*, 71（1）: 95 – 112.

［174］ Dess G. G. , Ireland R. D. , Zahra S. A. , Floyd S. W. , Janney J. J. and Lane P. J. 2003. Emerging issues in corporate entrepreneurship ［J］. *Journal of Management*, 29（3）: 351 – 378.

［175］ Dess G. G. , Lumpkin G. T. , Covin J. G. 1997. Entrepreneurial Strategy Making and Firm Performance: Tests of Contingency and Configurational Models ［J］. *Strategic Management Journal*, 18（9）: 677 – 695.

［176］ Dewar R. D. and Dutton J. E. 1986. The Adoption of Radical and In-

cremental Innovations: An Empirical Analysis [J]. *Management Science*, 32 (11): 1422 – 1433.

[177] Diehl E. and Sterman J. D. 1995. Effects of feedback complexity on dynamic decision making [J]. *Organizationdl Behavior and Human Decision Processes*. 62: 198 – 215.

[178] Dierickx I. and Cool K. 1989. Asset stock accumulation and sustainability of competitive advantage [J]. *Management Science*, 35: 1504 – 1511.

[179] Dietz J. , Bozeman B. 2005. Academic careers, patents, and productivity: Industryexperience as scientific and technical human capital [J]. *Research Policy*, 34: 349 – 367.

[180] Di Gregorio D. , Shane S. 2003. Why do Some Universities Generate More Start-ups than Others? [J]. *Research Policy*, 32 (2): 209 – 227.

[181] Dollinger M. J. 2003. *Entrepreneurship: Strategies and Resources* [M]. New York: Prentice Hall.

[182] Dong Baobao, Ge Baoshan, Wang Kan. 2011. The process of resources integration, the dynamic capability and the competitive advantage: Mechanism and path [J]. *Management World*, 3: 92 – 101.

[183] Dosi G. 1988. Sources, procedures, and microeconomic effects of innovation [J]. *Journal of Economic Literature*, 26 (3): 1120 – 1171.

[184] Dosi G. and Grazzi M. 2006. Technologies and problem-solving procedures and technologies as input-output relations: some perspectives on the theory of production [J]. *Industrial and Corporate Change*, 15 (1): 173 – 202.

[185] Duberley J. , Cohen L. and Leeson E. 2007. Entrepreneurial academics: Developing scientific careers in changing university settings [J]. *Higher Education Quarteruy.* , 61: 479 – 497.

[186] Duncan R. 1972. Characteristics of organizational environments [J]. Administrative Science Quarterly, 17: 313 – 327.

[187] Dutta D. K. and Crossan M. M. 2005. The nature of entrepreneurial

opportunities：Understanding the process using the 4I organizational learning framework. Entrepreneur ［J］. *Theory Practice*，4：425 – 449.

［188］ Eckhardt J. T. and Shane S. A. 2003. Opportunities and entrepreneurship ［J］. *Journal Management*，29：333 – 349.

［189］ Eisenhardt K. M. ，Bourgeois L. J. 1988. Politics of strategic decision making in high velocity environments：Toward a midrange theory ［J］. *Academy Management*，31：737 – 770.

［190］ Eisenhardt K. M. 1989. Building Theories from Case Study Research ［J］. *Academy Management Review*，14：532 – 550.

［191］ Eisenhardt K. M. 1991. Better Stories and Better Constructs：The Case for Rigor and Comparative Logic ［J］. *Academy Management Review*，16：620 – 627.

［192］ Eisenhardt K. M. and Graebner M. E. 2007. Theory Building from Cases：Opportunities and Challenges ［J］. *Academy Management Journal*，50：25 – 32.

［193］ Eisenhardt K. M. and Tabrizi B. N. 1995. Accelerating adaptive processes：product innovation in the global computer industry ［J］. *Administrative Science Quarterly*，40（1）：84 – 110.

［194］ Eisenhardt K. M. ，Martin J. A. . 2000. Dynamic capabilities：What are they? ［J］. *Strategic Management Journal*，21（10/11）：1105 – 1121.

［195］ Emery F. E. and Trist E. L. 1965. The Causal Texture of Organization Environments ［J］. *Human Relations*，18：21 – 40.

［196］ Ensign P. C. 1999. Innovation in the Multinational Firm with Globally Dispersed R&D：Technological Knowledge Utilization and Accumulation ［J］. *Journal of High Technology Management Research*，10（2）：203 – 221.

［197］ Erikson T. 2002. Entrepreneurial Capital：The Emerging Venture's Most Important Asset and Competitive Advantage ［J］. *Journal Business Ventures*，17：275 – 290.

［198］ Ettlie J. E. , Bridges W. P. and O'Keefe R. D. 1984. Organization Strategy and Structural Differences for Radical Versus Incremental Innovation ［J］. *Management Science*, 30 （6）: 682 – 695.

［199］ Etzkowitz H. 1988. The Norms of Entrepreneurial Science: Cognitive effects of the new university-industry linkage ［J］. *Research Policy*, 27: 823 – 833.

［200］ Fabrizio K. R. 2009. Absorptive Capacity and the Search for Innovation ［J］. *Research Policy*, 38 （2）: 25.

［201］ Fabrizi S. , Lippert S. , Norback P. , Person L. 2011. Venture Capital, Patenting, and Usefulness of Innovations ［J］. *SSRN working paper*.

［202］ Feldman M. , Feller I. and Bercovitz J. 2002. Equity and the technology transfer strategies of American research universities ［J］. *Management Science*, 48 （1）: 105 – 121.

［203］ Feldman M. , Feller I. and Bercovitz J. 2002. Equity and the technology transfer strategies of American research universities ［J］. *Management Science*, 48: 105 – 121.

［204］ Fleming L. 2001. Recombinant uncertainty in technological search ［J］. *Management Science*, 47: 117 – 132.

［205］ Fleming L. and Sorenson O. 2004. Science as a map in technological search ［J］. *Strategic Management Journal*, 25 （8 – 9）: 909 – 928.

［206］ Forrester J. W. 1958. Industrial dynamics: A major breakthrough for decision makers ［J］. *Harvard Business Review*, 36: 37 – 66.

［207］ Forrester J. W. 1971. Counterintuitive behavior of social systems ［J］. *Theory Decision*, 2: 109 – 140.

［208］ Foss N. J. , Lyngsie J. , Zahra S. A. 2013. The Role of External Knowledge Sources and Organizational Design in the Process of Opportunity Exploitation ［J］. *Strategic Management Journal*, 34 （12）: 1453 – 1471.

［209］ Foster R. N. 1986. Assessing technological threats ［J］. *Research Management*, （7 – 8）: 17 – 20.

［210］Freeman J. , Carroll G. R. , Hannan M. T. 1983. The Liability of Newness: Age Dependence in Organizational Death Rates ［J］. *American Sociological Review*, 48 (5): 692 – 710.

［211］Friedman J. and Silberman J. 2003. University technology transfer: Do Incentives, Management, and Location Matter ［J］? *Technology Transfer*, 28: 17 – 30.

［212］Fritsch M. and Krabel S. 2012. Ready to leave the ivory tower? Academic scientists' appeal to work in the private sector ［J］. *Technology Transfer*, 37: 271 – 296.

［213］Galunic D. , Eisenhardt K. 2001. Architectural innovation and modular corporate forms ［J］. *Academy of Management Journal*, 44: 1229 – 1249.

［214］Gambardella A. and S. Torrisi. 1998. Does technological convergence imply convergence in markets? Evidence from the electronics industry ［J］. *Research Policy*, 2 (5): 445 – 463.

［215］Ganotakis P. and Love J. H. 2012. The innovation value chain in new technology-based firms: Evidence from the U. K ［J］. *Joural of Product Innovation Management*, 29: 839 – 860.

［216］Gans J. S. , Stern S. 2003. The Product Market and the Market for "Ideas": Commercialization Strategies for Technology Entrepreneurs ［J］. *Research Policy*, (32): 333 – 350.

［217］Garnsey E. , Stam E. and P. 2006. Heffernan, New firm Growth: Exploring Processes and Paths ［J］. *Industry and Innovation*, 13 (1): 1 – 20.

［218］Gartner W. B. 1995. A Conceptual Framework for Describing the Phenomenon of Firm Creation ［J］. *The Academy of Management Review*, 10 (4): 696 – 709.

［219］Gary M. S. 2005. Implementation Strategy and Performance Outcomes in Related Diversification ［J］. *Strategic Management Journal*, 26: 643 – 664.

［220］George G. , R. Kotha and Y. Zheng. 2008. Entry into Insular Do-

mains: A Longitudinal Study of Knowledge Structuration and Innovation in bio-technology firms [J]. *Journal of Management Studies*, 45 (8): 1448 – 1474.

[221] Gersick C. J. G. 1991. Revolutionary change theories: A multi-level exploration of the punctuated equilibrium paradigm [J]. *Acudemy Management Review*, 16: 10 – 36.

[222] Ghemawat P. 1986. Sustainable advantage [J]. *Harvard Business Review*, 64: 53 – 58.

[223] Gibbons M. , Johnston R. 1974. The roles of science in techno-logical innovation [J]. *Research Policy*, 3 (3): 220 – 242.

[224] Gibson C. B. and Birkinshaw, J. 2004. The antecedents, consequences, and mediating role of organizational ambidexterity [J]. *Academy Management Journal*, 47: 209 – 226.

[225] Gielnik M. , Frese M. , Graf J. M. and Kampshulte, A. 2012. Creativity in the opportunity identification process and the moderating effect of diversity information [J]. *Journal of Business Venturer*, 27: 559 – 576.

[226] Gilbert B. A. , McDougall P. P. and Audretsch D. B. 2006. New Venture Growth: A Review and Extension [J]. *Journal of Management*, 32 (6): 926 – 950.

[227] Gilbert B. A. , McDougall P. P. , Audretsch D. B. 2008. Clusters, Knowledge Spill over Sand New Venture Performance: An Empirical Examination [J]. *Journal of Business Venturing*, 23 (4): 405 – 422.

[228] Gimeno J. , Folta T. B. , Cooper A. C. and Woo C. Y. 1997. Survival of the Fittest? Entrepreneurial Human Capital and the Persistence of Underperforming Firms [J]. *Administrative Science Quarterly*, 42 (4): 750 – 783.

[229] Granstrand J. G. , Sjolander. 1990. Managing innovation in multi-technology corporations [J]. *Research Policy*, 19: 35 – 60.

[230] Grant R. M. 1991. The resource-based theory of competitive advantage: implications for strategy formulation [J]. *California Management Review*,

33（3）：114－135.

［231］ Grant R. M. 1996. Prospering in Dynamically Competitive Envi ron-ments：Organizational Capability as Knowledge Integration ［J］. *Organization Science*, 7（4）：375.

［232］ Grant R. M. 1997. The knowledge-based view of the firm：implications for management practice ［J］. *Long Rang Planning*,（30）：452.

［233］ Gruber M. , D. Harhoff and K. Hoisl. 2013. Knowledge recombination across technological boundaries：scientists vs. engineers ［J］. *Management Science*, 59（4）：837－851.

［234］ Guan J. C. and Shi Y. 2012. Transnational citation, technological diversity and small world in global nanotechnology patenting ［J］. *Scientometrics*, 93（3）：609－633.

［235］ Gulati R. 1999. Network Location and Learning：The Influence of Network Resources and Firm Capabilities on Alliance Formation ［J］. *Strategic Management Journal*, 20（5）：397－420.

［236］ Gulbrandsen M. and Smeby J. 2005. Industry funding and university professors' research performance ［J］. *Research Policy*, 34：932－950.

［237］ Hall B. H. , Jaffe A. and Trajtenberg M. 2001. Market value and patent citations：a first look. Department of Economics, Working Paper Series, 254 ［C］. *Department of Economics, Institute for Business and Economic Research*, UC Berkeley.

［238］ Hall B. H. , Jaffe A. . 1990. Trajtenberg M. , Market Value and Patent Citations ［J］. *Journal of Economic Literature*, 18（4）：1661－1707.

［239］ Hambrick D. C. , Geletkanycz, M. A. and Frederickson, J. W. 1993. Top Executive Commitment to the Status Quo：Some Tests of its Determinants ［J］. *Strategic Management Journal*, 14：401－418.

［240］ Hannan M. T. and Freeman J. H. 1977. The Population Ecology of Organizations ［J］. *American Journal of Sociology*,（82）：929－950.

［241］ Hargadon A. B. and Bechky，B. A. 2006. When Collections of Creatives Become Creative Collectives：A Field Study of Problem Solving at Work ［J］. *Organization Science*，17（4）：484 – 500.

［242］ Hayter C. S. 2011. In Search of the Profit-maximizing Actor：Motivations and Definitions of Success from Nascent Academic Entrepreneurs ［J］. *Technology Transfer*，36：340 – 352.

［243］ Hayter C. S. 2013. Harnessing University Entrepreneurship for Economic Growth：Factors of Success Among University Spin-offs ［J］. *Economic Development. Q*，27：17 – 27.

［244］ Hayter C. S. 2015. Public or Private Entrepreneurship？Revisiting Motivations and Definitions of Success Among Academic Entrepreneurs ［J］. *Journal Technology Transfer*，40：1003 – 1015.

［245］ Hayter C. S. 2016. Constraining Entrepreneurial Development：A Knowledge-based View of Social Networks Among Academic Entrepreneurs ［J］. *Research Policy*，45：475 – 490.

［246］ Heavey C.，Simsek Z.，Roche F. and Kelly A. 2009. Decision Comprehensiveness and Corporate Entrepreneurship：The Moderating Role of Managerial Uncertainty Preferences and Environmental Dynamism ［J］. *Journal Management Studies*，46：1289 – 1314.

［247］ Helfat C. E. and Peteraf M. A. 2003. The Dynamic Resource-based View：Capabilities Lifecycles ［J］. *Strategic Management Journal*，24：997 – 1010.

［248］ Helfat C. E. 2000. Guest Editor's Introduction to the Special Issue：The Evolution of Firm Capabilities ［J］. *Strategic Management Journal*，21：955 – 960.

［249］ Henderson R.，Jaffe A. and Trajtenberg M. 1998. Universities as a Source of Commercial Technology：A Detailed Analysis of University Patenting，1965 – 1988 ［J］. *Reriew of Economics and Statistics*，80：119 – 127.

［250］ Henderson R. and Cockburn I. 1994. Measuring Competence？Exploring Firm Effects in Pharmaceutical Research ［J］. *Strategic Management Journal*，

Winter Special Issue, 15: 63 – 84.

[251] Henderson R. and Cockburn I. 1996. Scale, Scope, and Spillovers: The Determinants of Research Productivity in Drug Discovery [J]. *The Rand Journal of Economics*, 27 (1): 32 – 59.

[252] Hill C. W. , Rothaermel F. T. 2003. The Performance of Incumbent Firms in the Face of Radical Technological Innovation [J]. *Academy of Management Review*, 28 (2): 257 – 274.

[253] Hitt M. A. , Bierman L. , Shimizu K. and Kochhar R. 2001. Direct and Moderating Effects of Human Capital on Strategy and Performance in Professional Service Firms: A Resource-based Perspective [J]. *Academy of Management Journal*, 44: 13 – 28.

[254] Hitt M. A. , Ireland R. D. , Sirmon D. G. and Trahms C. A. 2011. Strategic Entrepreneurship: Creating Value for Individuals, Organizations, and Society [J]. *Academy Management Perspect*, 22 (6 – 7): 479 – 491.

[255] Hitt M. , Tyler B. B. 1991. Strategic Decision Models: Integrating Different Perspectives [J]. *Strategic Management Journal*, 12 (5): 327 – 351.

[256] Hitt M. A. , Ireland R. D. , Camp S. M. et al. 2001. Strategic Entrepreneurship: Entrepreneurial Strategies for Wealth Creation [J]. *Strategic Management Journal*, 22 (6 – 7): 479 – 491.

[257] Hmieleski K. M. , Baron R. A. 2008. Regulatory Focus and New Venture Performance: A Study of Entrepreneurial Opportunity Exploitation under Condition so Frisk Versus Uncertainty [J]. *Strategic Entrepreneurship Journal*, 4 (2): 285 – 301.

[258] Hmieleski K. M. , Ensley M. D. 2007. A Contextual Examination of New Venture Performance: Entrepreneur Leadership Behavior, Top Management Team Heterogeneity, and Environmental Dynamism [J]. *Journal of Organizational Behavior*, 28 (7): 865 – 889.

[259] Hobday M. 1998. Product Complexity, Innovation and Industrial Organization [J]. *Research Policy*, 26: 689 –710.

[260] Hoopes D. G. , Postrel S. 1999. Shared Knowledge, "Glitches", and Product Development Performance [J]. *Strategic Management Journal*, 20 (9): 837 –865.

[261] Hornsby J. S. , Kuratko D. F. , Holt D. T. and Wales W. J. 2013. Assessing a Measurement of Organizational Preparedness for Corporate Entrepreneurship [J]. *Journal Productive Innovation Management*, 30: 937 –955.

[262] Howard E. Aldrich and Martha Argelia Martinez. 2001. Many Are Called, but Few Are Chosen An Evolutionary Perspective for the Study of Entrepreneurship [J]. *Entrepreneurship Theory and Practice*, 25 (4): 41 –56.

[263] Huff J. O. , Huff A. S. and Thomas H. 1992. Strategic Renewal and the Interaction of Cumulative Stress and Inertia [J]. *Strategic Management Journal*, 13: 55 –75.

[264] Hughes A. and M. Kitson. 2012. Pathways to Impact and the Strategic Role of Universities: New Evidence on the Breadth and Depth of University Knowledge Eexchange in the UK and the Factors Constraining its Development [J]. *Cambridge Journal of Economics*, 36 (3): 723 –750.

[265] Huselid A. M. 1995. The Impact of Human Resource Management Practices on Turnover, Productivity, and Corporate Financial Performance [J]. *Academy of Management Journal*, (38): 635 –673.

[266] I. Dierickx and K. Cool. 1989. Asset Stock Accumulation and Sustainability of competitive Advantage [J]. *Management Science*, 35 (12): 1504 – 1511.

[267] Ireland R. D. , Covin J. G. and Kuratko D. F. 2009. Conceptualizing Corporate Entrepreneurship Strategy [J] . *Entrepreneur Theory Practice*. 33, 19 –46.

[268] Ireland R. D. , Webb J. W. 2007. Strategic Entrepreneurship: Crea-

ting Competitive Advantage Through Streams of Innovation [J]. *Business Horizons*, 50 (1): 49 – 59.

[269] Ireland R. D. , Hitt M. A. , Camp S. M. et al. 2001. Integrating Entrepreneurship and Strategic Management Actions to Create FirmWealth [J]. *The Academy of Management Executive*, 15 (1): 49 – 63.

[270] Jacobs G. , van Witteloostuijn, A. and Christe – Zeyse, J. 2013. A Theoretical Framework of Organizational Change [J]. *Journal Organization Change Management*, 26: 772 – 792.

[271] Jain S. , George G. and Maltarich M. 2009. Academics or Entrepreneurs? Investigating Role Identity Modification of University Scientists Involved in Commercialization Activity [J]. Research Policy, 38: 922 – 935.

[272] Jennings D. F. and Seaman S. L. 1996. High and Low Levels of Organizational Adaptation: An Empirical Analysis of Strategy, Structure and Performance [J]. *European Journal of Cognitive Psychology*, 8 (4): 381.

[273] Jensen R. A. , Thursby J. G. and Thursby M. C. 2003. Disclosure and Licensing of University Inventions: The Best We can do with the S**t we Get to Work with [J]. *International Journal of Industrial Organizaiton*, 21: 1271 – 1300.

[274] Jessica Luo Carlo, Kalle Lyytinen, and Gregory M. . 2019. A Knowledge – Based Model of Radical Innovation in Small Software [J]. *MIS Quarterly*, 36 (3): 865 – 895.

[275] Jick T. D. 1979. Mixing Qualitativeand Quantitative Methods: Triangulation in Action [J]. *Administrative Science Quarterly*, 24: 602 – 611.

[276] John A. Parnell, Donald L. Leaster and Michael L. Menefee. 2000. Strategy as a Response to Organizational Uncertainty: An Alternative Perspective on the Strategy-performance Relationship [J]. *Management Decision*, 38 (8): 520 – 530.

[277] Jose M. L. , L. M. Nichols and J. L. Stevens. 1986. Contributions of di-

versification, promotion, and R&D to the value of multiproduct firms: a Tobin's q approach [J]. *Financial Management*, 15 (4): 33 –42.

[278] Kais Mejri, Jason Alexander MacVaugh, Dimitrios Tsagdis. 2018. Knowledge configurations of small and medium-sized knowledge-intensive firms in a developing economy: A knowledge-based view of business-to-business internationalization [J]. *Industrial Marketing Management*, 71: 160 –170.

[279] Kakati M. 2003. Success criteria in high-tech new ventures [J]. *Technovation*, 23 (5): 447 –457.

[280] Karimi J. , Walter Z. 2016. Corporate Entrepreneurship, Disruptive Business Model Innovation Adoption, and Its Performance: The Case of the Newspaper Industry [J]. *Long Range Planning*, 49 (3): 342 –360.

[281] Katila R. and G. Ahuja. 2002. Something old, something new: a longitudinal study of search behavior and new product introduction [J]. *Academy of Management Journal*, 45 (6): 1183 –1194.

[282] Katz N. , Du Preez N. 2008. The role of knowledge management in supporting a radical innovation project [C]. *In Methods and Tools for Effective Knowledge LifeCycle – Management*, Bernard A, Tichkiewitch S (eds).

[283] Kauffman S. , Lobo J. and Macready W. G. 2000. Optimal search on a technology landscape [J]. *Journal of Economic Behavior & Organization*, 43: 141 –166.

[284] Kauffman S. 1993. *The Origins of Order* [M]. New York: Oxford University.

[285] Kazanjian R. K. and Drazin R. 1990. A stage-contingent model of design and growth for technology based new ventures [J]. *Journal of Business Venturing*, 5: 137 –150.

[286] Kazanjian R. K. 1988. Relation of dominant problems to stages of growth in technology-based new ventures [J]. *Academy of Management Journal*, 2: 257 –279.

［287］ Keats B. W. , Hitt M. A. 1988. A causal model of linkages among envi-ronmental dimensions, macro organizational characteristics, and performance ［J］. *Academy of Management Journal*, 31 (3): 570 – 598.

［288］ Keeley R. H. and Roure J. B. 1990. Management, Strategy and Industry Structure as Influences on the Success of New Firms: A Structural Model ［J］. *Journal Management Science*, 36 (10): 1256 – 1267.

［289］ Kirzner I. M. 1973. *Competition and Entrepreneurship* ［M］. University of Chicago Press: Chicago, IL, USA.

［290］ Klofsten M. and Jones – Evans, D. 2000. Comparing academic entre-preneurship in Europe-the case of Sweden and Ireland ［J］. *Small Business Eco-nomic*, 14: 299 – 309.

［291］ Knockaert M. , Ucbasaran D. , Wright M. , Clarysse B. 2011. The relationship between knowledge transfer, top management team composition, and performance: the case of science-based entrepreneurial firms ［J］. *Entrepreneurship Theory Practice*, 35 (4): 777 – 803.

［292］ Koberg C. S. 1987. Resource scarcity, environmental uncertainty, and adaptive organizational behavior ［J］. *Academy Management Journal*, 30: 798 – 807.

［293］ Kogut B. , Zander U. 1992. Knowledge of the firm, combinative capa-bilities, and the replication of technology ［J］. *Organization Science*, (3): 383 – 397.

［294］ Koput K. W. 1997. A chaotic model of innovative search: some an-swers, many questions ［J］. *Organization Science*, 8 (5): 528 – 542.

［295］ Kraaijenbrink J. , Wijnhoven F. , Groen A. 2007. Towards a kernel theory of external knowledge integration for high-tech firms: Exploring a failed theo-ry test ［J］. *Technological Forecasting and Social Change*, 74 (8): 1215 – 1233.

［296］ Kuratko D. F. , Ireland R. D. , Hornsby J. S. 2001. Improving Firm Performance through Entrepreneurial Actions: Acordia's Corpo-rate Entrepreneur-

ship Strategy [J]. *The Academy of Management Executive*, 15 (4): 60 –71.

[297] Lam A. 2011. What motivates academic scientists to engage in research commercialization: "Gold", "ribbon" or "puzzle" [J]? *Research Policy*, 40: 1354 –1368.

[298] Landry R. , Amara N. and Rherrad I. 2006. Why are some university researchers more likely to create spin-offs than others? Evidence from Canadian u-niversities [J]. *Research Policy*, 35: 1599 –1615.

[299] Lane P. J. , Koka B. R. and Pathak S. 2006. The Reification of Absorp-tive Capacity: A Critical Review and Rejuvenation of the Construct [J]. *Academy of Management Review*, 31 (4): 833 –863.

[300] Langley A. , Smallman C. , Tsoukas H. et al. 2013. Process Studies of Change in Organization and Management: Unveiling Temporality, Activity, and Flow [J]. *Academy of Management Journal*, 56 (1): 1 –13.

[301] Lanza A. and Passarelli M. 2014. Technology change and dynamic en-trepreneurial capabilities [J]. *Journal Small Business Management*, 52: 427 – 450.

[302] Laursen K. and A. Salter. 2006. Open for innovation: the role of openness in explaining innovation performance among U. K. manufacturing firms [J]. *Strategic Management Journal*, 27 (2): 131 –150.

[303] Lawrence P. R. and Lorsch J. W. 1967. *Organization and Environment* [M]. Homewood, lll. : Irwin –Dorsey.

[304] Leiponen A. and Helfat C. E. 2010. Innovation objectives, knowledge sources and the benefit of breadth [J]. *Strategic Management Journal*, 31 (2): 224 –236.

[305] Leonard –Barton D. 1992. Core capabilities and core rigidities: a paradox in managing new product development [J]. *Strategic Management Jour-nal*, 13 (8): 111 –125.

[306] Lerner J. 1994. The importance of patent scope: An empirical analy-

sis [J]. *RAND Journal of Economics*, 25 (2): 319 –333.

[307] Lerner J. 1994. Venture capitalists and the decision to go public [J]. *Journal of Financial Economics*, 35 (3): 293 –316.

[308] Leten B., Belderbos R. and Van Looy B. 2007. Technological diversification, coherence, and performance of firms [J]. *Journal of Product Innovation Management*, 24 (6): 567 –579.

[309] Levinthal D. and March J. G. 1981. A model of adaptive organizational search [J]. *Journal of Economic Behavior & Organization*, 2 (4): 307 –333.

[310] Levinthal D. A., March J. G. 1993. The myopia of learning [J]. *Strategic Management Journal*, Winter Special Issue, 14: 95 –112.

[311] Levitt B., March J. G. et al. 1988. Organizational learning. In Annual Review of Sociology [J]. *Annual Reviews*, 14: 319 –340.

[312] Li, Haiyang. 2001. How Does New Venture Strategy Matter in The Environment – Performance Relationship? [J]. *Journal of High Technology Management Research*, 12 (2): 183 –204.

[313] Li H. Scholar. 2009. Academic Organization and Environment: A Review of the Research on Academic Entrepreneurship [J]. *Science Management* 30: 51 –53.

[314] Li Q., Maggitti P. G., Smith K. G., Tesluk, P. E. and Katila, R. 2013. Top management attention to innovation: The role of search selection and intensity in new product introductions [J]. *Academy Management Journal*, 56: 893 –916.

[315] Lianying Zhang, Haiyan Guo. 2019. Enabling knowledge diversity to benefit cross-functional project teams: Joint roles of knowledge leadership and transactive memory system [J]. *Information & Management*, In press.

[316] Lichtenstein B. M. B. and Brush C. G. 2001. How do "resource bundles" develop and change in new ventures? A dynamic model and longitudinal exploration [J]. *Entrepreneurship Theory and Practice*, 25 (1): 37 –58.

[317] Lin E. , Lin T. M. Y. , Lin B. W. 2010. New high-tech venturing as process of resource accumulation [J]. *Management Decision*, 48 (8): 1230 – 1246.

[318] Link A. N. , Siegel D. S. and Bozeman B. 2007. An empirical analysis of the propensity of academics to engage in informal university technology transfer [J]. *Industrial Corporation Change*, 16: 641 – 655.

[319] Lippman S. and Rumelt R. P. 1982. Uncertain imitability: An analysis of interfirm differences in efficiency under competition [J]. *Bell Journal of Economics*, 13: 418 – 438.

[320] Lotti F. , Santarell E. and Vivarelli M. 2001. The Relationship between Size and Grow: The Cases of Italian Newborn Firms [J]. *Applied Economics Letters*, 8 (7): 451 – 454.

[321] Louis K. S. , Blumenthal D. , Gluck M. E. and Stoto M. A. 1989. Entrepreneurs in academe: An exploration of behaviors among life scientists [J]. *Administrative Science Quarterly*, 34: 131.

[322] Lubik S. and Garnsey E. 2016. Early business model evolution in science-based ventures: The case of advanced materials [J]. *Long Range Planning*, 49 (3): 393 – 408.

[323] Luca L. M. D. and Atuahene – Gima K. 2007. Market knowledge dimension sand cross-functional collaboration: examining the different routes to product innovation performance [J]. *Journal of Marketing*, 71 (1): 95 – 112.

[324] Lundqvist M. A. 2014. The importance of surrogate entrepreneurship for incubated Swedish technology ventures [J]. *Technovation*, 34 (2): 93 – 100.

[325] Luoma M. 2006. A play of four areas: How complexity can serve management development [J]. *Management Learning*, 37: 101 – 123.

[326] Lyneis J. M. 1999. System dynamics for business strategy: A phased approach [J]. *System Dynamic Review*, 15: 37 – 70.

[327] Mahoney J. T. 1995. The management of resources and the resources

of management [J]. *Journal Business Research*, 33: 91 – 101.

[328] Maier F. H. 1998. New product diffusion models in innovation management—A system dynamics perspective [J]. *System Dynamic Review*, 14: 285 – 308.

[329] Mansfield E. 1991. Academic research and industrial innovation [J]. *Research Policy*, 20: 1 – 2.

[330] Mansfield E. 1998. Academic research and industrial innovation: an update of empirical findings [J]. *Research Policy*, 26: 773 – 776.

[331] March J. G. and Simon H. A. 1958. *Organizations* [J]. Wiley: New York, NY, USA.

[332] March J. 1991. Exploitation and exploration in organizational learning [J]. *Organization Science*, 2 (1): 71 – 87.

[333] Margaret L. Sheng. 2019. Foreign tacit knowledge and a capabilities perspective on MNEs' product innovativeness: Examining source-recipient knowledge absorption platforms [J]. *International Journal of Information Management*, 44: 154 – 163.

[334] Marinova D. 2004. Actualizing innovation effort: The impact of market knowledge diffusion in a dynamic system of competition [J]. *Journal of Marketing*, 68: 1 – 20.

[335] Markman G. D., Phan P. H., Balkin D. B. and Gianiodis P. T. 2005. Entrepreneurship and university-based technology transfer [J]. *Journal Business Venturer*, 20: 241 – 263.

[336] Marshall A. 1925. *Principles of Economics* (8th ed) [M]. London: MacMillan.

[337] Matthew S. Wood. 2011. A process model of academic entrepreneurship [J]. *Business Horizons*, 54: 153 – 161.

[338] Mcevily S. K., Chakravarthy B. 2010. The persistence of knowledge-based advantage: an empirical test for product performance and technological

knowledge [J]. *Strategic Management Journal*, 23 (4): 285 – 305.

[339] McGrath R. G. , Chen M. , Mac Millan I. C. 1998. Multimarket maneuvering in uncertain spheres of infiuence: Resource diversion strategies [J]. *Academy Management Review*, 23 (4): 724 – 740.

[340] McMullen J. S. , Shepherd D. A. 2006. Entrepreneurial action and the role of uncertainty in the theory of the entrepreneur [J]. *Academy of Management Review*, 31 (1): 132 – 152.

[341] McQueen D. H. , Wallmark J. T. 1982. Spin-off companies from Chalmers university of technology [J]. *Technovation*, 1 (4): 305 – 315.

[342] Meyer J. W. and Rowan B. 1977. Institutionalized organizations: formal structures as myth and ceremony [J]. *American Journal of Sociology*, 83: 340 – 371.

[343] Mezias S. J. and Glynn M. A. 1993. The three faces of corporate renewal: Institution, revolution, and evolution [J]. *Strategic Management Journal*, 14: 77 – 101.

[344] Mihm, Jurgen, Sting, Fabian J. , Wang, Tan. 2015. On the Effectiveness of Patenting Strategies in Innovation Races [J]. *Social Science Electronic Publishing*, 2 (2): 1 – 35.

[345] Miles. R. , Snow C. C. 1978. *Organizational Strategy, Structure, and process* [M]. New York: McGraw – Hill.

[346] Miller D. and Frieson P. 1998. Momentum and revolution in organizational adaptation [J]. *Academy of Management Journal*, 23: 591 – 620.

[347] Miller D. 1988. Relating Porter's business strategies to environment and structure: Analysis and performance implications [J]. *Academy Management Journal*, 31: 280 – 308.

[348] Miller D. J. 2006. Technological diversity, related diversification, and firm performance [J]. *Strategic Management Journal*, 27 (7): 601 – 619.

[349] Miller D. 2003. An Asymmetry – Based View of Advantage: Towards an

Attainable Sustainability ［J］. *Strategic Management Journal*, 24（10）: 961 - 976.

［350］ Mintzberg H. 1994. *The Rise and Fall of Strategic Planning* ［M］. The Free Press: New York, NY, USA.

［351］ Mishina Y. , Pollock T. G. , Porac J. F. 2004. Are more resources always better for growth? Resource stickiness in market and product expansion ［J］. *Strategic Management Journal*, 25（12）: 1179 - 1197.

［352］ Mitchell R. K. , Busenitz L. , Lant T. , McDougall P. P. , Morse E. A. and Smith J. B. 2002. Toward a theory of entrepreneurial cognition: Rethinking the people side of entrepreneurship research ［J］. *Entrepreneur Theory Practice*, 27: 93 - 104.

［353］ Moorman C. and Miner A. S. 1997. The impact of organizational memory on new product performance and creativity ［J］. *Journal of Marketing Research*, 4（2）: 91 - 106.

［354］ Moorthy S. and D. E. Polley. 2010. Technological knowledge breadth and depth: performance impacts ［J］. *Journal of Knowledge Management*, 14（3）: 359 - 377.

［355］ Moorthy S. 2012. Varying effects of enhanced and new corporate technological knowledge in responding to technological change ［J］. *Competitiveness Review*, 22（3）: 235 - 250.

［356］ Morris M. H. and Kuratko, D. F. and Covin, J. G. 2011. *Corporate Entrepreneurship and Innovation* ［M］. South - Western Publishers: Mason, OH, USA.

［357］ Morris M. H. , Van Vuuren J. , Cornwall J. R. and Scheepers R. 2009. Properties of balance: A pendulum effect in corporate entrepreneurship ［J］. *Business Horizons*, 52: 429 - 440.

［358］ Morris M. H. , Sexton D. L. 1996. The Concept of Entrepreneurial Intensity: Implications for Company Performance ［J］. *Journal of Business Re-*

search, 36 (1): 5 – 13.

[359] Muhammad Shujahat et al. 2019. Translating the impact of knowledge management processes into knowledge-based innovation: The neglected and mediating role of knowledge-worker productivity [J]. *Journal of Business Research*, 94: 442 – 450.

[360] Murray F. 2004. The role of academic inventors in entrepreneurial firms: Sharing the laboratory life [J]. *Research Policy*, 33: 643 – 659.

[361] Murray F. and Graham L. 2007. Buying science and selling science: Gender differences in the market for commercial science [J]. *Industrial Corporation Change*, 16: 657 – 689.

[362] Myers Stewart. 1988. Determinants of Corporate Borrowing [J]. *Journal of Financial Economics*, 5 (2): 147 – 175.

[363] Narula R. 2004. R and D collaboration by SMEs: new opportunities and limitations in the face of globalization [J]. *Technovation*, 24 (2): 153 – 161.

[364] Nelson R. R. , Winter S. G. 1982. *An Evolutionary Theory of Economic Change* [M]. Cambridge: Harvard University Press.

[365] Nerkar A. and Paruchuri S. 2005. Evolution of R and D capabilities: the role of knowledge networks within affirm [J]. *Management Science*, 51: 771 – 785.

[366] Newbert S. L. 2007. Empirical research on the resource-based view of the firm: An assessment and suggestions for future research [J]. *Strategic Management Journal*, 28: 121 – 146.

[367] Nicolaou N. and Birley, S. 2003. Academic networks in a trichotomous categorisation of university spinouts [J]. *Journal Business Venturer*, 18: 333 – 359.

[368] Nonaka I. 1994. Adynamic theory of organizational knowledge [J]. *Organization Science*, 5: 14 – 37.

［369］Nutt P. C. 2002. *Why Decisions* Fail ［M］. Berrett – Koehler Publishers：San Francisco，CA，USA.

［370］O'Connor G. C. ，Rice M. P. 2001. Opportunity recognition and breakthrough innovation in large established firms ［J］. *California Management Review*，43（2）：95 – 116.

［371］O'Gorman C. ，Byrne O. and Pandya D. 2008. How scientists commercialise newknowledge via entrepreneurship ［J］. *Journal Technology Transfer*，33：23 – 43.

［372］Olson P. D. ，Bokor D. W. 1995. Strategy process-content interaction：Effects on growth performance in small start-up firms ［J］. *Journal Small Business Management* 33（1）：34 – 60.

［373］O'Reilly C. A. and Tushman M. L. 2013. Organizational ambidexterity：Past，present，and future ［J］. *Academy Management Perspect*，27：324 – 338.

［374］Örtenblad A. 2004. The learning organization：Towards an integrated model ［J］. *Learning Organization*，11：129 – 144.

［375］Orton J. D. and Weick K. E. 1990. Loosely coupled systems：A reconceptualization ［J］. *Academy Management Review*，15：203 – 223.

［376］O'Shea R. ，Allen T. ，O'Gorman C. and Roche F. 2004. Universities and technology transfer：A review of academic entrepreneurship literature ［J］. *Iran Journal Management* 25：11 – 29.

［377］O'Shea R. P. ，Allen T. J. ，Chevalier A. and Roche F. 2005. Entrepreneurial orientation，technology transfer and spinoff performance of U. S. universities ［J］. *Research Policy*，34：994 – 1009.

［378］O'Shea R. P. ，Allen T. J. ，Morse K. P. ，O'Gorman C. and Roche F. 2007. Delineating the anatomy of entrepreneurial university：The Massachusetts Institute of Technology experience ［J］. *R&D Management*，37：1 – 16.

［379］Owen – Smith J. and Powell W. W. 2001. To patent or not：Faculty decisions and institutional success at technology transfer ［J］. *Journal Technology*

Transfer, 26: 99 – 114.

[380] Owen – Smith J. and Powell W. W. 2003. The expanding role of university patenting in the life sciences: Assessing the importance of experience and connectivity [J]. *Research Policy*, 32: 1695 – 1711.

[381] Ozcan C. P. and Eisenhardt K. M. 2009. Origin of Alliance Portfolios: Entrepreneurs, Network Strategies, and Firm Performance [J]. *Academy of Management Journal*, 52 (2): 246 – 279.

[382] Ozman M. 2007. *Breadth and Depth of Main Technology Fields: An Empirical Investigation Using Patent Data* [R]. Middle East Technical University Working Paper.

[383] Park J. S. . 2005. Opportunity recognition and product innovation in entrepreneurial hi-tech start-ups: a new perspective and supporting case study [J]. *Technovation*, 25 (7): 739 – 752.

[384] Patel P. C. , Messersmith J. G. and Lepak D. P. 2013. Walking the tightrope: An assessment of the relationship between high-performance work systems and organizational ambidexterity [J]. *Academy Management Journal*, 56: 1420 – 1442.

[385] Patton M. Q. 2002. *Qualitative Research and Evaluation Methods*, 3rd ed [M]. Sage Publications: Thousand Oaks, CA, USA.

[386] Paul D. Selden, Denise E. Fletcher. 2019. The tacit knowledge of entrepreneurial design: Interrelating theory, practice and prescription in entrepreneurship research [J]. *Journal of Business Venturing Insights*, 11: e00122.

[387] Pekka Stenholm, Maija Renko. 2016. Passionate bricoleurs and new venture survival [J]. *Journal of Business Venturing*, (31): 595 – 611.

[388] Penrose E. 1959. *The Theory of the Growth of the Firm* [M]. Oxford University Press: Oxford.

[389] Peteraf M. A. 1993. The Cornerstones of Competitive Advantage: A Resource – Based View [J]. *Strategic Management Journal*, 14 (3): 179 –

191.

［390］ Pfeiffer J. and Salancik G. R. 1979. *The External Control of Organizations*: *A Resource Dependence Perspective* ［M］. New York: Harper & Row.

［391］ Philip Wegloop. 1995. Linking firm strategy and government action: Towards a resource-based perspective on innovation and technology policy ［J］. *Technology in Society*, 17 (4): 413 – 428.

［392］ Porter M. 1991. Towards a dynamic theory of strategy ［J］. *Strategic Management Journal*, 12: 95 – 125.

［393］ Powell T. C. 1992. Organizational alignment as competitive advantage ［J］. *Strategic Management Journal*, 13: 119 – 132.

［394］ Prabhu J. C. , Chandy R. K. and Ellis M. E. 2005. The impact of acquisitions on innovation: poison pill, placebo, or tonic? ［J］. *Journal of Marketing*, 69 (1): 114 – 130.

［395］ Prahalad C. K. and Bettis R. A. 1986. The dominant logic: A new linkage between diversity and performance ［J］. *Strategic Management Journal*, 7: 485 – 501.

［396］ Prencipe A. 2000. Breadth and depth of technological capabilities in CoPS: the case of the aircraft engine control system ［J］. *Research Policy*, 29: 895 – 911.

［397］ Priem R. L. and Butler, J. E. 2001. Is the resource-based "view" a useful perspective for strategic management research ［J］? *Academy of Management Review*, 26: 22 – 40.

［398］ Qin Jian, Zhang Yuli. 2013. Research on the influence of social capital on entrepreneurial firm's resource acquisition ［J］. *Modern Economic Science*, 35 (2): 96 – 106.

［399］ Quinn J. B. 1999. Strategic outsourcing: leveraging knowledge capabilities ［J］. *Sloan Management Review*, 40 (4): 9 – 21.

［400］ Quintana – Garcı′a C. , and Benavides – Velasco C. 2008. Innovative

competence, exploration and exploitation: The influence of technological diversification [J]. *Research Policy*, 37 (3): 492 – 507.

[401] Rabeh H. A. D., Jimenez – Jimenez D. and Martínez – Costa M. 2013. Managing knowledge for a successful competence exploration [J]. *Journal Knowledge Management*, 17: 195 – 207.

[402] Radosevich R. 1995. A model for entrepreneurial spin-offs from public technology sources [J]. *International Journal of Technology Management*, 10 (7 – 8): 879 – 893.

[403] Ragna Kemp Haraldsdottir et al. 2018. Registration, access and use of personal knowledge in organizations [J]. *International Journal of Information Management*, 40: 8 – 16.

[404] Rasmussen E., Mosey S., Wright M. 2011. The Evolution of Entrepreneurial Competencies: a longitudinal study of university spin-off venture emergence [J]. *Journal Management Studies*, 48 (6): 1316 – 1342.

[405] Rasmussen E., Mosey S. and Wright M. 2015. The transformation of network ties to develop entrepreneurial competencies for spin-offs [J]. *Entrepreneur Regional Development*, 27: 430 – 457.

[406] Reitzig M., Wagner S. 2010. The hidden costs of outsourcing: Evidence from patent data [J]. *Strategic Management Journal*, 31 (11): 1183 – 1201.

[407] Repenning N. P. A. 2002. simulation-based approach to understanding the dynamics of innovation implementation [J]. *Organization Science*, 13: 109 – 127.

[408] Rhyne L. C. 1986. The relationship of strategic planning to financial performance [J]. *Strategic Management Journal*, 7: 423 – 450.

[409] Roberts E. B. 1991. *Entrepreneurs in High Technology* [M]. Oxford University Press: New York, NY, USA.

[410] Robinson K. C. and Phillips McDougall, P. 2001. Entry barriers and

new venture performance：a comparison of universal and contingency approaches [J]. *Strategic Management Journal*，22（6 – 7）：659 – 685.

［411］Roessner J. D. ，Wise A. 1994. Public Policy and Emerging Sources of Technology and Technical Information Available to Industry [J]. *Policy Studies Journal*，22（2）：349 – 358.

［412］Roseneau M. D. ，Griffin A. ，Castellion G. A. and Anschuetz N. F. 1996. *The PDMA Handbook of New Product Development* [M]. Wiley：New York，NY，USA.

［413］Rothaermel F. T. and Deeds D. L. 2004. Exploration and exploitation alliances in biotechnology：a system of new product development [J]. *Strategic Management Journal*，25：201 – 202.

［414］Rubenson G. C. ，Gupta A. K. 1996. The initial succession：A contingency model of founder tenure [J]. *Entrepreneurship Theory Practice.* 21（2）：21 – 36.

［415］Rumelt R. P. 1986. *Strategy*，*Structure*，*and Economic Performance* [M]. Harvard Business School Press：Boston，MA，USA.

［416］Salavisa I. ，Sousa C. and Fontes M. 2012. Topologies of innovation networks in knowledgeintensive sectors：sectoral differences in the access to knowledge and complementary assets through formal and informal ties [J]. *Technovation*，32（6）：380 – 399.

［417］Salomo S. ，Talke K. and Strecker N. 2008. Innovation field orientation and its effect on innovativeness and firm performance [J]. *Journal Produce Innovation Management* 25：560 – 576.

［418］Sandip Basu，Corey Phelps，Suresh Kotha. 2011. Towards understanding who makes corporate venture capital investments and why [J]. *Journal of Business Venturing*，（26）：153 – 171.

［419］Scherer F. M. 1965. Corporate Inventive Output，Profits，and Growth [J]. *Journal of Political Economy*，73（3）：290 – 297.

[420] Schmidt T. 2010. Absorptive capacity—one size fits all? A firm-level analysis of absorptive capacity for different kinds of knowledge [J]. *Managerial and Decision Economics*, 31 (1): 1 – 18.

[421] Schmoch U. 2008. *Concept of a Technology Classification for Country Comparisons* [R]. Report to the World Intellectual Property Organization (WIPO).

[422] Schon D. 1983. *Thereflective Practitioner*: *Howprofessionals Think in Action* [M]. Basic Books: New York, NY, USA.

[423] Schumpeter J. A. 1939. *Business Cycles*: *A Theoretical*, *Historical*, *and Statistical Analysis of the Capitalist Process* [M]. New York: McGraw – Hill.

[424] Schumpeter J. A. 1942. *Capitalism*, *Socialism*, *and Democracy* [M]. New York: Harper.

[425] Selznick P. 1957. *Leadership in Administration* [M]. McGraw – Hill, New York.

[426] Sérgio Maravilhas, Joberto Martins. 2019. Strategic knowledge management in a digital environment: Tacit and explicit knowledge in Fab Labs [J]. *Journal of Business Research*, 94: 353 – 359.

[427] Shane S. and Venkataraman S. 2000. The Promise of Entrepreneurship as a Field of Research [J]. *Academy of Management Review*, 25 (1): 217 – 226.

[428] Shane S. 2000. Prior knowledge and the discovery of entrepreneurial opportunities [J]. *Organizaiton Science*, 11: 448 – 469.

[429] Shane S. 2004. *Academic Entrepreneurship*: *University Spinoffs and Wealth Creation* [M]. Edward Elgar: Cheltenham, UK.

[430] Shane S. 2001. Technology regimes and new firm formation [J]. *Management Science*, 47 (9): 1173 – 1190.

[431] Sharath Sasidharan. 2019. Reconceptualizing knowledge networks for enterprise systems implementation: incorporating domain expertise of knowledge sources and knowledge flow intensity [J]. *Information & Management*, 56 (3): 364 – 376.

［432］Shepherd D. A. and DeTienne，D. R. 2005. Prior knowledge，potential financial reward，and opportunity recognition ［J］. *Entrep. Theory Practice*，29：91 – 112.

［433］Shichun Xu，Erin Cavusgi. 2019. Knowledge breadth and depth development through successful R&D alliance portfolio configuration：An empirical investigation in the pharmaceutical industry ［J］. *Journal of Business Research*，101：402 – 410.

［434］Shichun Xu. 2015. Balancing the Two Knowledge Dimensions in Innovation Efforts：An Empirical Examination among Pharmaceutical Firms ［J］. *Product Development & Management Association*，32（4）：610 – 621.

［435］Short J. C.，Ketchen D.，Shook C. and Ireland R. D. 2010. The concept of "opportunity" in entrepreneurship research：Past accomplishments and future challenges ［J］. *Journal Management*，36：40 – 65.

［436］Siegel R.，Siegel E. and MacMillan I. C. 1993. Characteristics Distinguishing High – Growth Ventures ［J］. *Journal of Business Venturing*，8（2）：169 – 180.

［437］Siegel S.，Waldman D. A.，Atwater L. A. and Link A. N. 2004. Toward a model of the effective transfer of scientific knowledge from academicians to practitioners：Qualitative evidence from the commercialization of university technologies ［J］. *Journal English Technology Management*，21：115 – 142.

［438］Silvia L. Martin，Rajshekhar（Raj）G. Javalgi. 2019. Explaining performance determinants：A knowledge based view of international new ventures ［J］. *Journal of Business Research*，101：615 – 626.

［439］Simon H. A. 1969. *The Architecture of Complexity*，*in The Sciences of the Artificial* ［M］. Cambridge，MA：MIT Press.

［440］Simon M.，Stachel C.，Covin J. G. 2011. The effects of entrepreneurial orientation and commitment to objectives on performance ［J］. *New England Journal of Entrepreneurship*，14（2）：9.

［441］ Sine W. D. ， David R. J. 2003. Environmental jolts， institutional change，and the creation of entrepreneurial opportunity in the US electric power industry ［J］. *Research Policy*， 32 （2）： 185 – 207.

［442］ Singh J. ， House R. ， Tucker D. 1986. Organization legitimacy and the liability of newness ［J］. *Administrative Science Quarterly* 31 （2）： 171 – 193.

［443］ Sirmon D. G. ， Hitt M. A. ， Ireland R. D. 2007. Managing firm resources in dynamic environments to create value： looking inside the black box ［J］. *Academy of Management Review*， 32 （1）： 273 – 292.

［444］ Smith K. G. and Cao Q. 2007. An entrepreneurial perspective on the firm-environment relationship ［J］. *Strategic Entrepreneur Journal*， 1： 329 – 344.

［445］ Souitaris V. and Maestro B. M. M. 2010. Polychronicity in top management teams： The impact on strategic decision processes and performance of new technology ventures ［J］. *Strategy Management Journal*， 31： 652 – 678.

［446］ Starbuck W. H. 1965. *Organizational Growth and Development. In Handbook of Organizations* ［M］. Rand McNally： Chicago， IL， USA.

［447］ Starr J. ， MacMillan I. C. 1990. Resource co-optation via social contracting： Resource acquisition strategies for new ventures ［J］. *Strategy Management Journal*， 11： 79 – 92.

［448］ Steffensen M， Rogers E. M， Speakman K. 2000. Spin-offs from research centers at a research university ［J］. *Journal of Business Venturing*， 15 （1）： 93 – 111.

［449］ Stephan P. E. and El – Ganainy A. 2007. The entrepreneurial puzzle： Explaining the gender gap ［J］. *Journal Technology Transfer*， 32： 475 – 487.

［450］ Sterman J. D. 2000. *Business Dynamics： Systems Thinking and Modeling for a Complex World* ［M］. Irwin/McGraw – Hill： Boston， MA， USA.

［451］ Stern S. 2004. Do scientists pay to be scientists ［J］? *Management Science*， 50： 835 – 853.

［452］ Stinchcombe A. L. 1965. Social structure and organizations ［C］. *In*

Handbook of Organization, March JG （ed）. 142 – 193.

［453］ Storey D. 1994. *Understanding the Small Business Sector* ［M］. London: Routledge.

［454］ Stuart T. E. and Ding W. W. 2006. When do scientists become entrepreneurs? The social structural antecedents of commercial activity in the academic life sciences ［J］. *American Journal of Economics and Sociology* 112: 97 – 144.

［455］ Stuart T. , Sorenson O. 2003. The geography of opportunity: spatial heterogeneity in founding rates and the performance of biotechnology firms ［J］. *Research Policy*, 32 （2）: 229 – 253.

［456］ Suman Lodh and Maria Rosa Battaggion. 2015. Technological breadth and depth of knowledge in innovation: the role of mergers and acquisitions in biotech ［J］. *Industrial and Corporate Change*, 24 （2）: 383 – 415.

［457］ Tang J. and Murphy P. J. 2012. Prior Knowledge and New Product and Service Introductions by Entrepreneurial Firms: The Mediating Role of Technological Innovation ［J］. *Journal of Small Business Management*, 50 （1）: 41 – 62.

［458］ TANG Jing, JIANG Yan. 2008. Exploring Research of Three Stage Entrepreneurial Process ［J］. *China Economist*, 6: 189 – 191.

［459］ Taylor A. , Greve H. R. 2006. Superman or the Fantastic Four? Knowledge combination and experience in innovative teams ［J］. *Academy of Management Journal*, 49 （4）: 723 – 740.

［460］ Teece D. J. , Pisano G. and Shuen A. 1997. Dynamic capabilities and strategic management ［J］. *Strategic Management Journal*, 18: 509 – 533.

［461］ Teece D. J. 2007. Explicating dynamic capabilities: the nature and microfoundations of （sustainable） enterprise performance ［J］. *Strategic Management Journal*, 28: 1319 – 1350.

［462］ Teece D. J. 2012. Dynamic capabilities: routines versus entrepreneurial action ［J］. *Journal of Management Studies*, 49 （8）: 1395 – 1401.

［463］ Terreberry S. 1967. The evolution of Organizational environments ［J］.

Adminstrative Science, 12: 590 – 612.

[464] Thakur S. P. 1999. Size of Investment, Opportunity Choice and Human Resources in New Venture Growth: Some Typologies [J]. *Journal of Business Venturing*, 14 (3): 283 – 309.

[465] Thomas Hellebrandt, Ina Heine, Robert H. Schmitt. 2018. Knowledge management framework for complaint knowledge transfer to product development [J]. *Procedia Manufacturing*, 21: 173 – 180.

[466] Thompson J. D. 1967. *Organizations in Action* [M]. New York: McGraw – Hill.

[467] Thornhill S. , Amit R. 2003. Learning about failure: bankruptcy, firm age, and the resource-based view [J]. *Organization Science*, 14 (5): 497 – 509.

[468] Thursby J. 2007. Thursby, M. University Licensing [M]. *Oxford Review Economic Policy*, 23: 620 – 639.

[469] Thursby J. G. and Thursby M. C. 2005. Gender patterns of research and licensing activity of science and engineering faculty [J]. *Journey Technology Transfer*, 30: 343 – 353.

[470] Tijssen R. J. W. 2006. Universities and industrially relevant science: towards measurement models and indicators of entrepreneurial orientation [J]. *Research Policy*, (35): 1569 – 1585.

[471] Timmons J. 1994. *New Venture Creation*, 4th ed. [M]. Richard D. Irwin: Homewood, IL, USA.

[472] Todorova G. and Durisin, B. 2007. Absorptive Capacity: Valuing a Reconceptualization [J]. *Academy of Management Review*, 32 (3): 774 – 786.

[473] Tripsas M. 1997. Unraveling the process of creative destruction: complementary assets and incumbent survival in the typesetter industry [J]. *Strategic Management Journal*, 18: 119 – 142.

[474] Tripsas M. , Gavetti G. 2000. Capabilities, cognition, and inertia: evidence from digital imaging [J]. *Strategic Management Journal*, October – No-

vember Special Issue, 21: 1147 – 1161.

［475］Tushman M. L. and Anderson P. 1986. Technological discontinuities and organizational environments ［J］. *Administrative Science Quarterly*, 31: 439 – 465.

［476］Tushman M. L. and Nadler D. A. 1978. Information processing as an integrating concept in organizational design ［J］. *Academy Management Review*, 3: 613 – 624.

［477］Tushman M. L., O'Reilly C. A. 1996. Ambidextrous organizations: Managing evolutionary and revolutionary change ［J］. *California Management Review*, 38: 8 – 30.

［478］Ucbasaran D., Wright M., Westhead P., Busenitz L. 2001. *Entrepreneurial learning and opportunity recognition: habitual versus novice entrepreneurs* ［C］. Working Paper, Nottingham University Business School, Nottingham.

［479］Van Den Bosch F. A. J., Volberda H. W. and De Boer M. 1999. Co-evolution of Firm Absorptive Capacity and Knowledge Environment: Organizational Forms and Combinative Capabilities ［J］. *Organization Science*, 10 (5): 551 – 568.

［480］Venkataraman S. 1997. The distinctive domain of entrepreneurship research: an editor's perspective ［J］. In: Katz, J. A. (Ed.), *Advances in Entrepreneurship, Firm Emergence and Growth*, (3): 119 – 138.

［481］Veryzer R. W. 1998. Discontinuous innovation and the new product development process ［J］. *Journal of Product znnovation Management*, 15: 304 – 321.

［482］Vesper K. H. 2004. *New Venture Strategies* ［M］. New Jersey: Prentice Hall, 1990.

［483］Vohora A., Wright M. and Lockett A. 2004. Critical junctures in the development of university high-tech spin-out companies ［J］. *Research Policy*, 33: 147 – 175.

［484］Wai Fong Boh, Uzi De – Haan, Robert Strom. 2015. University tech-

nology transfer through entrepreneurship: faculty and students in spinoffs [J]. *Journal of Technology Transfer*, (41): 661 – 669.

[485] Wang C. L. and Rafiq M. 2009. Organizational diversity and shared vision: Resolving the paradox of exploratory and exploitative learning [J]. *Europe Journal Innovation Management*, 12: 86 – 101.

[486] Wang Q. , Tunzelmann V. 2000. Complexity and the Functions of the Firm: Breadth and Depth [J]. *Research Policy*, 29: 805 – 818.

[487] Weick K. E. 1979. *The Social Psychology of Organizing*, 2nd ed. [M]. McGraw – Hill: New York, NY, USA.

[488] Wernerfelt B. 1984. A resource-based view of the firm [J]. *Strategic Management Journal*, 5: 171 – 180.

[489] Wiggins R. R. and Ruefli T. W. 2002. Sustained competitive advantage: Temporal dynamics and the incidence and persistence of superior economic performance [J]. *Organization Science*, 13: 82 – 111.

[490] Wiggins R. R. and Ruefli T. W. 2005. Schumpeter's ghost: Is hyper competition making the best of time shorter? [J] *Strategic Management Journal*, 26: 887 – 911.

[491] Winch G. 1998. Dynamic visioning for dynamic environments. J. Oper. Res. Soc. 49: 354 – 361. Wood, M. 2009. Does one size fit all? The multiple organizational forms leading to successful academic entrepreneurship [J]. *Entrepreneur Theory Practice*, 33: 929 – 947.

[492] Wright M. , Clarysse B. , Mustar P. and Lockett A. 2007. *Academic Entrepreneurship in Europe* [M]. Edward Elgar: Northampton, MA, USA.

[493] Wright M. , Lockett A. , Clarysse B. , Binks M. 2006. University spin-out companies and venture capital [J]. *Research Policy*, 35: 481 – 501.

[494] Wright M. , Hmieleski K. M. , Siegel D. S. et al. 2007. The role of human capital in technological entrepreneurship [J]. *Entrepreneurship Theory and Practice*, 31 (6): 791 – 806.

［495］Wu C. , Cao Y. and Zhou C. 2009. A Case Study on the Evolution of Leadership Style in the Growth of Enterprises ［J］. *Management World*, 42: 25 – 32.

［496］Wu L. Y. , Wang C. J. , Chen C. P. , Pan L. Y. 2008. Internal resources, external network, and competitiveness during the growth stage: A study of Taiwanese high-tech ventures ［J］. *Entrepreneurship Theory and Practice*, 32 (3): 529 – 549.

［497］Wuyts S. , S. Stremersch and S. Dutta. 2004. Portfolios of interfirm agreements in technology-intensive markets: Consequences for innovation and profitability ［J］. *Journal of Marketing*, 68 (2): 88 – 100.

［498］Xiaojun Hu and Ronald Rousseau. 2015. A simple approach to describe a company's innovative activities and their technological breadth ［J］. *Scientometrics*, 102: 1401 – 1411.

［499］Xin Jin, Jie Wang, Song Chen, Ting Wang. 2015. A study of the relationship between the knowledge base and the innovation performance under the organizational slack regulating ［J］. *Management Decision*, 53 (10): 2202 – 2225.

［500］Yan S. and Wang C. 2006. Control strategy on Human Resource Integration during the M & A Intrapreneurship: Case study ［J］. *Management World*, 28: 13 – 29.

［501］Yasuda T. 2005. Firm Growth, Size, Age and Behavior in Japanese Manufacturing ［J］. *Small Business Economics*, 24 (1): 1 – 15.

［502］Yayavaram S. and Ahuja G. 2008. Decomposability in knowledge structures and its impact on the usefulness of inventions and knowledge-base malleability ［J］. *Administrative Science Quarterly*, 53: 333 – 362.

［503］Yi C. and Xia Q. 2011. Research on relationship between entrepreneurial orientation and university spin-off performance: From the respective of academic entrepreneur's resource support ［J］. *Studies Science Science*, 29: 735 – 744.

［504］Yin R. K. 2002. *Case Study Research*：*Design and Methods*，4th ed. ［M］. Sage：London，UK.

［505］Yin R. K. 2003. *Applications of Case Study Research*，2nd ed. ［M］. Sage：Thousand Oaks，CA，USA.

［506］Yin R. K. 2013. *Case Study Research*：*Design and Methods* ［M］. London：Sage Publications.

［507］Yli – Renko H.，Autio E.，Sapienza H. J. 2001. Social capital, knowledge acquisition，and knowledge exploitation in young technology-based firms ［J］. *Strategic Management Journal*，22（6 – 7）：587 – 613.

［508］Yujong Hwang，Hui Lin，Donghee Shin. 2018. Knowledge system commitment and knowledge sharing intention：The role of personal information management motivation ［J］. *International Journal of Information Management*，39：220 – 227.

［509］Yusof M. and Jain K. 2010. Categories of university-level entrepreneurship：A literature survey ［J］. *International Journal of Information Management*，6：81 – 96.

［510］Zaheer S.，Albert S. and Zaheer A. 1999. Time scales and organizational theory ［J］. *Academy Management Review*，24：725 – 741.

［511］Zahra S. A. and Bogner W. C. 2000. Technology Strategy and Software New Ventures Performance：Exploring the Moderating Effect of Competitive Environment ［J］. *Journal of Business Venturing*，15（2）：135 – 173.

［512］Zahra S.，George G. 2002. Absorptive capacity：a review，reconceptualization，and extension ［J］. *Academy of Management Review*，27（2）：185 – 203.

［513］Zahra S. A.. 1996. Technology strategy and financial performance：Examining the moderating role of the firm's competitive environment ［J］. *Journal of Business Venturing*，11（3）：189 – 219.

［514］Zahra S. A.，Covin J. G. 1995. Contextual Influences on the Corporate Entrepreneurship-performance Relationship：A Longitudinal Analysisy ［J］.

Journal of Business Venturing, 10（1）：43 – 58.

［515］Zaltman G. , Duncan R. and Holbek J. 1973. *Innovation and Organizations* ［M］. Wiley：New York, NY, USA.

［516］Zander U. , Kogut B. 1995. Knowledge and the Speed of the Transfer and Imitation of Organizational Capabilities：An Empirical Test ［J］. *Organization Science*, （6）：76 – 92.

［517］Zhang J. , Baden – Fuller C. and Mangematin V. 2007. Technological knowledge base, R&D organization structure and alliance formation：evidence from the biopharmaceutical industry ［J］. *Research Policy*, 36：515 – 528.

［518］Zhang J. 2016. Facilitating exploration alliances in multiple dimensions：the influences of firm technological knowledge breadth ［J］. *R&D Management*, 46：159 – 173.

［519］Zhang J. and Baden – Fuller C. 2010. The influence of technological knowledge base and organizational structure on technology collaboration ［J］. *Journal of Management Studies*, 47：679 – 704.

［520］Zhang Y. 2004. Analysis of the Dual Interaction Process of University Technology Transfer ［J］. *Management Science*, 25, 27 – 29.

［521］Zhou K. Z. and Li C. B. 2012. How knowledge affects radical innovation：knowledge base, market knowledge acquisition, and internal knowledge sharing ［J］. *Strategic Management Journal*, 33：1090 – 1102.

［522］Zucker L. , Darby M. R. and Armstrong J. S. 2002. Commercializing knowledge：University science, knowledge capture, and firm performance in biotechnology ［J］. *Management Science*, 48（1）：138 – 153.

［523］Zucker L. G. , Darby M. R. . 1996. Star scientists and institutional transformation：Patterns of invention and innovation in the formation of the biotechnology industry ［J］. *Proceedings of the National Academy of Sciences of the United States of America*, 93（23）：12709 – 12716.